破界

如何改写硅谷规则

OUT-INNOVATE

How Global Entrepreneurs from Delhi to Detroit Are Rewriting the Rules of Silicon Valley

[美]亚历山大·拉扎罗(Alexandre Lazarow)——著
王淑花 朱豆豆——译

中国出版集团
中译出版社

图书在版编目（CIP）数据

破界：如何改写硅谷规则 /（美）亚历山大·拉扎罗（Alexandre Lazarow）著；王淑花，朱豆豆译 . -- 北京：中译出版社，2022.11
书名原文：Out-Innovate: How Global Entrepreneurs--from Delhi to Detroit--Are Rewriting the Rules of Silicon Valley
ISBN 978-7-5001-7192-8

Ⅰ.①破… Ⅱ.①亚… ②王… ③朱… Ⅲ.①高技术产业—企业创新—研究 Ⅳ.① F276.44

中国版本图书馆 CIP 数据核字（2022）第 185804 号

Original work copyright © 2020 Alexandre Lazarow
Published by arrangement with Harvard Business Review Press
Unauthorized duplication or distribution of this work constitutes copyright infringement.
Simplified Chinese translation copyright © 2022 by China Translation & Publishing House
ALL RIGHTS RESERVED
著作权合同登记号：图字 01-2022-4239

破界：如何改写硅谷规则
POJIE: RUHE GAIXIE GUIGU GUIZE

著　　者：	[美] 亚历山大·拉扎罗（Alexandre Lazarow）
译　　者：	王淑花　朱豆豆
策划编辑：	于　宇　李晟月　薛　宇
责任编辑：	李晟月
营销编辑：	黄秋思　马　萱　纪菁菁

出版发行：	中译出版社
地　　址：	北京市西城区新街口外大街 28 号普天德胜大厦主楼 4 层
电　　话：	（010）68002494（编辑部）
邮　　编：	100088
电子邮箱：	book@ctph.com.cn
网　　址：	http://www.ctph.com.cn

印　　刷：	中煤（北京）印务有限公司
经　　销：	新华书店
规　　格：	710 mm × 1000 mm　1/16
印　　张：	20.75
字　　数：	258 千字
版　　次：	2022 年 11 月第 1 版
印　　次：	2022 年 11 月第 1 次印刷

ISBN 978-7-5001-7192-8　　　　定价：79.00 元

版权所有　侵权必究
中 译 出 版 社

推荐语

亚历山大·拉扎罗用生动的故事描述并定义了创新是如何发生在"前沿地带"——发达国家和新兴市场中新兴的城市和农村创业社区。这是全世界的企业家和创业社区开发者的应读之作。

——布拉德·菲尔德（Brad Feld）
Foundry 集团合伙人，Techstars 联合创始人

未来几十年中，一些最令人激动的风险投资可能性肯定来自新兴经济体。在这本书中，亚历山大·拉扎罗非常详细地说明了这一巨大的机会，并解释了抓住这一机会所需的关键战略。

——戴维·贝莱斯（David Vélez）
Nubank（巴西）创始人兼首席执行官

《破界：如何改写硅谷规则》证明，前沿地带的企业家所面临的挑战与他们的硅谷同行完全不同，不应该再把硅谷的典籍当作福音。这本书是企业家和任何不想被落下的风险投资人的必读之作。

——林达·罗滕伯（Linda Rottenberg）
Endeavor 公司联合创始人兼首席执行官

初创公司是变革最重要的力量之一，但太多地区固守硅谷模式，把它当作建立创业生态系统的唯一途径。《破界：如何改写硅谷规则》将带你领略世界各地优秀创业者和创业公司的风采。无论你身处何地，如果想知道如何成功创业、扩张企业、改变世界，这本书都将会是你的行动指南。

——克里斯·叶（Chris Yeh）

《闪电式扩张》作者

《破界：如何改写硅谷规则》这本书收集了很多来自世界各地的创新故事，能够给人以启迪和指引。不管你身处美洲中部还是非洲中部，只要你想创业或扩大公司规模，这本书都是首选。

——戴安娜·法雷尔（Diana Farrell）

摩根大通研究院首席执行官兼院长

在《破界：如何改写硅谷规则》这本书中，亚历山大·拉扎罗完美地捕捉了硅谷的"没落时刻"，即意识到亚洲等新兴市场并非在简单地克隆美国初创公司模式，而是在提高全球创新的水准、产品质量的高度。这本书简直太棒了！

——尼克·纳什（Nick Nash）

亚洲合伙人（Asia Partners）公司联合创始人兼管理合伙人

海洋有限公司（Sea Limited）集团前董事长

硅谷是世界各地科技创业者的灵感源泉，但来自新兴国家和非洲等地的创新创业正迎头赶上。作者亚历山大·拉扎罗在书中生动地描述了这种变化以及变化中出奇制胜的关键法宝，非常引人入胜。

——萨夏·珀戈乃奈克（Sacha Poignonnec）

吉米亚公司（Jumia）联合创始人和联合首席执行官

在广阔的世界中，创新创业丰富多彩，并不总是复制硅谷模式。世界各地，尤其是新兴市场上的创业者和投资人，虽然有着不同的历史、文化、语言和地域，但都有一个共同的认知，即硅谷模式只是众多创业模式中的一种。这本书为本土和全球创业者提供了各种各样的新模式。这本书的出版恰逢其时。

——克里斯托弗·M. 史瓦德（Christopher M. Schroeder）

十亿风投公司（Next Billion Ventures）联合创始人、咨询师兼风险投资人《创业之星》（*Startup Rising*）作者

我们要超越硅谷的创业创新"模板"。这本书文笔犀利，针对快速变化的外部环境，即无处不在的资源匮乏等困境，作者亚历山大·拉扎罗指出了一些新的原则和实践经验，无论你身在何处，都能从中找到可借鉴之处。

——维贾伊·夏尔马（Vijay Shekhar Sharma）

印度版支付宝佩特姆公司（Paytm）创始人兼首席执行官

拉扎罗的这本书不仅会让你从全世界的创新创业故事中得到启迪，还为你提供了可效仿的真实范式。有创业想法的你，无论身在何处，都可以阅读这本书。

——慕达瑟·谢哈（Mudassir Sheikha）

卡里姆公司（Careem）联合创始人兼首席执行官

如果颠覆是指快速行动、打破常规，那么本书的作者拉扎罗就是在带我们飞跃硅谷，超越国界，打破主流的边界。《破界：如何改写硅谷规则》是一部适用于全球的全新教科书，教我们如何从不同的角度观察，做出非同一般的创新。

——斯科特·霍特里（Scott Hortley）

《文理大对决》（*The Fuzzy and the Techie*）作者

亚历山大·拉扎罗凭借其丰富的全球经验，阐明了世界各地创业公司的发展模式和实践经验。他清楚地说明了当今科技世界的一个迹象：创新不再是少数地区的专属权利。对创新感兴趣的人，无论身在何处，都能从本书中获益。

——约西·瓦尔迪（Yossi Vardi）

以色列早期创业者之一

致竞技场上的勇士们

荣誉不属于那些批评家，不属于那些指出强者如何跌倒或者实干家哪里可以做得更好的人。荣誉属于那些真正在竞技场上拼搏的人，属于脸庞沾满灰尘、汗水和鲜血的人，属于顽强奋斗的人，属于屡败屡战但还拥有巨大热情和奉献精神的人，因为没有哪个努力是没有错误或缺点的；荣誉属于投身于有价值的事业的人，属于敢于追求伟大梦想、最终取得伟大成就或者虽败犹荣的人。这样，他的位置将永远不会和那些灵魂冷漠且胆小而不知胜败的人在一起。

——西奥多·罗斯福（Theodore Roosevelt）

我们需要在创新、教育和建设方面超越世界其他地方。

——巴拉克·奥巴马（Barack Obama）

中文版序

自本书英文版于 2020 年初出版以来，疫情已经改变了创新界，尤其是硅谷以外的创业生态系统。正如本书当时所强调的，创新全球化已经开始——事实上，在过去的这三年，这一现象的演进远超出了我的想象。

2013 年，在美国之外，只有四个创业生态系统培养出了估值达到 10 亿美元的创业公司。如今，达到这一水平的创业生态系统已超过 110 个，比疫情前增加了近 50%。现在，在这个重塑的格局中，最大的教育科技公司来自印度，最大的机器人流程自动化企业来自罗马尼亚，最大的数字银行来自巴西，最大的移动支付服务商在肯尼亚。当然，最大的社交网络、超级应用软件和打车平台都来自中国。

除了以上成绩，在初创企业最佳实践方面的影响力是硅谷以外的全球领先创业公司最大的贡献。虽然硅谷曾经主导了我们关于创业创新的一切认识，但现在全球最优秀的创业者们正在挑战传统智慧，改写创业成功的范式。我在本书中探讨了这些策略。本书英文版本出版之后，创业者们凭借使用书中介绍的策略挺过了疫情，甚至大获成功。这进一步表明，这本书就是最好的教科书，可以助力创业者抵御未来冲击，使之无往不胜。

我一直以来致力于思考的问题是，如何在全世界范围内以最优的方式扩大初创企业规模。我是一名风险投资人，投资过硅谷以外的很多初创公司，包括 7 家 10 亿美元估值的公司。我为看到自己在书中介绍的全球创业新方法能够持续发挥影响力和作用而非常欣慰，也为本书中文版的出版感到非常兴奋。

2020 年 4 月，微软首席执行官塞特亚·纳德拉（Satya Nadella）开玩笑说："在两个月内，我们见证了两年才能实现的数字转型。"我想进一步指出的是，在两个月内，我们可以将全球初创企业在 20 年里的最佳实践经验常态化。

例如，硅谷教导初创公司闪电式扩张——将增长置于效率或商理之上。硅谷之外，最好的创业公司一直是我所说的"骆驼型"企业，这些企业以牢固的单位经济效益为基础，做好了打长期战的准备。他们控制负现金流，不会落入反复的融资漩涡中。他们从长远考虑去建立有韧劲的企业，这些企业能够在恶劣环境中茁壮成长，并经受住所有的外部挑战。疫情期间，包括硅谷公司在内的大多数企业都放弃了对超高速增长的执念，抑制了自己的支出习惯，以应对未来更艰难的时刻。经济的不确定性和不稳定性提醒着我们，可持续性至关重要。企业需要提出可行的增长指标，放弃不计一切代价谋增长的心态。总之，我们都应该成为"骆驼型"企业。

就如我在书中着重介绍的很多公司那样，那些生而全球化且建立分布式团队的初创公司都获得了回报。这些初创公司通常来自相对较小的市场，它们从第一天起就建立起了可以跨越国界与市场的产品、文化和组织。因为其他地方的创业人才不像旧金山那样密集，所以领先的创业者们建立了分布式的团队，集合了世界各地最优秀的人才。如今，总部的概念突然变得过时了，似乎每个初创公司的团队成员都分布在世界各地,这促进了企业运营的弹性和多样性。从产品方面来说,在经济动荡时期,多市场会催生产品的多样化。疫情大爆发就像大浪淘沙,突显了这些新型工作模式的优势,它们必将持续下去。

最优秀的全球企业家是创造者。他们在健康、金融科技、农业和教育等重要领域解决现实中的严重问题。他们的客户是大众,而不是精英阶层。硅谷所青睐的"颠覆性"方式已经过时。尤其是当面对疫情的影响、气候变化带来的灾难等,我们需要更多这样的创造者。

这些创造者是如何获得足以改变世界的想法的呢?答案是跨界融合。最好的想法可能来自任何地方,并可以在任何地方拓展。像微信这样的超级应用软件、印度乌达安(Udaan)①这样的企业对企业的平台、巴西纽班克(Nubank)这样的新银行,在世界各地催生了同类产品。移民(可以说是优秀的跨界融合者)是各地创业成功的巨大驱动力。在美国价值10亿美元的企业中,超过80%是至少由一名移民创立的。眼看着全球化失去势头,边境墙越筑越高,我们必须继续保持这种思想上的交流,为下一波创新模式提供动力。

《破界:如何改写硅谷规则》最后提了一个问题:硅谷是否会迎来底特律时刻?一百年前,当时的技术主要体现在汽车制造业中,于是所有的创新都集中在底特律。快进到一百年后的今天,最性感的跑车来自意大利,质量最可靠的车来自日本,最便宜的车来自印度,深圳可以说是电车之都。汽车创新已经全球化,业界呈现专业化、多极化、相互依赖、各有专长。

疫情加速了类似的技术创新。《破界:如何改写硅谷规则》英文版出

---

① 乌达安(Udaan)是印度成立三年的、一个以网络为中心的B2B交易平台,专门为印度的中小型企业设计。它将印度的贸易商、批发商、零售商和制造商整合到一个平台上。——译者注

版两年后,硅谷显然不再享有之前的垄断地位。如今建立网络安全创业公司的最佳地点是特拉维夫,建立消费者企业的最佳地点是纽约,利用政府创新优势的最佳地点是爱沙尼亚的塔林。硅谷永远不会消失,但其他生态系统将会崛起,且会变得愈加重要、更有意义。

我们不仅有机会明确创新会发生在何处,还有机会阐释创新的形态及创新将解决什么问题。创新的未来,机遇无限!

Alexandre Lazarow
亚历山大·拉扎罗
2022.10

目　录

绪　论　超越硅谷

"初创公司可以改变世界！"　_ 003

挑战硅谷模式　_ 006

底特律的教训　_ 008

前沿地带的创新型创新者：我们的英雄　_ 010

前沿地带新的创新创业模式　_ 013

分布更均匀的未来　_ 016

第一章　创造：创新而非颠覆

初创公司是什么样子　_ 021

"颠覆"之源　_ 022

创造者　_ 023

从实物现金交付到数字现金转账　_ 025

先发劣势　_ 027

抓住创造者的优势　_ 028

站在巨人的肩膀上　_ 031

我的飞行汽车在哪里　_ 032

第二章　培养全栈技能：不要单纯依靠软件

建立垂直堆栈　_　036

何时构建全栈　_　040

建立全栈护城河　_　044

构建水平堆栈　_　046

走进水平堆栈　_　051

有效整合　_　053

第三章　培养骆驼型企业：增强企业的可持续性和韧性

我的另一项投资是独角兽公司　_　056

在前沿地带，骆驼模式幸存了下来　_　058

穿越死亡之谷　_　059

独守前沿孤岛　_　064

中西部的骆驼　_　066

前沿地带的死亡壕沟　_　067

管控成本　_　070

天下没有免费的午餐　_　071

少吸纳资本，把握时机　_　073

明了行动措施　_　075

不要把所有的鸡蛋都放在一个篮子里　_　076

眼光放长远　_　079

为什么它至关重要　_　081

第四章　跨界融合：贯通世界理念，打通全球关系网

人迹罕至的路　_　084

不是你所熟悉的典型硅谷企业家　_　085

跨界创新促使供应链创新　_　086

跨界融合者发掘稀有资源　_　089

跨界融合与本地环境相结合 _ 090

前沿地带和硅谷有待提高的方面 _ 092

移民：终极跨界融合者 _ 094

改头换面 _ 097

第五章　与生俱来的全球化：从诞生之日起就瞄准世界

前沿地带成功的关键 _ 100

旧貌换新颜 _ 102

多市场模式的驱动因素 _ 103

没有万能钥匙 _ 105

前沿地带创新型创业者的战略 _ 108

生而全球化的市场选择 _ 109

研发适应性强的产品，做好产品本土化 _ 112

建立一个能够跨市场发展的组织 _ 113

与生俱来的全球化 _ 115

第六章　建立分布式团队：从全球各地挖掘人才

分布式作为一种战略 _ 119

分布式组织的频谱 _ 119

分布式结构的优势 _ 122

有效构建分布式组织 _ 127

分布式模式：硅谷未来发展的关键 _ 131

三重威胁 _ 133

第七章　打造一流团队：不要仅雇用高段选手

一个伟大城市的一流团队 _ 140

前沿地带的人才挑战 _ 142

建立和扩大顶级团队的战略 _ 144

打造一流团队，不要仅雇用高段选手 _ 155

第八章　训练成多面全能选手：坚持义利并举

产品和顾客 _ 160

川流不息 _ 161

社会企业的崛起 _ 163

与商业模式相关的影响力 _ 164

价值取决于你看重什么 _ 166

行业层面的影响力 _ 167

以多任务型企业为榜样 _ 168

第九章　管控风险：培养用户信任：不只是"快速行动、打破常规"

生存还是灭亡 _ 172

为不同客户提供不同产品 _ 174

选取可接受的风险 _ 176

风险管理文化 _ 178

考虑负面的外部因素 _ 180

违法或者立法 _ 181

为什么控制风险很重要 _ 184

第十章　重塑金融：开发新的风险投资模式，应对更为艰难的生态系统

公海传说 _ 189

前沿地带风险投资实况 _ 191

投资组合的韧性 _ 192

与生俱来的全球化与多样性 _ 195

长期愿景 _ 196

企业投资者　_　197

影响力投资的兴起　_　199

挑战传统投资结构　_　201

决策电子化　_　202

最新的参与者：用户　_　204

风险投资早期发展的经验　_　205

第十一章　奠定基础：赋能下一代企业家

拉丁美洲的"长兄长姐"们　_　207

一砖一瓦，夯实基础　_　209

麦斯卡尔酒和失败　_　210

指导创业　_　212

传授技能，获得培训机会　_　214

创建文化交流与合作的实际空间　_　217

师徒齐头并进　_　218

制定标准，创立规则　_　220

中东的"长兄长姐"们　_　221

成功引发指数式的连环成功　_　223

乘数效应　_　226

触及拐点　_　226

一起打好基础　_　229

第十二章　举全村之力：我们还能做些什么

生态系统发展理论　_　231

基本投入　_　235

帮助创业者以全球视角思考和行动　_　236

人力资本　_　241

资本与经济学　_　242

提供合适的基础设施 _ 244

生态系统支持原则 _ 247

最重要的是忠于自己 _ 250

第十三章　前沿地带：未来的希望

五个启示 _ 254

未来的希望在前沿地带 _ 259

致　谢 _ 261

注　释 _ 267

绪 论
超越硅谷

泽维尔·赫尔格森（Xavier Helgesen）遇到了麻烦。他刚刚回到位于桑坦尼亚的阿鲁沙总部，在这之前，他前往硅谷寻找投资人，花了数周时间为其初创公司——左拉电力①公司（以下简称"左拉"）争取融资。那是发生在 2014 年的事，公司创办已有两年，左拉已经拥有数千名付费用户，市场潜力巨大。但在此之前，泽维尔只获得了一小笔融资，而这笔资金可能是任何一家平平无奇的旧金山初创公司在几个月内便能轻松融到的数目。

泽维尔与艾瑞卡·麦基（Erica Mackey）和约书亚·皮尔斯（Joshua Pierce）共同创立了左拉，旨在解决一个看似很棘手的问题：非洲有 8 亿人过着"离网"生活，而且电力不足给他们带来了一系列不利影响，[1] 包括吸入煤油烟雾导致呼吸方面的健康问题，光源有限导致人们的受教育程度较低，手机不能充电致使他们与数字世界里的机遇失之交臂等。

---

① 左拉电力（Zola Electric）公司，最初被称为"离网电力"（Off-Grid Electric），是一家硅谷初创公司。该公司主要通过"太阳能 + 智能存储电力"解决方案，实现 7 天 24 小时电力供应，以便让每个人都能享受电带来的便利。该公司的业务主要覆盖了坦桑尼亚、卢旺达、科特迪瓦和加纳四个国家，为超过 18 万多户家庭和企业提供电力服务。目前，该公司的其他投资方包括特斯拉（Tesla）、道达尔（Total）和法国电力（EDF）等重量级投资者。——译者注

泽维尔正在筹集700万美元的A轮融资。针对离网能源这一新兴市场而言，如此规模的首轮融资在发展中国家也实属首次。他需要的资金远远超出了在坦桑尼亚当地所能筹集到的数目，甚至可以说，就此事而言，整个非洲大陆也未必能满足他的需求。于是，泽维尔将目光投向了硅谷。

但泽维尔收到了各种反馈："你正在打造的是一家科技初创公司，为什么会有这么多的开销？你们的确需要设立销售团队培训学院和内部支付平台吗？不能精简一下吗？""坦桑尼亚先令去年急剧贬值，你的对冲策略是什么？""你现在正在进行A轮融资，谁会是B轮融资的领投者？你认为公司最终会在哪个股市上市？"

从表面上看，这些问题的提出并不一定是受到了某种误导，但这些问题却深深植根于硅谷那套独特的理念，以及硅谷对建立初创公司的认知。毫无疑问，这些理念并不能很好地适应坦桑尼亚的市场。

正如泽维尔耐心地向潜在投资人解释的那样，因为需要给新员工提供基础商业培训，或者需要在以现金支付为主的经济体中管理账款，所以很难精简费用。此外，与美元不同，坦桑尼亚先令波动很大，对冲成本极其高昂。因此，预估资本投入，做可靠的商业预测，对当地的初创企业来说，近乎天方夜谭。而且由于坦桑尼亚的后续投资者数量有限，并且缺乏可行的退出机制，让这一切变得更加复杂。

许多投资人对于一家公司可以在很大程度上打破硅谷模式的同时还能获得成功的这一可能性缺少信心。因此，他们没有向泽维尔伸出援手。

这些潜在投资人应该认真倾听事情的原委，而不是对此指手画脚。

我初次见到泽维尔是在2014年。当时，我刚搬到了旧金山，加入了一家风险投资公司。我一边在硅谷努力扎下根基，一边在数千英里之外的亚洲、非洲、欧洲和拉丁美洲做投资。

我对科技界和新兴市场并不陌生。我的外祖父是一名真正意义上的计算机工程师。他曾经为 IBM 早期的超级计算机更换真空管，后来又协助 IBM 在非洲开设了办事处。当年他试图在气候潮湿的刚果安装电脑的经历成了家族的传奇。我并不是以技术人员的身份进入创业圈，跨国工作经历也没那么丰富。无论我是投资人、监管者、顾问，还是投资银行家，我的大部分职业生涯都是在为世界各地的首席执行官和企业家提供建议，并给未来的企业家讲授工商管理（MBA）课程。

我对泽维尔的困境感同身受。为了我自己的投资，我试图理解新兴生态系统中遇到的类似创新问题。我的风险投资公司冒险投资了左拉。我陪着泽维尔和他的同事在硅谷以外拓展业务，面对独特的挑战和机遇，开启了一段让人眼界大开的奇妙旅程。

"初创公司可以改变世界！"

人们带着宗教般的热情宣扬这句箴言，并把它当作全球初创公司的奋斗口号。

这种乐观并非毫无根据。在美国，依靠风险资本支持而迅速成长起来的初创公司有苹果、亚马逊、脸书[①]和基因泰克[②]（Genentech）等家喻户晓的公司。事实上，在 1979 年以后上市的美国公司中，40% 多是初创公司出身。[2]

创业可以拉动就业。近 10 年来（除了 1977 年后的 7 年），几乎所有净新增就业机会是由初创企业带来的。[3]

---

① 其名已由脸书（Facebook）改为 Meta。——译者注
② 基因泰克（Genentech），全名"基因工程科技公司"（Genetic Engineering Technology），于 1976 年成立，是美国历史最悠久的生物技术公司，也是目前规模和实力仅次于安进（Amgen）的世界第二大生物技术公司。——译者注

初创企业是国家创新的关键动力。从苹果手机的发明到无人机、无人驾驶汽车的商业化，都与初创企业息息相关。研究表明，同样是1美元，若投资于初创企业，其产生的创新成果是投资于非初创企业研发项目的三到四倍。[4]

自1992年以来，初创企业的国内生产总值（GDP）贡献率翻了一番，预计未来15年还将再次翻番。难怪我们的时代被称为"创新时代"。[5]

如果我们正处在一个万众创新时代，那么创新的经济、哲学和精神中心就在硅谷。

不可否认，硅谷以往的成绩斐然。如果将硅谷视为一个国家，其高达7 500亿美元的GDP将跻身全球20强，领先于瑞士、阿根廷等地。[6]全球最大的五家公司中，有三家（谷歌、苹果和脸书）曾经是旧金山湾区的初创企业。旧金山湾区约有4万家初创企业、近千家风险投资公司和32万多名科技从业者。[7]硅谷甚至有自己的大使。[8]

硅谷曾经垄断了创新。25年前，全球95%的风险投资活动都发生在美国，绝大多数集中在旧金山和圣何塞之间的硅谷——这个面积仅有200平方英里的地方。[9]

时移世易，今时已不同往日了。

科技的进步使创新具备了随处生根发芽的能力。云计算降低了创办公司的成本，任何人都可以按小时租用谷歌的巨大计算力，而不必购买和维护专用服务器。由于电信基础设施成本骤降，再加上协作软件不断涌现，无障碍远程办公强势崛起。在初创企业看来，全球市场越发显示出它的魅力。手机的普及使个人可以轻松触及全球50多亿人。[10]超过20亿人用虚拟身份在社交媒体上相互联系，留下了数字足迹。[11]这些趋势对世界产生了广泛而深远的影响，并且必将持续产生深入影响。

过去，美国几乎垄断了所有的风险投资，而现在其比例已下降到不足全球的一半。[12] 近几十年里，一些更发达的经济中心抢占了余下的份额。伦敦、柏林、塔林和特拉维夫等城市正成为全球初创企业的龙头。

尤其是中国，已凭借超 10 万家初创企业（是硅谷的两倍多）和 9 000 多家风险投资公司（是硅谷的十倍），跃居全球创新创业领域的前列。这些公司主要集中在中国的深圳、北京和上海。[13] 中国现拥有全球 35% 的独角兽企业（估值超过 10 亿美元的公司），而在 2014 年，这个比例还只是 4%。[14]

然而，最激动人心的故事却发生在这些经济龙头区域之外。越来越多的创新型创业者在世界各地纷纷站稳脚跟。目前全球已有 130 多万家科技初创企业。[15] 初创企业的支撑性生态系统也在世界各地涌现。从底特律到班加罗尔，从波多黎各、内罗毕到圣保罗，世界各地有高达 480 多个创业中心。[16] 这些新兴生态系统的创业量是发达地区的两倍。[17]

已有约 10% 的独角兽企业位于硅谷和欧亚传统发达经济体之外。[18] 世界各地的创业者发展迅速，令硅谷同行黯然失色。美国的优步（Uber）在全球拥有 7 500 万用户，中国的滴滴出行拥有 5.5 亿用户，拉丁美洲和东南亚的市场新秀也不甘落后：哥拉伯①（Grab）、99②、够捷快③（Gojek）、堪比飞④（Cabify）的用户已经分别达到 3 600 万、2 500 万、

---

① 哥拉伯（Grab）是东南亚网约车和送餐的平台型公司，其总部位于新加坡，业务遍及东南亚大部分地区，为 8 个国家的 350 多座城市的 1.87 亿多用户提供服务。该公司当前提供包括网约车、送餐、酒店预订、网上银行、移动支付和保险服务。——译者注
② "99" 是巴西的本地移动出行服务商。——译者注
③ 够捷快（Gojek）是一家印度尼西亚（简称"印尼"）本土的互联网企业，是一个多服务平台和数字支付技术集团，曾获腾讯、京东的投资。最初公司借助当地摩托车驾驶员提供满足即时性需求的服务，以解决最后一公里的问题。该公司提供的服务从最基础的交通服务开始（类似于摩托车版本的优步），已拓展至食品外卖、市场代购、上门按摩、美容保养等共计 17 种服务。——译者注
④ 堪比飞（Cabify）是西班牙的交通网络公司，与优步的业务类似，用户可以通过堪比飞软件即时使用或预约专车，该公司目前在拉丁美洲、西班牙和葡萄牙为企业以及个人提供服务。——译者注

1 400万、1 300万。[19] 同样地，成立于1998年的贝宝①（Paypal）拥有2.67亿用户，而10年后在印度成立的佩特姆②（Paytm）也拥有3亿用户。[20]

虽然科学技术已经全球化了，但我们对初创企业建立方式的认识仍然停滞不前、缺乏远见，目光仍紧盯在特定时间、特定地点、特定类型的公司——硅谷软件公司上。

挑战硅谷模式

硅谷已经固化了初创企业的模式、建立方式及文化范式。通过书籍、博客、播客、毕业演讲、推文和红迪网③（Reddit）等渠道，硅谷已经成功地将其愿景传播到了全世界。

尽管硅谷的创业者们并非有意，也并非合力要创造出一套成功理论，但他们的观点最终还是演变成为一整套教人们如何创业的哲理。这一哲理似乎涵盖了一切，从创业的初衷（用新技术、更高效的流程和全新的态度"颠覆"现有行业），到成功的标准（尽可能快地成长为独角兽企业），再到创业者对风险的适应（为求快速扩张，奉行"快速行动、打破常规理念"）。

---

① 贝宝（Paypal）公司成立于1998年12月，是美国易贝（eBay）公司的全资子公司，是在线支付领域的先行者，通过技术创新与战略合作理念相结合，使其成为最早一批为线上用户提供转账收款等服务的技术供应商，随着互联网的迅速普及在短时间内取得了较快的发展。根据其官网介绍，截至目前，贝宝在全球范围内拥有3.25亿活跃用户以及1 900万签约商户，支持用户接收100多种货币付款，以及56种货币提现。——译者注

② 佩特姆（Paytm）是由Pay Through Mobile缩写而来，被称为"印度版支付宝"，它的快速发展也依托了蚂蚁金服的中国技术。它是印度最大的互联网支付公司，世界第三大电子钱包，以手机充话费起家，目前可以在其应用上实现在线购物、缴水电费、加油、酒店、电影票、机票、车票预订、收付款等功能。——译者注

③ 红迪网（Reddit）是一个娱乐、社交及新闻网站，注册用户可以将文字或链接在网站上发布，使其基本上成为一个电子布告栏系统。注册用户可以对这些帖子进行投票，结果将被用来进行排名和决定它在首页或子页的位置。——译者注

绪 论 超越硅谷

迄今为止，硅谷模式一直是我们必须参考且唯一经过验证的范式。在硅谷兴起的初创企业已被认为是各地最佳创新实践的权威。

因此，全球的创业者都受缚于硅谷创业原则，全世界的潜在创新型创业者都向硅谷求教如何推动创新。政客们经常去硅谷"朝圣"，会见旧金山的重要人物和思想领袖，探听他们成功的秘诀；世界各地的公司纷纷在旧金山设立先遣部门；国际创投圈的风险投资家们去斯坦福大学或当地的协会学习高管课程，他们都如饥似渴地阅读着智者名人分享的创业故事。

硅谷现象在很多方面都会让人禁不住联想到全球经济发展综合体和华盛顿共识。华盛顿共识是20世纪60年代美国输出的一种经济模式，目的是促进全世界的发展和民主化，该共识曾经是"最好的"体系。美国出于自我服务的目的，试图向其他地区传播这一理念。当然也不排除有很多善意的西方人真的相信，美国独有的自由民主和资本主义能够解决世界问题。然而，最近一个世纪的经验给我们的启示是，不能再简单地输出美国模式了，其他各种模式在其本土环境下也能大放异彩。

硅谷也用相似的方式向全球传播了自己的模式，结果与华盛顿共识一样，它并不是放之四海而皆准的。有的市场风险资本短缺，宏观经济不稳定，对风险的容忍度较低，不太能接受将创业作为一种职业，或者配套基础设施薄弱。在这样的市场中，硅谷模式如何能发挥作用呢？

硅谷模式在美国也开始出现分歧。人们发现硅谷模式存在诸多问题：如生活成本高昂，优步等初创企业存在道德问题，爱彼迎[①]（Airbnb）等平台给社区带来诸多负面影响。歧视和骚扰行为在此地普遍存在，人们

[①] 爱彼迎（Airbnb）成立于2008年8月，总部设在美国加州旧金山市，是一个出租住宿民宿的网站，被时代周刊称为"住房中的易贝"。该公司提供短期出租房屋或房间，让旅行者通过网站或手机发掘和预订世界各地的独特房源，为近年来共享经济发展的代表之一。——译者注

对社交媒体平台及其在2016年美国大选中的争议性角色越来越感到失望。[21] 2017年被戏称为"全世界对抗硅谷的一年",自那时开始,批评的声音有增无减,人们对这个行业的抵触情绪越发强烈,要求重新审视现状的呼声也日渐升高。[22]

重要的是,硅谷所做的创新不再符合我们的需求。正如投资人兼创业者彼得·泰尔(Peter Thiel)曾讽刺说,"本来我们希望制造会飞的汽车,但得到的却是140个字符[①]。"[23] 很多人认为,尽管硅谷仍然在推动技术进步,创造估值很高的公司,但它最近的创新只是增量型改变,而不是在变革世界。主流媒体指责硅谷一味迎合所谓"科技兄弟们"的需求,只打造符合他们生活方式的产品和服务,这些却都是普通人不习惯或没有能力购买的。而按需洗衣、订餐、家庭清洁这类普通人需要的服务,有人在做吗?[24]

底特律的教训

硅谷可能成为下一个底特律。20世纪50年代,当时的主流技术是制造汽车,而不是计算机。当时,底特律处在世界之巅,全球三大汽车公司的总部都设在这里。世界各地优秀企业家纷纷涌向底特律,挖掘那里的人才、资本和文化。底特律曾经在汽车技术方面处于领先地位,也曾承诺要重塑我们建设城市、组织社会与生活的方式,所有的工程师都梦想去底特律。它也是大多数汽车创业公司的诞生地。在其鼎盛时期,底特律有100多家新兴汽车公司,还有很多创新创业者正在创办公司,为蓬勃发展的汽车行业提供服务。[25] 在艾森豪威尔(Eisenhower)任职美国总统期间,当时的美国国防部长查理·威尔森(Charles Wilson)曾

---

① 140个字符是指像推特之类的社交平台,要求推文必须在140个字符内。——译者注

对众议院委员会说了句流传至今的话:"对通用汽车有利的事情对美国也有利。"[26]

但如今,底特律早已失去了它往昔的风采。总部位于底特律的最大汽车制造商通用汽车已不再位列全球前三,截至 2019 年底,领头的汽车企业是日本丰田、德国大众、韩国现代。即使在通用汽车所生产的 20 万辆汽车和卡车中,也只有 40% 是美国制造的。[27]

到底发生了什么?

创新悄然在世界各地开始生根发芽。汽车公司在法国、意大利、德国、波兰、瑞典和日本先后崛起。随着时间的推移,有些地区的汽车制造实现了专业化,还有些地区超过了底特律。意大利生产出了最好的跑车,德国成了汽车组件之乡。美国本土以外的地方纷纷开始改写了汽车制造的范式。例如,日本丰田开创了"及时制造"的变革性生产方式。

如果硅谷看不到自身的局限,它将沦为第二个底特律。如今,在旧金山湾区租车驶离的成本比在外租车驶入的费用高很多。[28] 许多人都在逃向更经济实惠的创新创业中心。

创新世界需要变革,而这种变革正在我所说的"前沿地带"(Frontier)如火如荼地进行。笼统地讲,前沿地带是指远离硅谷及其周边区域的创新中心。在前沿地带,虽然环境艰难、资源不足且往往监管不力,但这些硅谷外的创业者正在超越硅谷同行。为了成功,他们正在制定自己的规则,规划自己的道路。一直以来,他们在倒逼我们重新思考全球和硅谷的创新模式应该是什么样的。这些硅谷外的开拓者们正在打造下一代创新的框架,同时也是世界经济和社会转型所需的框架。那么到底什么是"前沿地带"?创新型创业者们又是谁呢?

前沿地带的创新型创新者：我们的英雄

在这本书里，所谓的"前沿地带"，指的是欧美发达国家及一些新兴市场国家中，新生的城乡创业生态系统。[29]

这些后起之秀有着与硅谷和其他经济引擎完全不同的背景，他们的特殊性非常明显。很多前沿地带都在发展中国家。前沿地带中的很多创新型创业者们必须克服各种挑战，如政治或宏观经济的不稳定、基础设施或政府服务的不完善或不存在、消费者根本无力购买或担心风险而拒绝购买新产品等。即使是发达国家的前沿地区，也往往缺乏一些不可或缺的资源，如天使投资人、孵化器、风险投资家、经验丰富的人才、对风险和失败包容的文化环境、意向收购者及公共市场等。

换言之，不能简单地把世界分为"硅谷"和"非硅谷"两类。实际上，前沿地带的情况要复杂和微妙得多。简单起见，我主要讲两个特定的维度。

第一个维度是经济因素。它们与创业生态系统无关，但反映了环境总体水平和稳定性，如货币是否稳定、政局是否稳定、腐败率是否高、人均GDP是多还是少等。虽然单个因素的影响有大有小，但它们会共同决定创业生态系统的发展水平。如果创业生态系统发展水平低，创业的外部环境就更具挑战。

第二个维度是本地创业生态系统的实力。当地是否有足够的可用资金？是否有经验丰富的技术人才（例如软件工程师）或数字人才（例如网络营销主管）？公司法是否支持初创企业（例如破产是否合法）？[30] 我将此维度称为"生态系统强度"，它的强度越大，当地的创业生态系统就越强。

我们可以用这两个维度建立起一个简单的、具有启发性的模型，如

图 0-1 所示。像硅谷这样的市场往往聚集在右上角,因为它们的宏观经济稳定,生态系统强度大。硅谷并不是右上角唯一的市场,特拉维夫、纽约和伦敦也在右上角——但这些生态系统是特例而非常规,没有规律可循。[31]

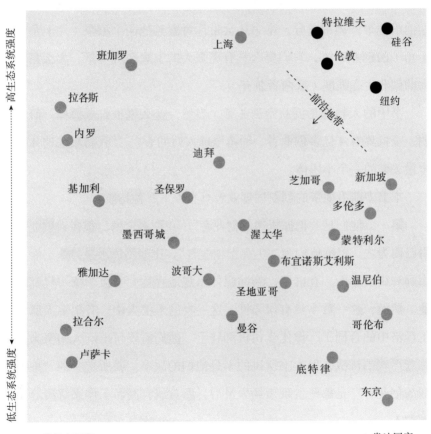

图 0-1 前沿地带的多面孔

注:图中城市的位置是相对位置,仅作说明之用。

这本书涵盖的地理范围与前沿地带一样广阔,你将了解不同地区创新型创业者的故事,包括芝加哥、迪拜、雅加达、墨西哥城、孟买、内罗毕、圣保罗、温尼伯等。每一个地方都有其独特的政治、经济、社会背景和创业生态强度。尽管如此，与硅谷同行相比，前沿地带的创业者们彼此之间的共同点要多得多。

为了表现硅谷和前沿地带的巨大差异，本书将带你了解左下角象限中创业生态最艰难的地区，体会该地区遇到的严峻挑战。此外，为了探索前沿地带的内部差异，本书还会带你考察其他两个象限（左上角和右下角）的创业系统，它们要么具有更强大的宏观经济背景，要么具有较大的创业生态强度（或两者兼有）。

书中的人物都是创新型创业者，当然，这么说也有点模糊。研究表明，全世界有4亿多创业者，约占全球人口的6%。[32] 我将聚焦这4亿人中最关键的一个小团体。

本书中前沿地带的创新型创业者具有以下三种特质：

第一，他们是"把握机遇的创业者"。在许多市场，很多人创业是不得已而为之。可称他们为"生存型创业者"，比如路边水果摊贩、海滨按摩师和街头小贩。在硅谷，新闻媒体乐观地宣称，半数千禧一代都在创业。然而，这一数字具有误导性，这一半的千禧人中，有很多人属于零工经济中的合同工，像优步司机和骑手。他们需要付出巨大的努力且面临着严峻的挑战，但本书所讲的不是他们的故事。我所定义的"把握机遇的创业者"是那些发现市场失灵后，愿意放弃高薪工作来解决这个问题的人。

第二，前沿地带的创新型创业者会充分利用某种创新。需要明确的是，本书不仅限于谈软件应用，我会重点展现创业者如何组合利用商业模式和技术创新来抓住机遇。

第三，我所侧重的是渴望扩大公司规模的创业者。数以百万计的创业者选择自主创业并着力创新商业模式，从而满足以上两个标准，但他们没有规模意识。想象一下，一个人创办了餐厅，这个餐厅具有现代设计感且提供符合现代大众口味的菜肴，但却只开了一家。或者一个发廊具有独特的发型风格设计，却也只此一处。他们都没有规模意识。科技公司也存在这种现象。我分析了内罗毕 600 多家软件创业公司，发现有一半以上的公司表面上是创业公司，实际上是"生产率低下的微型企业"（如小型技术咨询公司）。[33]

当我刚开始写这本书时，不由自主地想到创新型创业者只是传统的创业者：他们在小团队中工作，开创了自己的公司。后来经过不断地了解和探索，我发现了一批不同寻常的前沿地带的创新型创业者，包括开创新投资模式的风险投资人，建立初创企业以服务周边的生态系统开发者，在家族企业或大公司内部工作但却不走寻常路的"内部创业者"。他们中的很多人都在以各种方式挑战硅谷的规则。这本书也探讨了这部分创业者的经历。

基于以上观点，我将前沿地带的创新型创业者定义为"把握机遇的创业者"，他们在最发达的创业生态系统之外运作，充分利用技术或商业模式进行创新，并寻求扩大公司规模。

最终，你会发现，前沿地带的创新型创业者的思想、原则和实践与硅谷模式明显不同，它们是硅谷规则的替代和补充。

前沿地带新的创新创业模式

前沿地带的创新型创业者们正在谱写自己的创业蓝图。虽源于实际需要，但他们的方法不仅是在重塑规则，也正重新界定创新的内涵。本书讨论了这种创新创业新模式的十个要素。

第一，前沿地带的创新型创业者是创造者。硅谷专注于打破既有行业，但在前沿地带，创新型创业者必须创造新的行业，因为通常情况下，他们没有既定的行业可以打破。他们必须开创全新的行业，为客户提供一系列硅谷认为理所当然的产品和服务，如教育、医疗保健、金融服务、能源，甚至基础设施。

第二，当缺乏完善的基础设施时，硅谷所痴迷的创建轻资产、高精专的初创企业模式就显得不切实际了。但在创建之初，企业往往会面临这种情况，因此前沿地带的创新型创业者必须构建"全堆栈"[①]，包括他们的业务和产品所需的基础设施。

第三，在硅谷努力培育独角兽企业时，前沿地带正在培育骆驼型企业——骆驼不仅可以抓住机遇，也可以在干旱中生存。前沿地带的创新型创业者不会不惜任何代价追求增长，他们更着眼于长期可持续性和韧性。

第四，前沿地带的创新型创业者很会跨界融合。他们跨越多个地区、行业和领域，利用跨界的经验来建立自己的业务。他们利用全球网络获取资本和资源。

硅谷可能会教导初创企业以旧金山湾区为基地，在此组建团队，且侧重于美国国内18万亿美元的市场，但前沿地带的初创企业并没有限定这么死板的路径。事实上，很多公司生而全球化，他们从成立的第一天起就战略性地瞄准了全球多个市场。

第五，前沿地带的创新型创业者不仅向全世界出售商品或服务，而且还以分散布局的方式构建公司组织和架构。他们打破地域限制，招募全世界最优秀的人才，通过技术和组织设计促进文化融合。

第六，由于硅谷有着丰富的人才资源，企业家们可以根据需要招募到一流的人才。硅谷的公司之所以能容忍人员频繁更替，也是因为硅谷有海量人才，可以随时替换员工。而在前沿地带，创新型创业者以成长

---

① 全堆栈：指提供从前端到后端，从展示到数据库连接的一整套框架。——编辑注

的心态和长远眼光来招募员工，以此来打造一流的团队。

第七，前沿地带的创新型创业者还是多任务处理高手，他们将利润和影响力目标紧密地结合在一起，植入其商业模式的核心结构中。

第八，当风险容忍度较低，失败后果更严重时，硅谷对风险满不在乎的态度（快速行动和打破常规）令人无法接受。[34] 而前沿地带的创新型创业者们可以管控风险，建立客户信任，并使其行业正规化。

风险资本和科技创业公司是共生的关系，若脱离彼此，两者都无法生存。虽然风险投资模式对硅谷的独角兽企业有利，但它并不能满足世界其他地区的资本需求。而前沿地带的风险投资家为适应极具挑战性的环境，在不断调整投资模式。他们本身就是创新型创业者。

第九，硅谷拥有强大的支持系统：拥有创新部门的公司，能够提供团队支持的风险投资人，擅长各个创业领域的加速器，甚至还有越来越多的监管者希望与创新型创业者合作。相比之下，前沿地带的创新型创业者往往感到孤立无援。出于需要，他们不仅要扩大公司规模，还要积极打造创业生态，奠定企业文化的基石，营造有导师和支持者帮助的经营环境，为生态系统建设必要的基础设施。

第十，当然，前沿地带的创新型创业者在生态系统建设方面并非孤军奋战。政府、监管机构、投资者、大公司、慈善机构、基金会和其他利益相关方对前沿地带的创业生态也有着不同程度的影响。不过，他们的建设不是基于复制硅谷模式，而是通过借鉴前沿地带的经验教训而展开。

本书以这些经验教训为主题，每一章都会探讨其中一种。这本书植根于前沿地带的创新型创业者的现实生活，为创业生态中的所有参与者分享实用建议。本书各章节还利用了我自己的调研数据和两百多次采访内容，也借鉴了行业出版物和该领域领先的学术研究。

分布更均匀的未来

本书试图回答四个基本问题：前沿地带的创新型创业者们采用了什么特别的策略，才成功地实现了自己的创新想法；这些策略如何才能为前沿地带的其他人所用；硅谷能从这些新方法中学到什么；我们应该如何利用这些经验教训，才能在全球营造充满活力的有效创新生态。

本书有许多核心受众群体。首先是前沿地带的创新型创业者本身。长期以来，硅谷一直是创新智慧的唯一源泉。我希望这本书能启发大家去讨论：创新对世界其他地区意味着什么。当然，如果硅谷希望保持领先地位，这本书对它同样具有借鉴意义。硅谷必须要挑战自己的传统智慧和既定理念，吸取前沿地带的奋斗经验。

本书设计的内容有趣且容易理解，也适合公众和社会领域的读者阅读。支持创业者及他们创造的创新生态已日益成为世界各国的重要议程，政策制定者希望通过创业来拉动就业，非营利组织希望通过创业来促进社会、经济及环境的变革。《破界：如何改写硅谷规则》这本书会为这些人提供指导。

与此同时，这本书对全球大型上市公司的领袖们来说也会是开卷有益。诸如波音（Boeing）、美国银行（Bank of America）及通用电气（General Electric）、通用汽车（General Motors）等公司领导人意识到他们所在行业在迅速发展，并希望更新自己的商业模式。因为他们有创新部门、收购战略和投资公司，他们比以往任何时候都有条件创新。全球大型企业必须用全球化的眼光看待创新的运作方式、运作地点及原因。因此，阅读本书或许是一个很好的开端。

另外，在天平的另一端，社会型企业运动发展势头良好。一项研究估计，世界超3%的人口与社会型企业相关（美国的比例是全球的近两倍，为 5.8%)，其中 90% 的社会型企业是在近十年内创建的[35]。社会型企业在展望下个阶段的发展时，掌握创业方法是其根本。

令人兴奋的是，许多前沿地带的第一波创业活动正在走向成功。全球创新型创业者的数量每天都在增加。根据统计，仅在美国，每个月就有 50 多万人成为创业者，大多数人并没有建立硅谷式的软件创业公司[36]。

不加批判地遵循硅谷原则，并将之生搬硬套到本土环境中，注定会导致失败。从成功的前沿地带的创新型创业者身上吸取经验，这对新创业者、科技从业者和有志于创业的学生来说，至关重要。

当我问朋友们，他们认为哪些硅谷企业家为人类做出了积极贡献时，他们通常会提及埃隆·马斯克①（Elon Musk）。但当我让他们再列举其他企业家时，他们就答不上来了。在前沿地带，我能找出很多像马斯克这样的变革者。他们正在以各种方式建立不同类型的公司，推动着创新发展，不断改变着世界。这本书分享了他们的故事，希望能够激励硅谷的朋友们，从他们的经历中有所收获。

威廉·吉布森②（William Gibson）曾经说过，"未来早已到来，只是尚未平均分布而已。"世界各地前沿地带的创新型创业者正在引领潮流，为未来的创新创业带来了一缕曙光。按照吉布森的说法，这将是一个分布更均匀的未来。也许他们的经验正是创新创业的关键，也是初创公司改变世界的密钥。

---

① 埃隆·马斯克（Elon Mush）是企业家、工程师、慈善家，任太空探索技术公司（SpaceX）CEO 兼 CTO、特斯拉（TESLA）公司 CEO、太阳城公司（SolarCity）董事会主席。——译者注
② 威廉·吉布森（William Gibson）是美国作家，是科幻文学的创派宗师与代表人物，代表作有《〈蔓生都会〉三部曲》《〈旧金山〉三部曲》。——译者注

第一章
创造：
创新而非颠覆

汗珠顺着蒂博·德雷森（Timbo Drayson）的前额流下，刺痛了他的眼睛。连续四天来，他在内罗毕炎热的阳光下有条不紊地拍着照片，将照片与 GPS 坐标绑定，忙着建立一个早期的可测试数据集。作为一家名为欧科嗨①（OkHi）初创公司的首席执行官，蒂博收集数据是为内罗毕市中心创建唯一的识别性定位（世界其他地方将其称为"街道地址"）。为实现这个目标，他收集了坐标、视觉线索以及内罗毕居民在指路时使用的其他常见标记。

在发达的西方国家，政府部门提供街道地址，这是实施各种公共和私人服务的基本投入。

"要申请驾驶执照？您的住址在哪？"

"想要收亚马逊快递？您收件地址是什么？"

"需要救护车吗？您目前在什么位置？"

我们的生活时时处处都离不开地理位置，所以当我在 2014 年第一次见到蒂博时，我震惊地发现，世界上竟有一半以上的地方没有街道地址

---

① 欧科嗨（OkHi）公司是地址定位系统供应商，它会给用户发送一个详细的"找路指南"，包括一个 GPS 定位、一系列实景照片，还有一段文字描述。——译者注

名称。在蒂博所在的肯尼亚，只有 2% 的建筑物有地址。[1]

一座城市没有街道地址，并不意味着没有方向。这只说明当前的系统效率非常低。在内罗毕，如果你在接收快递，你可能会对快递员说，"当你到达乔古（Jogoo）和第一大道时，看到红屋后向左转。然后你沿着这条路一直走到一个绿色的棚屋那儿，继续向前走，会看到三只狗在睡觉。然后沿着土路再走 30 秒钟，就会看到我的房子。它是蓝色的，在右边的第四栋。"

这在白天似乎都很困难，在夜间通常更是不可能做到的。

世界上超过一半的人生活在贫民窟、棚屋、棚户区或其他产权不清的地区，而政府尚未为这些地区的居民指定正式的街道名称或街道号码。全球约有 40 亿人没有地址，预计到 2050 年，这一数字将翻一番。[2]

地址是一种影响重大的公共品，为实施一系列服务提供支撑。想想内罗毕救护车的平均反应时间超过 2 小时，而纽约仅为 6 分 10 秒。[3] 这很大程度上是由定位准确度和地址清晰度来决定的，因为它们会决定救护车能否准确找到位置，是不是在关键时刻需要兜圈子。同样，缺乏地址也阻碍了商业的发展。在内罗毕，肯德基每送一单货，需要打 3.1 个电话，优步每一次服务需要打 1.4 个电话。[4]

为了解决这个问题，蒂博创立了 OkHi，这是一家技术驱动的初创公司，可以为没有地址的地方创建地址。OkHi 公司的宗旨是"囊括其中（Be Included）"。[5]

蒂博再也无须在炎热的阳光下手动收集所需的信息。相反，OkHi 的众包数字地址，即一种 GPS 点、位置照片和附加描述语构成的独特组合——正在不断发展和增长。OkHi 的合作伙伴支付少量费用便可访问该数据库，当他们查找一个地址时，会先得到 GPS 定位的位置，再通过文字描述，结合实景照片，最终找到正确的目标建筑。

第一章 创造：创新而非颠覆

从早期开始，OkHi 就取得了突破性的进展。通过与无处不在的优步和吉米亚（Jumia）公司（一家领先的电子商务公司）合作，OkHi 获得了构建庞大数据库所需的 GPS 坐标。从那以后，蒂博与众多行业建立合作关系，包括连锁餐厅、电器零售商以及公共服务等行业。[6]

初创公司是什么样子

在大多数人眼里，OkHi 似乎并不像是一家典型的初创公司。当想到"地址"这个话题时，不管人们怎么想，可能也只会想到一些无趣的政府基础设施或花哨的街道名称。在这个故事中，哪有什么穿着帽衫，喝着索仑特，彻夜写代码，颠覆一个行业的技术专家啊！[7]

最后一句话值得我们停下来思考。大多数硅谷初创公司都致力于"颠覆"，以至于这个词变得神乎其神。它成为初创公司存在的理由：采用新技术、新流程和新态度来颠覆那些古板和低效的行业。"颠覆"已经成为对科技行业吹响的号角，尤其是硅谷。从医疗保健到无人驾驶汽车，到教育领域，甚至再到政治领域，[8] 在硅谷，每个人都试图颠覆一切。硅谷最著名的营销竞赛来自科技创客①（TechCrunch）公司发起的创业颠覆盛会，堪称初创公司圈里的奥运会。而"颠覆"并不只是企业家的专利。风险投资、天使投资和加速器领域都有颠覆者。[9]

美国家庭影院频道（HBO）的讽刺剧《硅谷》中有一个场景绝佳地揭示了该行业对颠覆的沉迷是多么荒谬。在第一季的早期剧情中，男主角的初创公司"魔笛手"（Pied Piper）正在科技创客公司主办的颠覆大

---

① 科技创客（TechCrunch）公司是美国科技类博客，主要报道新兴互联网公司、评论互联网新产品、发布重大突发新闻。该公司已成为关注互联网和创业的重量级博客媒体，是美国互联网产业的风向标，里面的内容几乎成为风投资本家和行业投资者的投资参考。——译者注

会上做产品宣传。他的竞争对手包括因姆德博格（Immeadabug）、塔彭（Tappen）、赛斯特贝斯（Systobase）等一系列初创公司，姆德博格公司的目的是"要彻底改变你在移动平台上报告漏洞的方式"，塔彭公司"将彻底改变你所知道的基于位置的移动新闻聚合"，赛斯特贝斯将"通过基于一致性协议的帕克索斯（Paxos）算法，让世界变得更美好"。[10]

这些荒诞的初创公司都太现实了。如果这就是颠覆的话，也许我们已经忘记了这个词的本意。

"颠覆"之源

哈佛商学院战略教授克莱顿·克里斯坦森（Clayton Christensen）开启了对"颠覆"这一概念的现代研究。克里斯坦森在他的著作《创新者的窘境》（*The Innovator's Dilemma*）中开创性地提出了这一概念，并对"颠覆性创新"进行了后续研究。克里斯坦森及其同事在一篇文章中写道：

> "颠覆"描述的是这样一个过程，即资源较少的小公司通常能以更低的价格，让自身发挥更为合适的效力，以成功挑战成立很久的老牌企业……（新公司的起步首先需要在被忽视的细分领域站稳脚跟）。而此时的老牌企业正忙于在更具匠心的高端领域追逐更高的盈利，往往不会对此做出强烈的响应。随后，新进公司转向高端市场，开始为本属于老牌企业的主流消费者提供所需服务和产品，同时还保留了推动其早期成功的优势。当这些主流消费者开始大量采用新公司的产品时，颠覆就发生了。[11]

尽管克里斯坦森的理论在硅谷颇具影响力，但他的经典案例却与数字技术型初创企业根本无关。相反，他的理论来源于钢铁行业。大型综合钢厂注意到小型钢厂在低端市场上的竞争力，将之拱手相让，从而使得小型钢厂得以立足。随着时间的推移，小型钢提升了基础设施水平，让生产过程变得更加高效灵活，最终完全超越了大型钢厂。[12]

"颠覆性创新"这一概念引人入胜。这是大卫和歌利亚故事（以弱胜强之战）的现代版本，在这个故事中，小公司起先并不入流，只得吃残羹剩饭，但最终一跃而起，走向成功，不仅赢得了市场，还赢得名正言顺，是公平竞争的体现，因为大公司忽略了部分市场，不仅没有创新，最终也并未满足人们的需求。

因此，克里斯坦森的创新理论得到大幅推广，成为硅谷及技术行业的哲学基础。正如吉尔·莱波雷（Jill Lepore）为《纽约客》(New Yorker)所写的那样，"自从《创新者的窘境》出版以来，每个人都在颠覆或被颠覆。颠覆顾问、颠覆会议和颠覆研讨会应运而生……你生活在《创新者的窘境》的阴影下。"[13] 如果颠覆成为一曲颂歌，初创公司就是军乐队。初创公司以局外人的态度，带来成本更低的解决方案或更高效的技术流程。他们承诺要以自己的形象重塑行业。

创造者

当然，OkHi 的故事并非如此。在这个故事中，没有低效的老牌企业中途被甩，也没有低端产品拼命向高端市场进军。因为没有行业被扰乱（当然，除了之前遇到的三只狗的睡眠被扰乱了），所以 OkHi 并不符合"颠覆者"的定义。

蒂博·德雷森是一位一直在前沿生态系统深耕的创造者。我将这个生态系统定义为位于硅谷之外且远离硅谷同行的创新中心。前沿地带的创新型创业者通常根据需要创建新产业，创造新的商业模式，并最终为市场创造新的产品和服务。

创造者同时做了三件基本的事情。首先，他们提供产品或服务来解决正规经济中未得到服务的、亟待解决的痛点问题。如果行业中尚有不正规、未经许可或非官方的其他方案，创造者着力使其合法和正规。其次，创造者为大众市场提供解决方案。虽然创造者肯定可以为顶端市场创造新的产品种类（例如维珍银河太空旅行），但本书中的创造者致力于通过创新来服务每个人，而不仅限于服务富人。最后，创造者会从根本上重新思考市场和行业，专注于改变游戏规则的创新。技术通常是一个关键的推动因素，伴随而来的还有业务构建、客户合作或业务运营的新方式。从这方面而言，许多创造者就与颠覆者有着重要的相似之处。

前沿地带和硅谷在创造者的数量上有显著差异。在领先的新兴市场的初创公司样本中，63%的公司正在创造新行业，包括里维戈①（Rivigo）这样的公司，它正在使印度的卡车运输行业走上正轨，并在不断扩大其规模。博士医疗公司②（Dr. Consulta）正在巴西建立一个价格合理的全国性医疗诊所连锁店。而米科帕③（M-KOPA）太阳能公司正为非洲提供家用太阳能系统。相比之下，使用相同的标准来衡量硅谷最成功的初创公

---

① 里维戈（Rivigo）成立于 2014 年，是一家位于印度古尔格拉姆的物流初创公司。它遵循网络主导的物流模式，在全国范围内运输货物。公司在印度各地部署员工，货物分阶段运输并移交给下一个合作伙伴。因此，每个区域都可以由一组司机合作伙伴提供服务，而无需他们开车穿越全国。——译者注
② 博士医疗公司（Dr. Consulta）成立于 2011 年，是巴西最大的门诊医疗网络服务平台，提供快速、优质的医疗服务。目前已拥有近 50 个服务网点，其中大多数是在圣保罗市。——译者注
③ 米科帕（M-KOPA）太阳能公司创立于 2011 年，是肯尼亚领先的离网电费支付公司，与撒哈拉以南地区最大的手机银行米佩萨（M-PESA）是同一个创立者。M-KOPA（M=mobile，KOPA= to borrow）把手机支付和全球移动通信系统结合起来，开展家用太阳能"按需付费"（pay-as-you-go）租赁服务。——译者注

司样本,其中只有33%的人可以称为创造者。[14]

然而,事物很少是泾渭分明的,这些明确的定义和随后的分析都不是完美的,也不可能是完美的。[15]虽然我们可能对某些公司的分类存在分歧,但总体趋势是清晰的:前沿地带正在催生比硅谷更多的创造者。

当然,这种情况的发生往往是必然的。虽然前沿地带的创新型创业者所在的生态系统还在发展中,但那里存在着大量有待发掘的机遇,所以他们成为创造者。他们为大众市场提供教育、医疗保健、交通和金融服务平台,凭借技术和商业模式的创新,有望成功弥合历史差距。

在一次采访中我问蒂博,在他看来谁是撒哈拉以南非洲最重要的创造者,他毫不犹豫地说,那自然是米佩萨①(M-PESA)。

从实物现金交付到数字现金转账

在新兴市场,有接近20亿人遭受"金融排斥"(financially excluded),这意味着他们无法获得正规的金融服务。[16]除了亲手用一叠现金交易外,他们没有银行账户、支票、借记卡、正规贷款、股票交易账户、保险或者其他转账方式。另外有20亿至30亿人未充分使用银行业服务,无法获得基本服务。[17]地球上近一半的人口要么完全未使用银行服务,要么未充分使用银行业服务。

这并不是因为银行业不想给每个人都提供银行账户,而是它无法做到这一点。传统的银行拥有实体分支机构、出纳和过时的技术基础设施,在试图服务新兴市场偏远地区的客户时,其运营模式无法奏效,[18]因为

---

① 米佩萨(M-PESA)于2007年开始推出移动支付服务,此服务名称当中,"M"代表英语单词"mobile"的开头字首,"PESA"则是斯瓦希里语里代表"金钱"的意思的单词,合起来就是"移动钱币"的意思。——译者注

那里的客户银行余额很少，银行卡的使用频率很低。这样的商业案例没什么意义。

米佩萨是肯尼亚最大的移动支付平台，也是这种商业模式的全球领先典范。米佩萨创建了一个商店网络，这相当于一个联通了肯尼亚各地的大型人工取款机网络。通过该平台，任何人都可以把钱存入他们的手机账户，或者把钱转给任何其他手机账户或商店。不同之处在于，该系统不依赖银行卡、语音通话或像瓦次艾普①（WhatsApp）这种智能手机应用程序。相反，这些都可通过内置的短信功能在简单的手机上完成，甚至是用最简单的廉价手机就可实现。在肯尼亚这种2007年人均国内生产总值仅为840美元的国家，这种创新具有变革意义。[19]

米佩萨是一个非常大胆的项目，它也不算是一家传统意义上的初创公司，它是在肯尼亚领先的猎游电信公司萨法利通信公司（Safaricom）[一个由肯尼亚政府和全球电信商沃达康（Vodacom）共同拥有的实体公司]内部孵化的创新项目。[20]该公司成立了一个创业团队来开发该项目，并获得了外部种子资金。但同样，这并不是典型的早期资金，而是来自英国国际发展署（DFID）的赠款。[21]

因为当时肯尼亚还没有广被接受的支付网络，米佩萨新推出的短信银行工具并没有颠覆传统的、低效的支付网络。米佩萨最大的竞争对手是当地的哈瓦拉（hawala）体系。在这个体系下，人们把装满现金的信封交给公交车司机，并让他们转交给在几站以外的某个朋友或亲戚，司机因此获得佣金。你可以想象，除了效率低下之外，该系统还存在丢失、盗窃和欺诈等诸多高风险。

---

① 瓦次艾普（WhatsApp）是一款用于智能手机的跨平台加密即时通信应用程序。该软件透过互联网进行语音通话及影像通话，并使用标准移动网络电话号码向其他用户发送短信、文档、PDF文件、图片、视频、音乐、联系人信息、用户位置及录音档案等。——译者注

今天，米佩萨覆盖了肯尼亚 1 800 万人，有超过 10 万名代理商，处理超过 1 亿笔交易。据估计，这相当于肯尼亚 GDP 的 40%。[22] 米佩萨也为全球创建移动银行业奠定了基础。研究表明，米佩萨是使近 20 万户家庭摆脱贫困的主要驱动力（占肯尼亚家庭户数的 2%）。[23]

全球电信行业协会（GSMA）的使命是帮助全球扩大移动银行业务的规模。作为该协会移动货币小组指导委员会的成员，我曾有幸亲眼看见了这个生态系统的惊人发展。紧跟米佩萨之后，该行业呈爆炸式发展，类似业务遍布世界各地。目前有超过 250 个移动支付应用，为全球超过 8.5 亿人提供服务。[24]

先发劣势

米佩萨公司的故事令人鼓舞，但它绝不是一夜成名，其成长途中遇到了许多障碍。其创始人之一，尼克·休斯（Nick Hughes）这样解释道：

> 该项目面临着金融、社会、文化、政治、技术和制度等方面的巨大障碍……全球电信公司、银行和小额信贷机构之间的文化极为不同，各自有庞杂的制度要求。为了项目的实施，沃达丰（Vodafone）必须将他们的文化结合起来，并应对他们之间经常相互矛盾的制度要求。最后，该项目必须迅速培训、支持和满足客户需求，而这些客户没有银行账户，无法联网，往往是半文盲，并且在日常生活中常有人身和财务安全方面的问题。对此，我们没有可参照的路径。[25]

这种情况可称为"先发劣势"。[26] 与传统观点相反，研究表明，并不是每个先行者都会有优势。颠覆和创新之间存在着一场拉锯战，当企业利用技术颠覆一个行业时,可能会有先发优势,但当企业利用技术创建一个行业或引领市场变化时,不可能具备先发优势。[27]像蒂博和尼克这样的创新者,不仅需要创建一个全新的行业,也需要帮潜在客户塑造全新的思维模式,他们面临着一条漫长而艰难的发展之路。

对于米佩萨公司的客户来说,以非现金的形式存钱完全是个新鲜事。因此,把现金交给一个承诺通过手机发送给目标接收人的陌生人,简直是无法想象的。为了解决这一问题,米佩萨公司不得不对客户进行详细指导。正如早期的一个产品经理回忆的那样:"我们遇到的第一个障碍是代理商对支付现金提款犹豫不决……当他们收到了短信,被告知需支付现金时,是一个勇敢的店员打开了雇主的收银台,把现金交给了客户"。[28]

同样,监管机构从未监管过移动银行平台。在银行之外建立一个平行的金融体系,他们会愿意吗?哪个监管机构将对此负责?是电信监管机构还是中央银行?在米佩萨的案例中,正如其中一位监管负责人指出的,"米佩萨是一场赌博……显然,米佩萨是创新先于政策的经典案例。在这种情况下,决策者要承担风险,并要经过生态系统上上下下的磋商,才能推动支持性政策的出台。[29]

由于上述这些原因以及其他原因,相比颠覆一个行业付出的努力,创造一个行业的先行者需要更长的时间,更多的耐力。尽管会遭遇先发劣势,但前沿地带的创新型创业者还是成功地建立了成功的企业。你接下来会看到,他们会尽享创造者的优势。

抓住创造者的优势

成为一个创造者是困难的,但它也会有独特的优势。接下来我们依次探讨四个优势。

创造巨大的市场

创造新的行业有可能创造巨大的市场。风险投资家首先会问的问题之一便是"市场有多大?"对于许多创造者来说,市场几乎可能是无限大的:米佩萨公司的目标市场是20亿缺乏金融服务的人,OkHi一天可为数十亿没有街道地址的人提供服务。

彼得·蒂尔(Peter Thiel)在《从零到一》(Zero to One)一书中也提出了类似的论点,他认为最好的公司正在创造新的行业,而不是在现有的沙坑里玩游戏。实现"从零到一"需要完成一些以前从未做过的事情。[30] 它与横向进步不同。后者是指我们看到一些已经奏效的东西,只需发展它或复制它,便会逐渐实现"从1到n"的横向进步。[31]

通常创造者本能地知道他们正在开发一个重要的市场,但他们很少能预知它的演变趋势。当亚历山大·格雷厄姆·贝尔(Alexander Graham Bell)通过电线传输语音信号获得专利时,他可能预见到了手机革命吗?

从竞争中获益

对于创造者来说,竞争并不总是一件坏事,但蒂尔不同意这一点。他经常宣称,"只有失败者才竞争",意思是创造者可以通过瞄准新市场,建立垄断地位,从而有可能获得更多机会。[32] 这可能是事实,然而与此同时,在已创立的大型市场中,竞争往往会凸显优势。

看到米佩萨在肯尼亚的成功,沃达康①(Vodacom)在相邻的坦桑尼亚推出了一款类似的产品。在肯尼亚,猎游电信垄断了市场,但在坦桑尼亚,另外两家电信运营商占据了重要地位,也都推出了类似的产品。米佩萨在肯尼亚花了6年多的时间,其用户量才达到1 800万,但在人口少得多的坦桑尼亚,却花了不到5年的时间,[33] 在西非其他市场所花

---

① 沃达康(Vodacom)是南非电信业巨头,猎游电信的母公司。

的时间就更短了。随着更多竞争者的加入，花在客户引导和基础设施开发上的大量投资得以分摊，而且由于多个品牌加入同一领域的竞争，公众更加相信该业务的合法性。

获得生态系统支持

创造者通常会得到周围生态系统的支持。在美国，优步最有可能被称为"现有出租车行业的颠覆者"，但在新兴市场，优步（跟其他网约车同行一样）将非正规经济形式合法化，从而成为创造者。对优步的接受程度与当地不同的生态系统有紧密联系。总的来说，当前的非正规出租车司机热切地欢迎优步，并加入了它的平台。监管机构也通常会在新兴市场采取更为友好的立场，优步遭到禁用的 12 个地点都位于欧洲各国、澳大利亚、中国、日本和美国这些更发达发展更好的国家。[34]

这种生态系统支持可以表现为多种形式，包括多样化的资金来源。例如，移动支付供应商已经收到了来自影响力投资者、基金会、开发机构和企业社会责任投资工具的投资。其他创新产业也是如此。

扩大人才库

创造者可以利用更大的人才库。初创公司的生死取决于他们团队的质量，而要吸引顶级人才可能很困难。初创公司的薪酬更低，风险更高，需要的工作时间更长。但最有雄心的初创公司，他们的这些创造者们，给初创公司提出了更崇高的使命，即创业是一个改变世界的真正机会。与非创造性岗位相比，员工通常更愿意接受更少的薪酬，更有耐力，工作更努力。初创公司通常可以吸引来自非营利组织或政府部门等其他领域的应聘人员。读者们将在第六章和第七章中探究到人力资本的细微差别，并在第八章中探索前沿地带的创新型创业者的社会影响。

第一章 创造：创新而非颠覆

站在巨人的肩膀上

创造者不只是建立公司，他们是在创造行业。创造者是巨人，为后继者提供肩膀，让其发展得更好。

米佩萨不仅成为猎游电信行业中收入最多、增长最快的公司之一（占总收入的 1/3 以上），而且还拉动了众多其他行业。[35] 尼克·休斯亲自经历了这一切。米科帕公司是他的下一个初创公司，从事能源供应（类似于左拉）。使用米科帕太阳能照明系统的家庭，可使用米佩萨平台按日或按周支付能源使用费用。

由于按日或按月收取用户大量的现金支付会使米科帕公司成本过高，所以如果没有米佩萨支付平台，米科帕公司的商业模式就不可能实现。米科帕公司创建了一个依赖于米佩萨的应用程序，使两者建立了共生关系，且带来了意外之喜——米科帕公司的客户也成了更好的米佩萨客户，他们定期使用该平台，向社区其他人传授用法，并尝试使用该平台上出现的其他新产品。

另一个因移动支付而被重新塑造的行业是小额信贷。早期小额信贷的实施是基于一个关键认识，即穷人是有信誉的借款人。小额信贷机构将借款人纳入具有强烈社会责任感和共同还款责任的群体，发现他们的还款率很高。

但这种认识也是最大的挑战：将客户分组，定期上门走访收钱，以及保持深度的客户接触，这些措施都花费不菲。如今塔拉①（Tala）、布

---

① 塔拉（Tala）创立于 2011 年，总部位于美国，是一家移动技术和数据科学公司，专注于新兴市场的金融服务。公司主要面向无信用记录用户及当前金融服务机构未能涵盖的用户，通过研发安卓应用，使用替代数据来提供即时信贷，帮助客户建立自己的财务身份。——译者注

兰奇国际①（Branch International）和猎游电信的米山瑞②（M-Shwari）等公司完全依赖移动货币平台提供消费贷款。这些新一代的数字贷款机构，与小额信贷行业中的贷款机构非常类似，也在寻找社会信号，以此识别信誉良好的借款人，只不过他们完全以数字化方式进行。数字贷款机构利用电话呼叫模式、客户的社交图谱和消费模式等大数据来确定借款人的信誉度，无需现场工作人员，不需要收取现金，也用不到陈旧的技术。米佩萨及其他移动货币创造者的前期努力为这场革命提供了前提条件。[36]

对于 OkHi 公司来说，尽管蒂博自己还有很长的路要走，但他已经开始赋能其他行业了。他采访了救护车司机，这激发他务必要推出一套方案，以解决救护车响应迟缓的问题。最近他得偿所愿：一家名为福莱③（Flare）的初创公司在内罗毕推出了一个救护车平台，该平台的快速服务就是基于 OkHi 公司提供的精确定位。[37]

我的飞行汽车在哪里

我给 MBA 班教授一门新兴市场创业课程。我的学生经常就他们的商业理念的方向征求我的意见，问我的问题诸如此类："这有可能实现

---

① 布兰奇国际（Branch International）（又称 Branch.co）是一家来自美国旧金山的金融科技初创公司，创立于 2015 年，旨在利用技术的力量为新兴市场提供领先的金融服务，主要为非洲等新兴市场提供小额零售贷款。该公司使用手机应用收集设备信息，并运用算法模型进行处理，在保障隐私的基础上，通过简洁的移动应用程序向用户发放小额贷款。如公司宗旨所述，"每个人在每个地方都应获得公平的金融服务机会"。——译者注
② 米山瑞（M-Shwari）是肯尼亚头部现金贷平台，属肯尼亚商业银行旗下，提供周期 30 天、最高额度 100 万肯先令（约 6.85 万元人民币）、月费率 7.5% 的信贷产品，与肯尼亚最大通信运营商萨法瑞康合作，用户可在其旗下手机银行产品米佩萨页面上直接申请。公开数据显示，米山瑞于 2012 年上线，上线 3 年用户数突破 1 200 万人，占肯尼亚全国人数约 1/4。——译者注
③ 福莱指福莱资本（Flare Capital Partners），是 2001 年成立于美国波士顿的风险投资机构，它只关注医疗领域，且投资标的大部分是早期的初创企业。——译者注

吗？""我去尝试这个别人没做过的新想法，是不是太为难我自己了？"

我就问他们，"你为什么要这么做？"他们几乎异口同声告诉我，他们想让世界变得更美好。但现实是，建立任何初创公司都是极其困难的，需要花费很长时间。如果你打算在你人生中的大部分时间里都为此努力，那就不妨创造一些更有意义的东西，或者至少尝试一下。

令人兴奋的是，前沿地带为我们提供了许多企业家创造新行业的例子。蒂博和尼克并不孤单，还有许许多多像他们一样的人。

我告诉我的学生，他们应该做创造者。我告诉他们，有人已经在稳步推进，他们应该从这些人身上寻找灵感。也许硅谷的其他人也应该从他们身上找找下一步业务的灵感，并记住他们加入这个行列的初心。

第二章
培养全栈技能：
不要单纯依靠软件

在硅谷的经典商业模式中，众多初创企业属于"轻资产"。这些企业专注于价值链中的一个环节，运用创新产品或方案解决客户的问题。在理想情况下，这些产品或方案并不复杂，也不需要大量的资本与硬件。

如果你想打破常规、改变世界，建立一个照片共享平台，那么这种策略是有效的。现有的技术和基础设施生态系统使你有条件专注于用户界面，并与其他公司合作，从而进行存储、用户认证和社交媒体的整合。同样，即使是从事复杂业务的企业，如按需交付业务，其价值链的许多部分都可以从现有的技术或生态系统供应商那里获得，如街道地址、当地地图、路线优化软件和物流支持。

丰富的公司联动，不仅为颠覆者提供必要的基础设施，也促成了硅谷轻资产的运作方式。其他经典的创业原则，如创建精益初创企业的必要性，则进一步鼓励创业者将注意力集中在价值链的一个部分和一种产品上。这样做的目的在于让初创企业在一个领域追求卓越，并在生态系统中获得其余的部分。

然而，对于世界上的大多数人来说，特别是对于创造者来说，无论他们身在何处，这种模式都根本不切实际。推动技术发展的生态系统通常并不丰富，甚至对于他们正在建立的业务类型来说，这样的系统严重匮乏，深处前沿地带的创新型创业者往往需要自己构建"垂直全栈"。换言之，他们不仅需要开发最终的产品或服务，还要构建配套的基础设施。

全栈并不总是垂直的。为了构建一个生态系统，初创企业通常还需要建立"水平全栈"，以给企业提供远超硅谷所能提供的产品和服务。

建立垂直堆栈

本·格里森（Ben Gleason）和蒂亚戈·阿尔瓦雷斯[①]（Thiago Alvarez）是建立垂直堆栈的两个典型人物。2012年，他们决定解决巴西对普惠金融的关键需求。作为一个南美国家，巴西具有几乎世界上最高的利率和结欠款，平均银行贷款利率竟超过50%（相比之下，美国为5.5%，英国为1.75%）。[1] 与此同时，巴西人还有高额的短期信用卡债务。[2] 很多客户并不完全了解自己的财务状况，而且缺乏能够帮助他们改变这一现状的具体工具。

在美国，为了应对类似挑战，敏特网[②]（Mint）提供了数字化的个人财务经理服务（简称PFM）。该产品很快吸引了150多万用户，并最终卖给了财捷集团[③]（Intuit）。[3] 现在，美国客户在数字化个人财务服务方面有很多选择，从手机应用程序到银行提供的免费产品。作为该领域的专

[①] 蒂亚戈·阿尔瓦雷斯（Thiago Alvarez）是钱包管家公司（GuiaBolso）的创始人兼首席执行官。——译者注
[②] 敏特网（Mint）是一个基于网络的个人理财服务，面向美国和加拿大用户，由亚伦·帕泽尔创建。网站可以帮助用户通过一个页面追踪银行、信用卡、投资、贷款余额和交易，以及创建预算和设定财务目标。截至2010年，该网站称其已经接入了超过16 000家位于美国和加拿大的金融机构，并为超过1 700万个个人金融账户提供服务支持。——译者注
[③] 财捷集团（Intuit）是一家总部位于美国加利福尼亚州山景城的跨国计算机软件公司，成立于1983年。它以个人财经软件为主要项目，主要制作金融和退税相关的软件。目前是美国最大的理财软件公司。——译者注

业服务公司，信用卡玛公司①（Credit Karma）不仅帮助客户提高信用积分，也专注于改善客户财务生活的关键层面。

而巴西的选择却没有这么丰富。2012年，为了解决这一难题，本和蒂亚戈推出了巴西的首款个人财务管理服务产品：钱包管家②（Guiabolso）。实际上，钱包管家与在美国迅速发展的同类产品（敏特网和信用卡玛）有很大不同。

乍一看，钱包管家似乎是一个财务预算工具。该产品允许用户将自己的消费习惯输入系统，以便于跟踪自己的支出以及月底的盈余。但是，就像许多其他让客户自行报告支出的应用程序一样，钱包管家也面临着"垃圾进，垃圾出"（GIGO）③的挑战，即无效输入导致无效输出。具体而言，该应用程序得出的结论取决于客户输入的内容。除非客户准确而一致地将信息报告给应用程序，否则应用程序提供的结论将毫无价值。

而对于硅谷众多的个人数字财务管理产品来说，解决这个问题轻而易举。敏特网可以直接从客户的银行账户中获取实际的财务数据，不需要再让客户自行输入。敏特网之所以能做到这一点，是因为像尤德莱④

---

① 信用卡玛公司（Credit Karma）成立于2007年，总部位于加利福尼亚，是一家个人金融公司，致力于为个人提供一系列工具和个性化建议，旨在帮助他们最大程度利用自己的钱，帮助个人取得财务进步。——译者注
② 钱包管家（Guiabolso）中的guiabolso在葡语里的意思是"钱包管家"，该公司成立于2012年，是巴西一个个人理财信息管理平台，它能将消费者账户活动整合到应用的财务状况中，从而简化消费者的生活。该平台能让消费者清晰地了解和控制自己的信息，并选择适合自己需求和风险偏好的信贷产品。——译者注
③ GIGO是"garbage in, garbage out"的缩写，译为"垃圾进，垃圾出"或译为"废料进，废品出"，是计算机科学与信息通信技术领域的一句习语，说明了如果将错误的、无意义的数据输入计算机系统，计算机自然也一定会输出错误、无意义的结果。同样的原则在计算机外的其他领域也有体现。——译者注
④ 尤德莱（Yodlee）公司成立于1999年，一开始是一家为美国运通、富达投资等大型金融机构提供数字化技术的公司，后期开始从事开放银行业务。有别于大银行通过自建或者投资的方式，尤德莱专注于充当银行与第三方公司之间的桥梁，从银行处获取客户数据，再将这些数据以API接口的方式提供给第三方公司进行金融创新，从而为客户提供无缝衔接式的金融服务体验，即第三方开放银行平台。——译者注

（Yodlee）这样的平台早已存在，从而能将个人财务管理系统与银行连接起来。

而在2012年，巴西并不存在这些平台。本和蒂亚戈不得不做出决定：他们是继续使用不完善的预算工具，还是把初创公司脆弱的未来赌在自建的银行连接层上。他们决定赌一把。

开发这个平台并非易事。巴西银行的安全特征极其多变。他们花了一年多的时间创建了一个稳定的平台，终于能够可靠地访问银行数据。而这一举措不仅需要了解复杂的数据，从信息中发现价值，还需要建立一个吸引人的客户前端，并开发一整套战略，才能最终保证找到这些用户，并让他们加入平台。

当钱包管家解决了这个问题之后，下一个问题接踵而至。为了让用户参与到他们最大的痛点——信用卡债务中，该应用程序需要让客户了解自己的信用度和获得低息信贷的能力。而巴西没有一个全面的财务管理（FICO）分数评价系统。对大多数巴西人来说，信用评分非黑即白：要么违约，要么不违约。[4]这对大多数客户来说并不具有指导意义。对于那些需要对非本行客户做出信贷决定的银行而言，这种信用评分也无济于事。

所以，钱包管家专门建立了一个金融健康指数。除了告知客户他们是否被列入黑名单之外，该应用程序还主动向他们推送公正客观的财务健康概况分析，并为他们设置了改善财务状况的工具。

现在，钱包管家的客户了解了他们目前的财务状况，并学会了如何提高他们的信用度。那么，接下来他们自然就想从这些信息中获益。在美国，敏特网和信用卡玛公司将客户与全国各地的贷款提供者进行匹配，从而帮助客户获得更多低息贷款。钱包管家认为自己也许也能做类似的事情。

第二章　培养全栈技能：不要单纯依靠软件

然而，该公司再次受到了阻碍。巴西现有的贷款机构不愿意通过该平台提供有针对性的服务。无论是在线获取客户，还是在线上服务客户，许多贷款机构并不适应这样的新方法，有一点原因十分突出，他们不习惯根据信用评分向与他们没有直接关系的客户发放价格合理的贷款。美国拥有丰富的金融科技贷款生态系统，而巴西却没有。

所以，钱包管家不得不自己建立基础设施，并在巴西推出了一个新的金融贷款机构，试图通过钱包管家自身的平台发放贷款。它将平台开放给那些崭露头角的贷款机构和银行，而他们也正希望增加贷款规模，渴望接触新客户，但还没有准备好以快速发展的数字形式提供贷款。通过这种方式，钱包管家的产品改变了业态，为用户提供了获得信贷的机会，并且信贷利率低于巴西消费者在市场上可获得的贷款利率。

钱包管家有 500 多万用户在使用个人财务管理系统，并且已经发放了超过 2 亿美元的贷款。它还筹集了超过 8 000 万美元的风险资本资金〔包括从我当时所在的奥米迪亚网络公司①（Omidyar Network）获得的资金〕。[5]

为了实现这样的想法，钱包管家必须创建四个独立业务，以便服务于一个产品。第一，一个以数字方式连接银行的互连层；第二，一款消费者应用程序，为客户提供有价值的结论；第三，金融健康指数和信用评分平台；第四，一个开启市场的贷款产品。这在任何市场都绝非易事，在巴西尤其具有挑战性。[6]

钱包管家似乎是一个特例。然而，到目前为止，您遇到的许多前沿地带的创新型创业者都面临着类似的挑战。如果有什么不同的话，钱包管家的发展之路相对平坦。许多前沿地带的创新型创业者必须构建实体

---

① 奥米迪亚网络公司（Omidyar Network）成立于 2004 年，是一家慈善投资公司，由基金会和影响力投资公司组成，既投资非营利项目，也投资营利项目。——译者注

基础设施，而不仅仅只是软件。

例如，为了向用户提供家庭能源系统，左拉电力公司（见绪论）建立了一个研发机构来设计低成本电器，组建了一支下乡销售队伍，并且运营了一个集中呼叫中心。而且，该公司还为其销售队伍定制了一套软件解决方案，为客户提供内部融资业务和即付即用服务。同样，米佩萨无法建立完全数字化的支付网络。相反，它必须在全国范围内建立家庭商店网络，客户才能从系统中存取现金。

来赞达集团①（Lazada Group）是东南亚领先的电商平台，其创始人之一伊南科·巴尔西（Inanc Balci）总结了这一动态发展趋势，他说道："要开展电商业务，我们必须创建完整的物流业务，这绝对让人出乎意料。但对于我们来说，这对生存至关重要。"[7]

所以，钱包管家、左拉和来赞达的故事自然引发了我们的思考，即何时构建完整堆栈才是明智的，以及企业家应如何优先配置宝贵资源。

何时构建全栈

不要轻易决定构建更多堆栈部件，这需要资本和时间，而两者都是初创企业的关键资源。由于各个堆栈部件必须无缝衔接，此举不仅增加了相互依赖性，也提高了相应风险。

为了确定整合哪些堆栈以及整合堆栈的时机，创新者应该先从考虑这一系列问题入手。

---

① 来赞达集团（Lazada Group）是2012年成立的电子商务公司，是东南亚地区最大的在线购物网站之一，目标主要是印尼、马来西亚、菲律宾以及泰国用户。自2016年起成为阿里巴巴集团东南亚旗舰电商平台。——译者注

生态系统内是否有你需要的基础设施

在这一过程中,你首先要了解你的商业模式运作需要什么,以及所在生态系统中是否有人能提供相应堆栈部件,提供足够高水平的服务,满足你的需要。

比如,钱包管家有两个关键需求。第一个是前端的客户应用或网络体验,给客户提供如何支配金钱以及如何加以改进的建议。这才是业务的核心,也是该公司将建立的东西。第二个关键因素是银行互联,能让客户数据自动输入到应用程序中。钱包管家不希望建立这一层,于是该公司进行了一次调研,来确定市场上是否有合适的解决方案。

一些企业决定将价值链的更多部分进行纵向整合,保留绝对必要的部分(例如,苹果和特斯拉,它们纵向整合了产品设计、分销和大部分产品供应链),并将这种模式作为自身的核心竞争优势。但是,开发生态系统的创新型创业者经常发现,构建垂直全栈是必要的,建设必要的基础设施只是为了让核心模式发挥作用。

前沿地带的创新型创业者应该评估市场上存在的其他替代品。可用的基础设施因地区和行业而异。比如,在底特律或密尔沃基,这些初创公司虽在硅谷之外,但仍受益于美国当地发达的技术基础设施。企业家在底特律建立来赞达公司,就能利用既有的美国支付和运输生态系统。同样,对于欧洲的PFM初创公司来说,建立新的信用评分基础设施无疑是多此一举。

最终,如果创新型创业者们可以借用堆栈,或以商品化的方式获得高质量水平的堆栈,那么就不需要自己构建它,也就不会浪费资源。如果他们不能使用现有堆栈,他们就必须探索下一个问题。

他人能否提供堆栈

有时，还没有找到合适的堆栈并不意味着最终无法获得。前沿地带的创新型创业者往往通过技术，便能让其他人为自己提供堆栈。吉米亚①（Jumia）是一家领先的泛非电子商务平台，是非洲第一家在纽约证券交易所上市的科技公司。萨查·彭伊格诺耐克（Sacha Poignonnec）是吉米亚公司的联合首席执行官。他强调，如果能够获得合适的支持工具，某些元素可以外包。当吉米亚开始扩展其电子商务平台时，没有人给它提供其所需水准的配送服务。

为了在非洲农村市场提供端到端的物流服务，包括货品追踪、交货时间预估，以及其他西方国家现有的标准服务。吉米亚为当地企业家提供了技术工具来跟踪配送、优化路线和收款。吉米亚在企业内部创建了这些支持工具，但也授权他人来填补空白。现在，吉米亚在14个非洲市场系统中（包括埃及、摩洛哥、乌干达和尼日利亚）拥有81 000多个合作伙伴。[8]

合作伙伴是否可以与你一起扩大规模是值得重点考虑的问题。纽班克②（Nubank）公司的首席执行官戴维·贝莱斯（David Vélez）付出了惨痛代价才了解到这一点。纽班克是一家面向大众市场的信用卡公司，在阿根廷、巴西和墨西哥开展业务。戴维解释说：

> 起初，我们使用第三方提供的信用卡处理器。但是，我们很快意识到他们的技术不够强大，不具备扩张能力。此外，由于最初没有取得许可证，我们还与银行合作开展业务。但是，依赖它们存在太多风险，因

---

① 吉米亚公司（Jumia）创立于2012年，是非洲的电商平台，有"非洲亚马逊"之称。它覆盖11个国家，是肯尼亚电子商贸市场的龙头，市场占有率超过1/5。——译者注
② 纽班克公司（Nubank）是巴西金融服务领域的一家先驱初创公司，总部位于圣保罗，该公司的业务主要是为客户提供简单易用、费用相对较低的金融产品。目前，该公司是拉美地区最大金融科技独角兽，在巴西、墨西哥和哥伦比亚拥有超过4 800万名客户。——译者注

此我们不得不自力更生。在客户服务方面，我们遇到了同样的问题。于是，我们决定从一开始就不依赖第三方，而是在公司内部创建技术工具。这是我们保证质量的唯一方法。[9]

虽然纽班克在本地能找到解决方案，但因其不够强大，无法随纽班克的业务一起扩大规模。于是，大卫必须依次建造每一个堆栈。纽班克已经为此筹集了超过 8 亿美元的资金。现在纽班克在拉丁美洲是一家领先的金融科技公司，价值超过 100 亿美元。[10]

你能随着时间的推移完成整个堆栈吗

建立一家初创公司极具挑战性。一方面，你必须建立一个垂直堆栈，这相当于同时建立多个初创公司。通常而言，此举断无可能。另一方面，垂直堆栈的某些部分必须协同构建，但通常这不是全部，步步为营才是关键。

对于钱包管家来说，个人财务管理系统是首个关键产品。这意味着该公司必须立即与银行实现互联互通。其他因素尚可从长计议，但如果客户对个人财务管理系统提供的建议不感兴趣，或者未能与银行实现互连，那么公司能否建立一个借贷平台就会变得无关紧要。这就是为什么本和蒂亚戈决定等待几年才提供信用评分和贷款产品的原因。

推迟可能意味着其他人将会越俎代庖。市场瞬息万变，而其他人也在不断填补堆栈空缺的部分。比如，OkHi 这样的公司正在当地建设不同的基础设施，包括街道地址和物流。同样，无论是米佩萨这样的平台，还是世界各地复制它模式的公司，都在创建支付生态系统。在投资纵向基础设施之前，你会发现有一点值得调查，那就是随着时间的推移，他人是否会填满堆栈所缺的其他部分。

归根结底，对于前沿地带的创新型创业者来说，必须建立完整的（或更完整的）堆栈并不是一个战略选择，而是务实之举。事实上，他们必须做到事半功倍，构建全栈是本书所展示的众多此类范例之一。如有可能，寻找合作伙伴或赋能他人支持你，也是有益的举措，值得进一步探索。

这听起来可能令人生畏，然而它也有好的一面，因为构建完整（或更完整的）堆栈也赋予了公司竞争优势。

建立全栈护城河

构建全栈是一把双刃剑，虽然最初此举会让壁垒变得更高，也让其他人以后很难模仿这个模式。前沿地带的创新型创业者通常享有三种类型的全栈护城河（一种能使公司长期保持优势的天然防御），即竞争力护城河、资本护城河和技术护城河。

竞争力护城河

竞争力护城河最为清晰可见。在巴西，钱包管家的竞争对手如果想创建具有竞争力的个人财务管理系统和信用评分贷款产品，就需要重建该公司建成的大部分基础设施。因此，即使在五年之后，钱包管家也没有遇到太多竞争就不足为奇了。这类公司率先行动，便能抢占先机，从而取得先发优势。即使竞争对手注意到这个机会，他们想要复制该模式也需要数年时间。

资本护城河

这一现象也筑成了一条资本护城河。钱包管家已经筹集了超过 8 000

万美元的资本。[11] 对于关注该领域的其他公司来说，知道复制现有产品需要如此数量的资金也会望而却步。对投资者而言，为这样的竞争对手注入资金毫无意义。风险投资家会认为，投资一个落后多年的二号选手并非良策（特别是在网络效应主导的市场中，只会出现一个赢家）。

萨伊德·纳什夫（Saed Nashef）是萨达拉风险投资公司[①]（Sadara Ventures）的联合创始人，曾向资金匮乏的巴勒斯坦投资。他解释说："资本可以成为一种强大的优势。当公司成功获得大轮融资，在竞争对手中脱颖而出时，资本就会为赢家锦上添花。"[12]

资本护城河能以另一种更微妙的方式发挥作用。例如，在巴西，领投大轮融资的投资者非常有限。在第三轮融资中，钱包管家已经从众多领军企业中获得了大笔资金，比如卡什泽克风投公司[②]（Kaszek Ventures）（将在第十一章中介绍）、国际金融公司（缩写为"IFC"，隶属于世界银行的私人投资部门）、奥米迪亚网络公司（我的前雇主，一家全球慈善投资公司）、瑞比特资本[③]（Ribbit Capital）、巴洛尔资本[④]（Valor Capital）。在竞争对手崭露头角之前，钱包管家就已胜券在握。[13]

在同一市场中，投资者通常不愿支持两家相互竞争的公司。由于建成全堆栈通常需要更多资金，这也成为锁定该领域更多主要投资者的机会。因此，对于初露锋芒的竞争对手而言，要想蓬勃发展就会面临更多困难。

---

① 萨达拉风险投资公司（Sadara Ventures）创办于2008年，是第一家针对巴勒斯坦科技部门的风险投资公司。——译者注
② 卡什泽克风投公司（Kaszek Ventures）成立于2011年，是全球金融科技投资者，投资于高影响力的技术公司，其主要业务是拉丁美洲。目前是拉丁美洲最大的风险投资公司，也是投资公司中独角兽数量最多的本地公司。——译者注
③ 瑞比特资本（Ribbit Capital）是一家位于硅谷的风险投资公司，成立于2012年，专注于个人金融、保险、软件与加密服务行业等。——译者注
④ 巴洛尔资本（Valor Capital）是巴西跨境风投基金，主要通过旗下的私募股权基金和风险投资基金进行投资活动，是跨越美国、巴西乃至全球技术市场的跨境风险投资基金，通过数字化的知识、强大的技术进步经验，帮助当地企业成长。——译者注

技术护城河

达成全堆栈还具有技术优势。当钱包管家与银行建立互联时，很多银行对该公司的核心理念持反对意见。虽然客户有权共享他们的只读网络银行凭证，并允许钱包管家访问他们的账户信息，但许多银行对此进行抵制。他们理所应当地认为，这会减少自己与客户的关联。银行采取更加复杂的方法，阻止钱包管家尝试读取客户数据，但钱包管家也越来越擅长摆脱银行的束缚。新进入的竞争对手将不得不重复钱包管家经历过的技术和战略迭代。

同样，你将在第四章中了解，飞车公司[①]（Fetchr）如何在中东提供最后一英里的快递服务。这家公司必须将自己融入一系列电子商务平台中。此举可以让该公司认识到如何快速修复错误，从而向客户提供无缝体验。获得这种专业知识需要反复迭代，这打消了在线商家与其他供应商尝试的念头。

这就是全栈护城河。通常，相比于硅谷同行，前沿地带的创新型创业者需要提前承受更大的组织复杂度。然而，这也为他们提供了一个更好的磨炼机会，从而在长远发展中取得成功。

构建水平堆栈

目前，我们主要关注垂直堆栈，即实现主要业务功能所需要的基础设施。通常，企业家们需要更进一步。为了让客户加入系统，无论是自家公司直接提供产品，还是通过合作伙伴的帮助，这些企业都必须比硅

[①] 飞车公司（Fetchr）是由法籍伊拉克人 Idriss 创立的智能物流服务公司，总部位于迪拜，是专注为跨境电商服务的中东物流公司。该公司的核心竞争力是拥有一套移动互联网物流解决方案。——译者注

谷同行提供更为广泛的产品序列,这就是水平堆栈。相较于传统智慧所建议的建立水平堆栈的时间,前沿地带的创新型创业者已在创业旅程中先行一步。

够捷快(Gojek):完整行程

雅加达是世界上交通状况最差的城市之一,从城市的一端到另一端通常需要两个多小时,而且情况只会越来越糟。在过去 10 年中,这座城市的人口超过 3 000 万,街道上有 500 万辆汽车和 1 500 万辆摩托车。[14] 汽车拥有量每年增加近 9%,[15] 只有不到 25% 的印度尼西亚(简称"印尼")人使用公共交通出行。[16]

奥杰克(Ojek)是低成本的摩托出租车(也就是我们俗称的"摩的"),成为了解决这个问题的一种方式。显然,这些摩托车不如汽车舒适,会让乘客频繁遭受下雨、污染、道路噪音和更高的事故风险。但是,摩托车却能做一些汽车做不到的事情,比如遇到频繁堵车时,它们就能在车流中穿梭自如。如果你想体面到达,你可以选择乘汽车前往;但是,如果你想准时(并且经济实惠)到达,Ojek 才是你的不二之选。

2010 年,Ojek 市场既不正规,又不受监管。首先,许多 Ojek 司机行车证照不全,更没有安全标准可依,无法追踪行程。其次,司机很难通过定位找到潜在乘客。通常,他们每天回家都赚不到三四单车费,开车几个小时(或在路上等单),只希望能有一个乘客。[17] 需求方找不到供应方,这一直是市场规模的限制因素。

纳迪姆·马卡里姆①(Nadiem Makarim)想为此做点什么。2011 年,

---

① 纳迪姆·马卡里姆(Nadiem Makarim)于 2010 年推出印尼网约车服务,并在 6 年时间里,成为印尼首家独角兽公司的创始人,2019 年他已从其担任联合创始人兼首席执行官的 Gojek 公司辞职,加入印尼总统佐科·维多多的内阁,担任教育与文化部部长。——译者注

从哈佛商学院毕业后，他开始将 Ojek 出租车服务集中起来，并成立了一个线下客服中心，从而可以识别司机位置，并将他们引导给客户。起初，纳迪姆的业务只覆盖 6 部个人电话、20 名司机，并且还拉来了自己的熟人客户。这项业务只为他自己及其家人解决了问题。几年之后，这种小规模经营虽然尚可持续，但并没有任何突破。[18]

2015 年 1 月，纳迪姆终于获得了资金，并为小型客服中心注入了新技术。之后，他推出了网约车服务公司"够捷快"（Gojek）。他的愿景是通过一个中心化的技术平台，让整个不正规的 Ojek 经济状态步入正轨。Gojek 的操作类似于优步应用程序，允许用户随时随地呼叫 Ojek。

对于司机来说，Gojek 公司的价值主张很明确。从历史上看，这些摩托车司机工作时间虽长，但每天却只完成几单。加入了 Gojek 公司，他们的订单数量可以轻松地翻倍。虽然价格较低，但由于订单流平稳可靠，司机赚了更多的钱（并且更加稳定）。此外，Gojek 公司为平台上的每位司机提供头盔（通常并不多见）、制服，并让他们骑上高质量摩托车。

另一方面，Gojek 公司对客户也很有价值，它使客户能在需要时随时获得 Ojek 的服务（在雨季无需等待，这一点十分重要），并快速前往城市的任何地点。与以往非正规业务相比，客户还发现 Gojek 公司提供了更为安全的服务。纳迪姆说，这或许解释了为何 Gojek 公司的乘客大多数都是女性。[19] 与其他叫车业务一样，Gojek 公司的价格固定，乘客无需与司机讨价还价。[20]

到 Gojek 公司业务推出的第一个月末，该应用程序上已有 1 000 名摩托车手。到年底，公司在 5 个城市拥有 20 万司机，应用下载量超过 40 万。突然之间，绿色头盔和夹克无处不在，仿佛遍布整个城市，这让 Gojek 公司一炮走红，而这一品牌也借此热度声名鹊起。[21]

更多产品，更多服务

然而，要真正扩大规模，纳迪姆知道他必须提供的不仅仅是交通工具。许多客户不仅没有银行账户，也无法使用信用卡或其他数字支付方式。因此，他们只得用现金付车费。在印尼，48%的人没有智能手机，33%的人只有一部功能简单的手机。[22] 对许多客户而言，"Gojek"是他们最初的在线体验，这使该平台成为提供多种服务的理想之地。

此外，许多司机在通勤时间以外仍有空闲时间，而那时人们对交通的需求往往也会激增。为了使更多客户加入平台（通常是第一次在线），并吸引司机全天参与，Gojek公司创建了一个完整的产品和服务生态系统。

第一个要素是支持数字支付。大多数印度尼西亚人没有银行账户，还有一些人有银行账户，但不经常使用。然而，纳迪姆知道数字支付将促进产品推广，并能极大改善客户体验。[23] 此外，数字支付也代表着一个机会，能让他创建一个更广阔的生态系统。

另一方面，当时腾讯旗下的微信和阿里巴巴的支付宝等平台都已大获成功，并分别拥有11亿和9亿用户。受此启发，纳迪姆着手将Gojek打造成印尼领先的支付平台。Gojek已经拥有两个关键要素：一个能让现金进出系统的代理人网络（司机），以及一个现成的交易生态系统（乘车软件）。[24] 后者尤其重要，因为客户行为可以形成习惯，从而能让他们反复使用软件。2017年，Gojek收购了社区储蓄与借贷网络平台马盘① （Mapan）、一家线下支付处理公司卡图库② （Kartuku）和支付网关米德川

---

① 马盘（Mapan）成立于2009年，是一家基于社区的储蓄和网络借贷平台，他们可以利用技术获取有价值的产品和服务。截至目前，它在印尼的100多个城市拥有超过100万个家庭用户。——译者注

② 卡图库（Kartuku）是一家线下支付处理公司，成立于2001年，是一家重要的第三方处理器（TPP）和支付服务提供商（PSP），在印尼提供端到端的支付解决方案。公司的线下支付处理解决方案，包括POS设备，几乎为印尼100家最大的企业零售商提供服务。——译者注

斯①（Midtrans），以进一步构建网络。²⁵

现在，Gojek 公司的司机还可以提供金融产品和服务，这是超越传统拼车服务的一大步。司机通过人工可以实现自动取款机的功能。换言之，乘客可以直接通过司机，在 Gojek 的移动支付生态系统电子钱包（GoPay）中存取款。并且，客户也可以使用电子钱包进行付款，例如，支付账单或向其他 Gojek 用户转账。此外，客户还能通过保持账户余额累积储蓄。随着时间的推移，该公司将推出更广泛的金融产品，比如保险和贷款。

实际上，Gojek 公司走得更远。为了满足客户"一站式多选择"的需求，也为了满足平台司机的需求，该公司现在的服务范围包括送餐（GoFood）、购物（GoMart、GoShop）、按摩（GoMassage）、运输（GoSend）和手机通话（GoPulsa）。有一天，纳迪姆希望客户基本能从 Gojek 平台中获得一切。

纳迪姆旨在创建一个完整的生态系统。正如他解释的那样："早上，我们开车到客户家里，送他们去上班；午餐时，我们将饭菜送到办公室；下午晚些时候，我们开车送客户回家；晚上，我们配送食材和餐点。除这些之外，我们还提供电子商务、金融服务和其他服务。"²⁶

该策略正在奏效。到 2019 年年中，Gojek 在其平台上拥有 200 万名司机、30 万个商家，平台月交易笔数也高达 1 亿。²⁷ 该公司获得了腾讯、

---

① 米德川斯（Midtrans）成立于 2011 年 1 月，其使命是为印尼的在线业务提供安全、可靠、无欺诈的支付基础设施。米德川斯已与 3 000 多家网上商家进行了合作，通过 18 种不同的付款方式处理支付交易，其重点是防止欺诈。——译者注

京东、科尔伯格·克拉维斯·罗伯茨①（KKR）和红杉资本②（Sequoia Capital）等大公司的支持。2018年2月，Gojek完成了15亿美元的E轮融资。本轮融资中腾讯公司领投，来自美国、中国、欧洲和印尼的投资公司也都参与其中。[28]

然而，纳迪姆最自豪的是另一项成就。正如他所解释的那样，Gojek平台已成为印尼最大的收入来源。数百万人通过Gojek平台获得收入。纳迪姆强调，对他来说，这场胜利最重要的部分是Gojek平台"增加了司机的机会"。[29]

走进水平堆栈

构建水平堆栈是实现完整（或更完整）堆栈的另一种表现方式。本·格里森和蒂亚戈·阿尔瓦雷斯等企业家必须建立支持性基础设施，才能提供他们的最终产品。相较而言，纳迪姆·马卡里姆则必须水平构建堆栈，并提供相应商业模式，共同加强核心产品。

对于许多前沿地带的创新型创业者来说，为了切实开展业务，建立商业活动生态系统成了一种策略。与垂直堆栈一样，水平堆栈应首先检查生态系统所需内容及发展业务的先后次序。对于Gojek来说，首先是打造核心乘车软件，再迅速扩展到其他产品类别。

---

① 科尔伯格·克拉维斯·罗伯茨（Kohlberg Kravis Roberts & Co.，通常简称为KKR）是一家总部位于美国纽约的私人股权投资公司，其资助并管理着众多的投资基金，并主要专注于成熟企业的杠杆收购。成立至今，公司已先后完成超过4 000亿美元的私人股权交易并且成了杠杆收购领域内的先锋和翘楚。——译者注
② 红杉资本（Sequoia Capital）创立于1972年，共有18只基金，拥有超过40亿美元总管理资本，总共投资超过500家公司，其中200多家成功上市，100多个通过兼并收购成功退出。红杉资本作为全球最大的风险投资商，曾投资了苹果电脑、思科、甲骨文、雅虎和谷歌和贝宝等一批著名的科技公司，其投资的公司总市值超过纳斯达克市场总价值的10%。——译者注

佩特姆是一家著名的印度科技公司，其市值超过150亿美元。该公司创始人维杰伊·舍卡尔·夏尔马（Vijay Shekhar Sharma）解释说："最终，企业会成为一个大规模的生态系统。在新兴市场，你必须尽早在客户群中获利。在佩特姆，我们的生态系统当然包括支付，但也包括在线商务、数字旅行社及理财等。"30

在某些情况下，构建水平堆栈并非绝对必要。相反，此举为企业提供了一个机会，能让他们利用现有客户群来占领更多新兴市场，同时，企业也能扩大盈利，提高其竞争地位。例如，相比于成熟市场的打车应用程序，Gojek在印度尼西亚能有机会走得更远。Gojek公司不局限于狭窄的产品类别 [例如，优步和来福车①（Lyft）仅用于乘车，因斯塔卡特②（Instacart）用于配送]，而是抓住可行的机会来创建"超级应用程序"，这将使它能够在许多领域占据主导地位。微信在中国也采取了类似的策略。实际上，在某些方面，微信已经成为中国消费者在互联网上获取产品和服务的平台。31

通常，前沿地带的创新型创业者赋能他人一起提供水平堆栈。对于大多数服务业（例如餐饮、商贸和按摩业）来说，Gojek都寻求与其他人合作。同样，米佩萨使任何人都可以利用其支付平台，包括提供保险、储蓄和贷款服务的金融机构。

然而，创新者有时需要在内部迈出第一步，才能快速组建一个新生的生态系统。中国旅游公司携程（Ctrip）最初只是一个旅游线上社区，

---

① 来福车（Lyft）是一家交通网络公司，总部位于美国加利福尼亚州旧金山，以开发移动应用程序连接乘客和司机，提供载客车辆租赁及实时共乘的分享型经济服务。乘客可以通过发送短信或是使用移动应用程序来预约车辆，利用移动应用程序时还可以追踪车辆位置。来福车拥有30%的市场份额，是美国第二大叫车公司。——译者注
② 因斯塔卡特（Instacart）是一个杂货快递平台，创立于2012年，总部位于美国旧金山。现在是美国第二大独角兽，仅次于美国太空探索技术公司（SpaceX）。——译者注

提供类似于猫途鹰①（TripAdvisor）的旅行评论服务。对携程而言，难题在于，即使存在线上门户网站，在线预订酒店或购买飞机票也是一个挑战。作为第一步，携程在方法上下足功夫，积极在上海以及其他中国主要城市，与现有的酒店和航空公司寻求合作，并将它们添加到平台中。然而，中国内地航班有限。并且，一旦游客到来，并在当地组织旅游活动，酒店就变得更加捉襟见肘。在创建中国旅游生态系统方面，携程发挥了自身的作用，不仅着力开发酒店，组织旅游活动，而且推出了带有包机航班的度假套餐，让游客可以自行选择旅游目的地。[32] 随着时间的推移，携程的生态系统蓬勃发展。现在，该公司的市值超过 240 亿美元，用户超过 2.5 亿。[33]

生态系统通常具有强大的网络效应。随着其他人在生态系统内提供服务，创新者的中心地位在该模式中只会变得更强。Gojek 公司让更多服务供应商能够通过其平台开展业务，越来越多企业使用米佩萨提供金融产品。随着上述业务的增长，事实上 Gojek 已经成为客户心目中的标杆。这些创新型创业公司，如米佩萨、Gojek 和携程，推动了网络效应，从而占据优势，经久不衰。

有效整合

在硅谷，公司基于软件向客户提供轻资产的产品或服务才是最佳做法。那里的人们会告诉初创公司，要他们专注于自己的"楔子"，即他们在竞争中有望占据主导地位的狭窄领域。通常而言，提供端到端的完整

---

① 猫途鹰（TripAdvisor）是全球领先的旅游网站，主要提供来自全球旅行者的点评和建议，全面覆盖全球的酒店、景点、餐厅、航空公司，以及旅行规划和酒店、景点、餐厅预订功能。——译者注

体验是一种鲁莽的策略，不仅太过冒险，而且价格昂贵。

诚然，着手构建一种全堆栈似乎令人生畏。此举意味着让运营变得更加复杂，风险也随之增高，而且无法快速扩大规模。然而，该战略也有明显的优势，特别是因为它提供了竞争力、资本和技术护城河。同样，通过构建水平堆栈，前沿地带的创新型创业者可以占领更大的市场份额，增加他们与客户的联系，并提高他们的长期竞争地位。

这些全堆栈方法并不新鲜，能让人想起20年前的硅谷。为了开展业务，许多初创公司必须在内部构建自己的服务器。为了创造新产品，他们编写硬代码，让人无法轻易修改。创新型创业者不仅在构建他们的产品或服务，而且还在创建有利的基础设施和生态系统。

马克·安德森（Marc Andreessen）是美国网景①（Netscape）公司的创始人，如今是硅谷领先的风险投资家。他抓住了硅谷的时代精神，并宣称"软件正在吞噬世界"，[34]这在硅谷似乎确实如此。然而，对于在新的生态系统中运作的企业家，尤其是对于创新者来说，软件不足以解决复杂问题或建立新产业。也许，对于前沿地带而言，口号应该是"基于软件的技术解决方案和更广阔的堆栈前景，正在共同吞噬世界"。这虽然不那么朗朗上口，但却更为准确。

---

① 网景（Netscape）是网景通信公司（Netscape Communications Corporation）的常用简称。网景通信公司曾经是一家美国的计算机服务公司，以其生产的同名网页浏览器 Netscape Navigator 而闻名。1998年11月，网景被美国在线（AOL）收购。——译者注

第三章
培养骆驼型企业：
增强企业的可持续性和韧性

佐娜①（Zoona）公司的首席财务官基思·戴维斯（Keith Davies）处境艰难。

佐娜公司标志性的石灰绿色营业亭遍布许多非洲城市。该公司正在确定地点安装其专门建造的营业亭，并动员当地的微型企业家为他们的社区服务。佐娜的代理网点为客户提供基本的金融服务，包括汇款、账单支付、储蓄和贷款。基思和其他三位创始人一起，致力于为客户提供高质量、可靠的服务，并在此过程中推动金融综合性服务。

从表面上看，该公司经营状况不错。当时，它的代理网点刚刚超过了1 000多家，为100多万客户提供服务。[1] 虽然赞比亚是其主要的运营市场，但该公司正在向马拉维和莫桑比克等其他市场扩张。佐娜公司受到国际投资者青睐，包括奎纳资本②（Quona Capital）和奥米迪亚网络。[2]

但在2015年8月的一天早上，基思知道佐娜遇到了麻烦。在宏观经

---

① 佐娜（Zoona）是一家非洲金融科技初创公司，该公司的移动支付技术可以提供一系列金融服务，包括资金转账、电子优惠券购买以及第三方代理支付。目前，该公司业务主要覆盖非洲市场，拥有超过150万活跃用户。——译者注

② 奎纳资本（Quona Capital）是一家风险投资公司，主要投资新兴市场的成长期金融科技公司。——译者注

济不确定性的背景下,中国股市已经开始恶化。中国对包括铜在内的工业材料的需求预计将会下降。[3] 因此,赞比亚(对中国的铜销量占其出口的80%)的货币克瓦查急剧贬值。[4]

这对佐娜来说是一场灾难。它的收入以赞比亚克瓦查计算,但其成本主要以南非兰特和美元计价,大多数投资者(包括债务持有者)都在寻求美元回报。由于无法按照佐娜需求的规模,找出对冲货币风险的有效方法,基思意识到克瓦查货币的贬值就意味着收入降低。但是,如果成本没有相应下降,该公司将不再盈利,投资者的回报也将会下降。

克瓦查对美元的汇率下跌至5:1,随后,又突破了此前不可思议的心理防线,跌到8:1。但下跌并没有就此止步。它进一步暴跌。汇率跌至10:1,然后是12:1,最后是14:1——这成为该国历史上最大的贬值,也是该年度全球表现最差的货币。该汇率以15:1收盘,在3个月内贬值了近80%,到2015年底下跌了115%。[5]

佐娜遇到的情况有些极端,但这在前沿地带却并不罕见。

我的另一项投资是独角兽公司

在我的笔记本电脑保护套上贴有一个标签,那是在某次创业会议上发的,上面写着:我的另一项投资是独角兽。关于单角生物的造富神话在硅谷如此风靡,以至于风险资本家在投融资对接日(在投融资对接日,初创公司要向风险资本家推销他们的想法)披上了独角兽服装,化身为这种神话般的动物。[6]

为什么独角兽会成为硅谷的吉祥物,它代表着什么?

"独角兽"由硅谷风险投资家艾琳·李(Aileen Lee)于2013年提出,它代表了一个难以达到的目标——独特、纯粹、完美——指的是估值超过 10 亿美元的初创公司,一个几乎不可能实现的里程碑。[7]

独角兽企业曾经稀少。2003 年至 2013 年,硅谷只有 39 家独角兽公司成立。[8] 从历史上看,估值 10 亿美元的企业很少,他们往往需要拥有一些制胜法宝,如优秀的团队、正确的商业模式、盈利能力,且善于把握时机。[9]

近年来,有实力的初创公司队伍日益壮大。截至 2019 年 3 月,全球共有 326 家独角兽公司。新的级别产生了,20 家公司达到了"十角兽"(Decacorn)①的地位——这些公司的估值已经超过 100 亿美元。[10]

独角兽并不是对企业最终发展结果的简单描述。相反,他们代表了一种哲学、一种精神和一个建立初创企业的过程。作为赛前仪式,新西兰国家橄榄球队全黑队②会表演哈卡战舞(Haka)。[11] 同样道理,获得独角兽的地位就像一种凝聚人心的口号,它将公司团结在一个共同的目标周围,令它试图取代老牌公司陷入恐惧。

若想成为独角兽企业,快速增长是最好的方法。

硅谷的风云人物已经明确定义了初创公司的目标和方法。保罗·格雷厄姆是著名的加速器投资机构 Y 组合子公司③(Y Combinator)的创始人和前领导人。他曾将初创公司定义为"一家旨在快速增长的公司",[12] 并把初创公司的使命与蚊子做类比:"熊能经受打击,螃蟹可以对抗打击,但蚊子的目的只有一个:主动出击。蚊子没有任何精力浪费在防御

---

① Decacorn,即"十角兽企业",是指成立不到 10 年,但市值超过 100 亿美元的企业。——译者注
② 全黑队(All Blacks),是新西兰国家男子橄榄球队,是全球顶尖的男子橄榄球队。——译者注
③ Y 组合子公司(Y Combinator 简称"YC")成立于 2005 年,是一家加速器投资机构,总部位于美国加利福尼亚州,该公司致力于为生物技术、医疗健康和智能化服务行业的初创公司提供资金支持和战略指导。它的核心能力和业务是帮助初创公司、创业者快速提高,特别是从 0 到 1 的提升。十多年来,虽然 YC 服务的创业公司遍布世界各地,但他们却一直只在硅谷运营。——译者注

上。初创公司,就像蚊子一样,往往面对生死存亡的发展命题。"[13]

里德·霍夫曼(Reid Hoffman)和克里斯·叶(Chris Yeh)在他们的畅销书《闪电式扩张:不确定环境下的急速增长策略》(*Blitzscaling: The Lightning-Fast Path to Building Massively Valuable Companies*)中介绍了硅谷的最佳实践经验,充分阐释了快速发展的方法。闪电式扩张源自德语单词"闪电战"(blitzkrieg),是指"在面临不确定性时,优先考虑速度而非效率。"[14] 在进行闪电式扩张时,增长速度胜过可持续的单位经济效益(指商业模式的相关收益和成本,以每单位为基础来表示)和盈利能力。

但是许多初创公司身处资本不易获得、竞争冲击频繁的生态系统中,对他们来说,一味地考虑增长不仅不切实际,而且不合道理。前沿地带的创新型者正在开创另一种模式。

在前沿地带,骆驼模式幸存了下来

不惜一切代价拉动增长的模式不能简单应用到前沿地带中去。因此,我建议选择骆驼作为吉祥物更合适,而非独角兽。骆驼能适应多种气候条件,在没有食物和水的情况下,也能存活数月。它们的驼峰主要由脂肪组成,保护它们免受沙漠的炙热。当找到水时,它们比其他任何动物的补水速度更快。[15] 骆驼不是生活在虚幻世界中的虚拟生物。它们很有韧性,可以在地球上条件最恶劣的地方生存下来。

在本章中,我将解释骆驼型企业如何优先考虑可持续性,从一开始就通过平衡增长和现金流的关系,从而生存下来。但在此之前,我们首先要了解硅谷如何看待初创公司的成功。

第三章 培养骆驼型企业：增强企业的可持续性和韧性

穿越死亡之谷

在早期，初创公司还称不上公司。它们在开发一种新产品或新服务，暂时还没有客户。因此，初创公司往往支出大于收入。最终，他们开始向顾客销售产品或服务。对于一些初创公司来说，这个过程需要几个月的时间，而其他公司可能需要长达数年时间。例如，奇跃①（Magic Leap）公司在发布产品之前，花了8年时间，筹集了19亿美元。[16]

甚至在初创公司成功地向客户销售产品并产生收入后，他们仍继续亏损。考虑到技术基础设施建设所需的投资，固定成本数目可能会很大——无论是一个客户还是数千个客户，固定成本投资是相同的。而一开始的销售额太小，不足以支付运营成本。

更糟糕的是，初创公司还要投入资金来吸引新客户（通常需要几个月才能开始产生营收）。

如图3-1所示，经典"死亡之谷"模型描述了这一现象。初创公司可能有良好的商业模式，但在没有实现足够的销售额之前，企业的现金流是负的。这就是死亡之谷的矛盾所在：该公司可能业绩良好，但它仍然需要资金才能走出死亡之谷，生存下来直到盈利。

硅谷所建立初创公司独特之处在于，它将增长置于盈利之上。这种方法将死亡之谷变成死亡深渊，为了生存，企业增加了对生存风险投资的绝对需求，并导致一个日益两极化的结果：要么一鸣惊人，要么湮灭于世。图3-2简明地表明了这一点。

---

① 奇跃（Magic Leap）是一家成立于2010年的美国增强现实公司，曾获得14亿美元的融资，投资者包括谷歌和阿里巴巴集团。——译者注

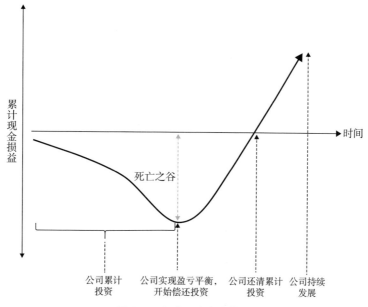

图 3-1　经典死亡之谷模型

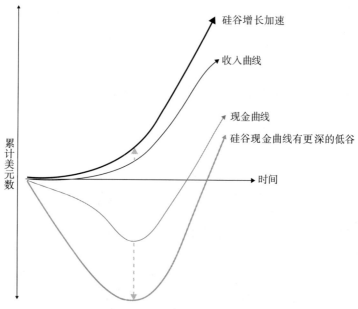

图 3-2　硅谷的死亡之谷模型

第三章 培养骆驼型企业：增强企业的可持续性和韧性

硅谷初创公司为求扩张，筹集和投资了大量资本（底部曲线向下倾斜很深），通常会通过补贴成本来提升产品使用率。他们希望收入曲线会向上移动，并呈指数级增长，呈现出加拿大同胞非常熟悉的形状：曲棍球棒。

随着收入的增长，并且假设成本没有相应增加，最终利润会不知不觉由负转正（即超过现金曲线的底部），之后迅速增长。成功跨越这一步后，增长策略开始显效，公司会进入快速爆发期：即如果用户数量在短时间内开始飞速暴增，公司规模确实会进入快速扩张阶段。

这种理念下的成功靠的是对增长的不懈追求。从某些方面来说，这是硅谷式的急行军模式。投资轮次被分为 A 轮、B 轮、C 轮等，每个字母依次对应的是公司成长的不同阶段。

随着公司业绩的继续增长，他们的资本需求（为曲线的底部提供资金）变得更加迫切。因此，融资规模就会越来越大。然而，它们的融资能力主要取决于不断增加的收入和对未来盈利能力的承诺。如果一切按计划进行，估值将继续增长，公司会持续发展，但利润并不一定会随之而来。像来福车和优步这样的公司都上市了，但都未盈利。在上市后的第一季度，也就是运营 10 年后，优步还亏损了 10 亿美元。[17]

如果业绩增长是目标，那么风险资本既是它的护身符，也是它的随从。当公司筹集到风险资本时，资本会使公司加速增长。正如第一轮资本①（First Round Capital）公司的乔希·科佩尔曼（Josh Kopelman）曾经解释过的那样："我卖的是航空燃油。"[18]

风险投资也会让人上瘾。如果企业习惯于使用航空燃油，转而使用柴油就会难以接受。一家初创公司加速增长时，它需要招聘员工、投资

---

① 第一轮资本（First Round Capital）公司成立于 2004 年，总部位于旧金山湾区，是一家专注于早期投资的机构，专门为科技公司提供种子期资金。——译者注

新的基础设施、扩大办公场所、增加营销投入——所有这些都发生在产生新的收益之前。底部曲线愈发下探，死亡之谷越来越深。如果此时公司想停止融资，根本停不下来。即使它的收入在增长，它也不会盈利。除非继续下一轮融资，筹集更多资金，否则它终将失败。

因为业绩增长是决定风险投资家热情与否的一个关键指标，硅谷的企业家一旦用上航空燃油，就会得到激励，更大胆地使用更多的风险资本。这种做法既加深了现金曲线（底部曲线），也加速了收入曲线向曲棍球球杆形状发展。

但愿初创公司都能幸运地走出死亡之谷。如果做到了，它将会走向成功，甚至有可能成为独角兽企业。独角兽企业创立者不仅会变得富有，还会收获名声、称赞，以及几乎唾手可得的下一笔风险资本。风险投资家也是如此。由于每项投资都带有极高的风险，风险投资家青睐的是能够提供超额回报的机会。当投资组合中有一半的赌注输得一败涂地时，即使另一半有两倍于投资额的微薄回报也无济于事。

更重要的是，企业的成功也给投资者带来荣誉光环。最好的风险资本家会被载入"全球最佳创投人榜单"（The Midas List），这是该行业顶级专业人士的排行榜。[19] 尽管组织者可能会忘记这个神话的结尾，但进入榜单的员工会因此受到激励。通常情况下，员工会获得优先认股权，即以特定价格购买公司股票的权利。只有当公司价值增加时，这些股权才会有价值，而且有可能很值钱。脸书上市时，创造了一千多名百万富翁。[20] 推特则创造了 1 500 多名百万富翁。[21]

然而，如果硅谷的成功意味着快速增长，那么未能实现高增长目标就是失败。如果在第一轮投资和传统的 18 个月现金窗口期之后没有取得任何实质性进展，初创公司将寻求"延期"或"过桥轮"，这是业绩不佳的代名词，以争取更多的时间来达成目标。投资者的热情逐渐消退，之后融到的资金金额会低于前几轮的融资，这会严重稀释创始人和经理人的股权，降低他们留在公司的积极性。虽然在这种情况下，该公司仍然有着大多数公司会为之兴奋的增长速度，但这比企业家筹集资金时预测的 100% 或 200% 的增长幅度要低得多，如果该公司继续表现不佳，最终将会破产。

全球咨询公司麦肯锡①（McKinsey & Company）公司研究了三千多家硅谷风格的软件公司的生命周期，其报告简要地解释了硅谷的这种机制："如果一家医疗保健公司以每年 20% 的速度实现业绩增长，它的经理和投资者都会很高兴。如果一家初创公司以这样的速度增长，它有 92% 的可能在几年内销声匿迹。"[22]

《纽约时报》最近发表了一篇文章，讨论了风险投资对初创公司的不利影响，文中是这样表述的：

> 每个成功的独角兽企业背后都会有无数个成长过快、耗尽投资者资金、最终破产的初创公司，也许他们本不必如此。初创企业的商业计划书是依据最乐观的结果而设计的，风险投资加剧了企业成功和失败的速度。社交媒体上充斥着这样的故事：一些初创公司在高速增长的重压下萎靡不振，被所谓的"有毒的风投资本"击垮，被强制灌输过多资本，这也就是所谓的"填鸭效应"。[23]

加入硅谷寻找独角兽的行动计划，就有点像抵押自家房屋去买三套新房子。如果一切顺利，市场朝着正确的方向发展，那么回报将是可观

---

① 麦肯锡（McKinsey & Company）公司是全球领先的管理咨询公司，是由美国芝加哥大学商学院教授詹姆斯·麦肯锡（James O'McKinsey）于 1926 年在美国创建的。公司的使命就是帮助领先的企业机构实现显著、持久的经营业绩，打造能够吸引、培育和激励杰出人才的优秀组织机构。——译者注

的。脸书就是一个很好的例子，它给了投资者令人艳羡的回报。然而，这种方法也增加了企业一败涂地的可能性。

在硅谷，这是一个非常卓越的战略。硅谷初创公司的烧钱率（对初创公司盈利前每月花费现金数量的恰当说法）达到了自1999年以来的最高水平。与过去15年相比，现在有更多的人在亏损的公司工作。人们的态度似乎也在改变。正如《华尔街日报》报道的那样，"在2001年或2009年，你不会去一家每月烧掉400万美元的公司工作。而在今天，每个人都毫不犹豫地加入。"[24]

前沿地带的创新型创业者提醒我们，在硅谷模式之外还存在不同的模式。虽然他们也追求并实现快速增长，但会将快速增长与其他目标保持平衡。

独守前沿孤岛

硅谷有一套完整的系统来创建和支持独角兽公司，但在前沿地带情况大不相同。

创业者们通常都是孤军奋战。

首要的一点是，他们可获得的资本更少。巴西是拥有新兴市场规模较大的初创企业生态系统的国家，2017年仅获得了5.75亿美元的风险投资，[25] 人均仅为2.75美元，而当时的硅谷人均高达1 809美元。[26]

资金不足不仅仅是新兴市场面临的困境。在美国，西海岸以外60%的初创公司拿到的投资只占资本的40%。[27] 美国中西部和南部等地区获得的人均风投资本更少。例如，2016年，芝加哥和奥斯汀分别获得了4.43亿美元和5.83亿美元的风投资本，而旧金山获得了60亿美元。[28]

在前沿地带，初创企业融资的时间线也更长。竞争激烈的硅谷交易

第三章 培养骆驼型企业：增强企业的可持续性和韧性

从第一次会议到签署投资条款清单（与风险投资公司签订的投资合同）仅需几周时间，到投资结束（审查法律文件后）只需几个月。随着公司从 A 轮到 D 轮的融资进展，每隔 12 个月至 18 个月就会有一轮，这是很自然的节奏。[29] 而在新兴市场，大多数轮次的融资，到签订投资条款清单阶段就需要几个月时间，要完成整个融资过程，则需要更长时间。这是企业和投资者愈发全球化的一种反映，而且由于市场缺乏竞争性，融资进程也往往缺乏紧迫感。

这一体系导致了一个永久的融资循环。前沿地带的资金短缺意味着其融资规模更小，融资次数也更频繁，因此公司经常资金不足，这就导致公司不得不提前再次筹集资金。[30] 奋进①（Endeavor）公司是一家专注于全球创业的非营利性组织，它的研究表明，在其平台中的新兴市场创业者中，有 69% 的人曾在过去一年中花了 6 个多月的时间来融资。[31]

与此同时，前沿地带创始人的失败代价要大得多。在新兴生态系统中创业，往往需要承担巨大的个人风险。一家公司可能需要很多年才能获得风险投资资金，而与此同时，创始人无薪酬可拿，但费用却会堆积如山。在许多市场中，破产不但不能免除债务，而且会使人终身负债。在另外一些地方，破产甚至可能是非法的。[32]

与硅谷不同的是，因为"收购雇用"文化（并购公司时，只雇用它的团队，通过给原创始人提供有吸引力的新公司股票期权，使其体面退出）不那么盛行，前沿地带创始人的各项保障有限，如果公司发展不顺利，可能没有更大的公司来兼并它。失败通常意味着真正的失败——所有的员工被解雇，产品停止生产，然后破产。在许多市场上，失败可能

---

① 奋进（Endeavor）公司成立于 2009 年，是美国一家为人才或媒体提供中介代理服务的私人控股公司，其主要办事处位于美国加利福尼亚州的贝弗利山。奋进公司不仅代理电影、电视、音乐、舞台剧、数字媒体与出版领域的人才，同时还代理着与美国橄榄球大联盟和美国冰球大联盟相关的运动员人才。——译者注

会成为创始人终生背负的职业污点。正如《纽约时报》曾经对欧洲创业生态系统描述的那样,"创业失败被看作个人悲剧。"[33] 在前沿地带,失败会带来更多经济上和生活上的痛苦。因此,创业失败不是战斗中留下的疤痕可到处炫耀,而是需要隐藏起来的污点。

不出所料,前沿地带的创新型创业者已经建立了另一种可替代硅谷的发展模式。

中西部的骆驼

迈克·埃文斯(Mike Evans)和马特·马洛尼(Matt Maloney)于2014年在芝加哥创立了格鲁布哈布①(Grubhub)食品配送公司。他们的商业愿景是让小餐馆也能提供送餐服务。格鲁布哈布从一开始就重视发展的可持续性。它对餐馆每一笔销售抽取佣金,顾客则支付送货费。迈克和马特注重扩大交易规模,但同时又保持营收高过成本(尤其是工资,这是最大和最固定的成本)。正如迈克所说,"公司从一开始就关注收入和现金流,而不是那些衡量增长的虚指标,如用户数或员工数。"[34]

在硅谷企业家眼里,格鲁布哈布筹集的资金额可能相对较少。营业3年后,首轮融资为110万美元(彼时硅谷顶级公司首轮融资平均超过1 500万美元)。[35] 之后,2009年格鲁布哈布的B轮融资为200万美元,2010年C轮融资为1 100万美元。该公司总共获得了8 400万美元的风险投资〔这与硅谷竞争对手相比黯然失色,例如家急送②(Door Dash)

---

① 格鲁布哈布(Grubhub)食品配送公司成立于2004年,是美国历史最悠久的大型食品配送公司,是美国的第二大外送平台。——译者注
② 家急送(Door Dash)成立于2013年,总部位于美国加州旧金山,是美国斯坦福大学亚裔学生创立的美国按需即食食品送货服务公司,现已经成为美国外卖市场份额最大的平台,占比约38%,其业务模式和发展路径与中国的饿了么非常像。——译者注

公司已经筹集了 14 亿美元]。[36]

尽管筹集的资金相对较少,但格鲁布哈布每笔投资款都是盈利的。创始之初,它没有使用外部投资,最初几年通过自力更生成功地实现了收支平衡。它每一轮融资都有特定目的。例如,C 轮 1 100 万美元的融资主要是为了将业务扩张到 3 个特定的城市。[37] 但是格鲁布哈布的创始人迈克和马特必须先为团队制定方案,取得单位经济效益之后才去融资。

2014 年,该公司在纳斯达克上市。2018 年,格鲁布哈布在美国拥有 1 450 万活跃用户,从 1 700 个城市的 8 万家餐厅中获得了超过 10 亿美元的收入。[38] 它目前的市值超过了 60 亿美元。[39]

前沿地带的死亡壕沟

正如迈克和马特所证实的那样,前沿地带的创新型创业者并不避讳增长。的的确确不会,毕竟,他们正在努力扩大业务规模。其中许多人享有网络效应和令人羡慕的增长率。然而,他们的扩张轨迹可能不会像硅谷初创公司所追求的那样完美,不会出现曲棍球形状的、指数级增长的曲线。

相反,前沿地带的创新型创业者从一开始就关注可持续性增长。现金曲线没有深度下探。图 3-3 显示了其动态变化情况。

凭借平衡的增长战略,前沿地带的创新型创业者以可控的节奏突飞猛进,在机会合适的情况下选择加速和增长投资(从而加速收入和现金支出)。格鲁布哈布的收入曲线有多个波段,每个波段都标志着一个小的增长冲刺。图 3-4 显示了该动态变化情况。

增长是以可控的增量形式实现的,盈利能力要么在短期内再次实现,要么在必要时可以随时实现。因此,许多骆驼型企业并没有面对单一的、巨大的、无法超越的死亡山谷，而更像是穿越一些浅浅的死亡壕沟。他们的增长曲线不一定像图 3-3 那样规律，下降的幅度也会与之不同，例如，如果前沿地带的创新型创业者为特定的机会筹集增量资本，那么下降的幅度就会加深。很关键的一点在于，骆驼型企业保留了增长速率的选择权，如果有需要，他们随时可以回归原本的可持续的商业模式。

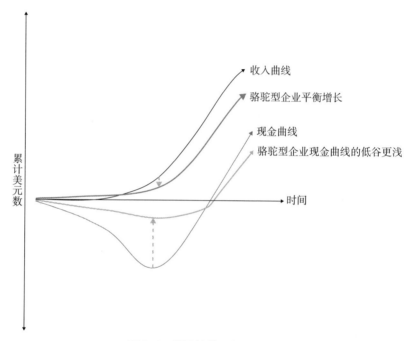

图 3-3　前沿地带死亡之谷模型

奎纳资本投资公司是新兴市场主要投资公司，其联合创始人莫妮卡·布兰德·恩格尔（Monica Brand Engel）曾对我打趣过这种策略，"盈亏平衡是新常态。"[41] 在风险资本稀缺的地方，这不仅是明智的策略，而且在严重冲击下（如赞比亚货币猛跌对佐娜公司收入的影响），还可能意味着生死存亡。

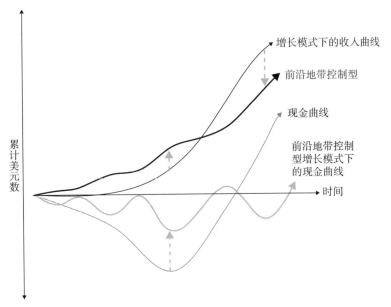

图 3-4 前沿地带的死亡壕沟

硅谷认为这种方法只会导致线性增长，而非指数式快速增长，相比闪电式的全面增长，其产生的回报也较低。

然而，与我们的直觉相反，事实并非如此。标书数据①（PitchBook Data）公司的一项研究表明，美国中西部的风险投资回报率是全美最高的。值得注意的是，在成功退出的案例中，芝加哥近一半（45%）的投资达到了 10 倍的投资资本回报倍数（MOIC，即相对于原始投资的资本回报），而湾区只有 25%。从 2006 年开始，芝加哥的平均投资收益倍数就已经达到 5.6 倍，远远超过了旧金山湾区的 4.2 倍。[42]

与此同时，前沿地带的失败率往往更低。硅谷很快就有人回应说，90% 的初创公司都失败了。[43] 但是，由哈佛商学院教授迈克尔·波特

---

① 标书数据（PitchBook Data）公司是一家金融数据分析服务提供商，致力于为风险投资和私募股权行业提供数据、新闻和分析服务，能够收集、组织和分析交易数据，并提供金融领域信息资源。——译者注

（Michael Porter）共同创立的全世界网络公司①（All World Network）的研究表明，新兴市场企业家的生存率更高。⁴⁴ 特洛伊·亨尼科夫（Troy Henikoff）是芝加哥薪资保障②（SurePayroll）公司的联合创始人，也是马思投资伙伴③（MATH Venture Partners）公司在芝加哥投资的风险投资人。他这样评价自己的投资组合："我们组合投资了16家公司，你会认为3年来我们已经经历了很多失败，然而到目前为止，我们还没有失败过。和中西部的许多公司一样，我们的投资组合拥有更强的生存能力。"⁴⁵ 有趣的是，我自己在新兴市场的投资组合也是如此。

平衡增长、可持续性与韧性，形成协同发展战略，才有了这些瞩目的成果。为了达成这一目标，前沿地带的创新型创业者控制成本，从一开始就对创造的价值收费，根据自身条件吸纳资本，懂得采取恰当行动措施，制订多样化商业计划，并着眼于长远发展前景。

管控成本

前沿地带的创新型创业者在公司整个发展过程中都注重成本管控。与格鲁布哈布一样，他们管控成本曲线，使其更好地与增长曲线同步。他们在提高收入和运营能力前提下增加新雇员，以适当的速度扩大市场营销的投资规模。由于调整了支出水平，使业务不至于在成本曲线的空

---

① 全世界网络公司（All World Network）成立于2011年。据其官网称，公司的宗旨是创建最大的信息系统和成长型企业家网络，让新兴世界的企业家搭建平台。——译者注
② 薪资保障公司（SurePayroll）是美国领先的互联网薪资服务公司为全美各地提供薪资保障服务的公司。该公司提供在线工资、税务管理、健康保险、就业前筛选、退休计划、工人补偿保险等服务。——译者注
③ 马思投资伙伴（MATH Venture Partners）公司成立于2014年，是一家总部设在美国伊利诺斯州芝加哥市的风险投资公司。该公司更倾向于投资总部位于中西部和其他非沿海市场的软件、数据分析、市场和电子商务部门的早期公司。——译者注

隙下方走得太远。云服务软件公司贝斯卡普①（Basecamp）是一家成功的芝加哥企业，杰森·弗里德（Jason Fried）是该企业的创始人，正如他解释的那样："作为一家科技初创公司，首要考虑的就是盈利，而盈利中很重要的一块就是成本结构的管控。然而在硅谷，管控成本不是老生常谈。不做成本管理的生意（而只在增长上投资）不是生意，那只是在打造一个金融工具，是无法长久的。"[46]

在前沿地带的创新型创业者通常在成本上占据优势，成本上的优势对他们非常有帮助。对初创企业来说，最大的成本，尤其是初期成本，就是人力成本。在旧金山，生活成本一直在飙升，工资也是如此（至少技术工作者是如此）。目前在硅谷雇用一名软件开发人员的当期成本是多伦多平均工资的两倍，是圣保罗的七倍，是内罗毕的八倍。[47]当然，除了工资，这些城市的租金和其他运营成本也要比硅谷便宜得多。

创新型创业者将成本优势和支出水平控制结合起来，即使融资数目较小，资本也能支撑他们走得更远。较低的成本基数会降低现金曲线的深度，这意味着，在类似的投资条件下，一个位于低成本地区的初创企业，如果能良好地整合成本优势和支出管理，就能拥有更长的"跑道"（在资金耗尽之前的运营时间）。这意味着他们有充分的时间实现营收增长，稳固可持续发展战略，同时增强企业抗冲击能力。

天下没有免费的午餐

硅谷人沉迷于提供免费产品，或者使用产品补贴，以此换取用户增

---

① 贝斯卡普（Basecamp）1999年成立于芝加哥，是一个私人控股公司，主要设计开发网站应用程序。公司没有固定的工作时间和地点（远程办公），倡导以小为美以及工作生活的平衡，其有关工作、设计、商业等方面的理念对很多人都产生了深远影响。——译者注

长。但是在更艰苦、欠发达市场工作的创业者们就不同了，他们"理直气壮"地为产品收费。

在硅谷，企业家愿意使用产品补贴。对此，《名利场》（*Vanity Fair*）杂志是这样解释的：

> 初创企业提供免费信贷来吸引那些对此服务不感兴趣、甚至对此一无所知的新用户。随着风险投资资金的流入，他们有钱贴补这些服务。无论用户忠诚度如何，用户数量的增加往往就足以证明他们的想法可行，这些初创公司转而又能从投资人那里筹集到更多资金。如此循环往复，直到他们的资金枯竭，或者找到其他方法来降低对于补贴获取客户的依赖。[48]

然而，这种方法可能会适得其反。例如，按照顾客需求预先包装好食品并进行配送服务的初创公司，很难把那些曾用免费产品吸引过来的新用户变成常客。[49] 同样，在网约车行业，因为市场饱和、支持山寨业务、引导消费者在一个快速商品化市场中默认选择最便宜的报价等问题，风险投资基金也备受指责。[50] 许多行为经济学家还证实了补贴产品或免费产品长久以来存在的问题：用户没有恰当地认识到产品价值，后来就很难让他们为以前免费获得的东西付费。[51]

在前沿地带，创新型创业者从一开始就对他们提供的价值收费。格鲁布哈布的迈克·埃文斯简明地解释了这种情况："我们做的是生意，不是兴趣。生意是为了赚钱，兴趣不是。"[52]

前沿地带的创新型创业者们深深明白，产品价格不但不是阻碍用户购买产品的理由，它还能切实反应产品和服务的质量，明确产品的市场定位。在新兴市场，现有市场上可能没有满足用户需求的解决方案，或

第三章 培养骆驼型企业：增强企业的可持续性和韧性

者现有方案功能不佳。因此，用户会乐意为一个安全可靠又高效的产品买单，即使需要支付较高的产品溢价。除了收入水平的确很低的群体，很少有普通消费者会特地寻找免费的产品。他们在寻找能够满足需求，且让他们有尊严的产品，最重要的是，能够发挥作用的产品。佐娜将其产品宣传为"简单、快速、安全"，而不是"免费"或"便宜"，佐娜毕竟是为那些没有很多钱的人提供汇款业务服务。创新型创业者们想要吸引消费者，就必须提供一个真正有价值的解决方案。如果物有所值，他们就能得到回报。

少吸纳资本，把握时机

由于前沿地带的创新型创业者具备平衡增长与可持续发展的方法，与硅谷风格的初创公司相比，他们具有更多选择。由于底部曲线没有下探那么深，现金流缺口没有那么大。因此，前沿地带的创新型创业者减少了对风险投资的依赖。

减少风险资本对各类创业者而言都是好事。在筹集资金时，企业家们会出售他们公司的部分股份，希望通过后续增长，股份估值会上升，从而增加"蛋糕"的总价值。因为骆驼型公司向投资者出售的公司股份较少，创始人在退出时拥有更大的份额，而且始终对公司都有更大的控制权。

以快取客[①]（Qualtrics）公司为例，该公司是一家线上搜索公司，于2002年由瑞安·史密斯（Ryan Smith）、斯科特·史密斯（Scott Smith）、杰里德·史密斯（Jared Smith）和斯图尔特·奥吉尔（Stuart Orgill）在犹他州普罗沃创立。最初，其目的是通过有效的在线调查，帮助学校和

---

① 快取客（Qualtrics）公司是美国一家提供网上调查服务的大型软件公司。——译者注

公司从学生和客户那里收集反馈信息。该公司在家中的地下室经营了好几年。创始人利用公司利润为企业发展提供充足的资金。即使公司不断壮大，有很多风投机构前来接洽，他们仍然回绝了很多投资意向。故事的最后，他们的确在10年后的2012年募集了风险投资，但他们是按照自己提出的条件执行的，因为当时他们并不缺资金，那会儿他们早就是一家价值数十亿美元的企业了。[54]

如今，快取客公司业务遍布12个国家，客户数超过11 000人（包括75%的财富100强公司）。2018年11月，思爱普①（SAP）以80亿美元的价格收购了快取客。[55]创始人在退出时仍拥有该公司的大部分股份。

在没有风险投资的情况下创办成功的初创公司很少见，但并非前所未有，快取客当然是在成功之列。艾特莱森②（Atlassian）软件公司、邮件猩猩③（Mailchimp）和爱可思巴④（RXBAR）等公司都以类似的方式扩张规模。有趣的是，它们都成立在硅谷以外的地方，分别在澳大利亚新南威尔士、美国的亚特兰大和芝加哥。

有些前沿地带的创新型创业者通过调节业绩增长来控制对资本的需求。贝斯卡普公司在这两方面都采用了极端的方法。无论按什么标准来看，这家芝加哥公司都是成功的。它已经发展了20年，拥有数百万软件开发人员用户，营收达数百万美元。它在没有筹集资金的情况下就做到

---

① 思爱普（SAP）是全球企业软件供应商，服务15 000多家中国企业，覆盖90%以上福布斯全球企业2 000强。经过48年创新沉淀，它提供100多款云解决方案，覆盖所有业务职能，深入26个行业打造专有管理解决方案。——译者注
② 艾特莱森（Atlassian）软件公司是一个澳大利亚的企业软件公司，设计发布针对软件开发工程师和项目经理的企业软件。公司总部位于澳大利亚悉尼，在美国旧金山，荷兰阿姆斯特丹设有分公司。2015年12月，正式挂牌交易。——译者注
③ 邮件猩猩（Mailchimp）公司创立于2001年，总部位于亚特兰大，是一家知名的电子邮件营销服务平台。该公司不仅提供电子邮件服务，还为各种规模的企业提供强大而先进的营销工具。——译者注
④ 爱可思巴（RXBAR）创立于2013年，是一个生产能量棒的美国品牌。——译者注

了这一点，其中部分原因就是采取了控制增长的方法：如果一个产品所需的员工人数超过目标最高人数 50 人，该公司就会停止生产来保持小规模，即使它很成功。[56] 贝斯卡普联合创始人、开源网络应用框架①（Ruby on Rails）的创始人大卫·海纳梅尔·韩森（David Heinemeier Hansson）指出："为什么一定要一味追求业绩增长呢？它既不能保证企业寿命，又不能保证利润。而这不正是企业关注的两个主要经济问题吗？看看我们的贝斯卡普，我可以很容易地满足这些基本经济需求：我们企业仍在持续经营，我们仍然在赚大钱。"[57]

当然，这并不是要建议创业者应该避开风险投资。事实上，绝大多数的骆驼型企业都依赖外部投资。然而，骆驼型公司的选择余地较大，他们可以决定是否筹集、从谁那里筹集以及在什么条件下筹集风险资本（或其他类型的资本）。就像邮件猩猩和贝斯卡普一样，他们可以选择不筹集风险投资，或者像快取客或艾特莱森软件公司（Atlassian）一样，可以选择在特定时间节点或为特定目的筹集资金。在第十章中，将展现风险投资人如何重新思考这一模式，并加以改造，以更好地满足创新型创业者的需求。

明了行动措施

在前沿地带，生存威胁可能随时随地降临。赞比亚货币克瓦查狂跌事件就是关系到佐娜公司生存的威胁之一。

前沿地带的创新型创业者对这些风险非常警惕，所以他们会确保尽

---

① 开源网络应用框架（Ruby on Rails）（官方简称为 Rails，亦被简称为 RoR），是一个使用 Ruby 语言写的开源网络应用框架，它是严格按照 MVC 结构开发，努力使自身保持简单，使实际应用开发时的代码更少，使用最少的配置。——译者注

可能做好充分准备。他们清楚行动的必要手段和应对危机的方法。在佐娜的案例中，基思·戴维斯曾过度投资了一个详细的财务模型，该模型预测了佐娜展位活力的多个驱动经济因素，以及由此在多种情况下产生的现金需求。正如基思解释的那样："我们能够有信心地理解形势，并向我们的投资者和合作伙伴展示一系列可能发生的后果，以及我们企业将采取的各种应对措施。"[58]

当危机来袭时，佐娜行动迅速。它评估了大规模货币贬值对业务的影响，然后召集了投资者，并制定了一个行动计划，其中包括调整公司规模，减缓摊位投资，以及调整各种成本线。作为权宜之计，该公司接受了少量注资，并积极跟踪不断发展的形势。[59]

这种方法帮助佐娜度过了货币危机。然而，这绝不是该公司面对的最后一项挑战。

不要把所有的鸡蛋都放在一个篮子里

在财务规划中，我们被教导不要把所有的鸡蛋都放在一个篮子里，而是要多元化配置资产，分散到不同地域。然而，创业者们的投入却是高度集中的，往往将毕生积蓄和生计全部投入到企业中。在硅谷，初创公司像蚊子一样运营，聚焦于某一特定领域。而通常前沿地带的创新型创业者则会通过打造多样化的地域及产品组合，来执行更理智的财务战略，反映出其所在生态系统的复杂性。

以新兴市场领先的二手车交易平台前沿汽车集团①（Frontier Car

---

① 前沿汽车集团（Frontier Car Group，FCG）是一家总部位于柏林的初创公司，成立于2016年4月，专门为新兴市场的各种二手车提供交易平台，并在尼日利亚、墨西哥、智利、巴基斯坦和印度尼西亚开展业务。——译者注

第三章　培养骆驼型企业：增强企业的可持续性和韧性

Group，FCG）为例。正如其联合创始人苏杰·泰尔（Sujay Tyle）所说，"我们将风险分散到世界各地。我们最初将其范围缩小到 5 个市场（墨西哥、尼日利亚、土耳其、巴基斯坦和印度尼西亚），将其作为区域中心。如果运营良好，我们就会扩张。如果经营状况不佳，我们就算建立了一个投资组合。"[60]

前沿汽车集团在土耳其等国的一些市场陷入了困境。其他市场，例如尼日利亚，也面临着货币危机。因此，前沿汽车集团根据地域调整了投资水平。该公司决定在尼日利亚货币稳定之前限制风险敞口，并彻底关停了土耳其市场的业务。同时，在运营良好的市场加倍投资。最强劲的市场是在墨西哥，以墨西哥为跳板，该公司现已打入了拉丁美洲的 4 个市场。截至 2018 年夏天，前沿汽车集团的交易平台已经售出了 5 万辆汽车，并已扩展到 8 个市场。[61] 到目前为止，前沿汽车集团已经筹集到了近 1.7 亿美元资金，其中包括 2018 年 5 月由纳斯珀斯①（Naspers）领投的 C 轮融资。[62]

同样，视觉春天②（Vision Spring）公司也建立了多样性的业务和市场组合。视觉春天是一个旨在为低收入群体提供眼镜的全球性社会型企业。它有三条业务线：向批发商销售，通过中间商销售和直销（与当地非营利组织合作进行分销）。它目前活跃于 6 个市场。这实际上意味着它有 18 种成熟度和规模各不相同的业务类型。更成熟的业务会支持其他业务。[63]

这些方法与本书所涵盖的其他主题是相辅相成的。在第二章中，你已经了解了前沿地带的创新型创业者如何运营一个水平堆栈，提供多个

---

① 纳斯珀斯（Naspers）是一家领先的跨国传媒集团，成立于 1915 年，于 1994 年 9 月在约翰内斯堡交易所上市，在全球 130 多个国家提供服务。其主要业务是互联网通信（分类广告、网上购物、市场、在线支付与在线服务）、影音娱乐，以及印刷媒体。——译者注
② 视觉春天（VisionSpring）公司，创立于 2001 年，已成为一家成功的社会型企业，通过捐赠和销售方式向发展中国家人口提供了 160 多万副眼镜，创造了价值 2.69 亿美元的经济影响，并推广至印度、萨尔瓦多共和国、印度尼西亚等全球 22 个国家。——译者注

自我强化的产品线；在第五章中，你将知晓他们如何在多个市场中运营。正如你将看到的，这些策略采取积极主动的增长方法，并且往往是对前沿地带的创新型创业者所在的新生生态系统的必然反映。它们也是隐性的多元化策略。

有证据表明，多元化战略在建立新兴市场的弹性方面是行之有效的。《哈佛商业评论》发表的某研究解释说："高度多元化的集团能更好地适应大多数发展中国家的制度环境。它们可以通过模仿某些机构的功能来增加价值，这些功能通常只存在于发达经济体中。成功的集团可以有效地调节其成员公司和其他经济体之间的关系。"[64] 在对受到不公正对待的客户却无法获得司法赔偿的市场中，一个值得信赖的品牌会有所帮助。拥有多业务线的企业在一个细分市场上建立了口碑后，它在别处也会享有客户的信任。

同样，在资本有限的市场中，多元化的参与者会通过交叉投资业务来支持高潜力项目。在培训资源有限的市场中，拥有多条业务线的企业可以保留他们最好的人才，并汇聚整个组织之力为他们提供宝贵经验。与此相关的是，这一策略还有助于创新型创业者通过更广泛的活动重新平衡人力资本，来缓解劳动力市场的僵化现象（例如，在业务需要变化时很难解雇员工）。[65]

尽管这项研究特别关注的是大型的、多元化的集团——比如韩国的财阀、拉丁美洲的商业集团或印度的商业机构——但对于前沿地区的创新型创业者来说逻辑是一样的。在特别具有挑战性的运营环境中，拥有多条业务线的公司填补了制度上的空白。正如你在第二章中所看到的，由于当地缺乏基础设施，初创公司建立多种业务往往不是出于选择，而是不得不这么做。

然而，采用投资组合的方法可能会过犹不及。硅谷反对初创公司采用这一策略，其原因之一是，建立快速增长的初创公司极其困难，需要大量的努力和奉献。打比方说，它通常需要110%的专注。正如任何一个创始人都会告诉你的那样，建立一家初创公司已经足够劳神费力了。在多个项目中分散精力是导致每个项目都表现平庸的原因。在极端情况下，"投资组合创业"的现象出现在某些发展中的生态系统中，即企业家开创一系列不相关的小规模业务。这种做法通常是出于对失败的恐惧（而非清晰的应变策略）。如果任何一项业务失败，企业家会为了保全面子而进行套期保值，这种现象就会出现。然而，这也会导致任何一项业务取得巨大成功的可能性都很低。[66]

因此，我们得出的教训是，不能为了多元化而多元化，或者临时采用多元化策略，而是应该在必要时战略性地建立投资组合。组合行为既可以自我强化，也可以自我平衡。自我强化意味着某一个领域的成功和经验（例如，前沿汽车集团应对欺诈的最佳实践）可以支持其余业务。如果任一部门成效不佳或面临特定风险，自我平衡则可使风险可控，而不威胁到整体（在佐娜的案例中，因为该公司才刚刚开始在赞比亚以外的地区扩张，货币危机特别具有挑战性。）。

当然，这一策略主要是为了对抗极具挑战性的生态系统。它通常在操作上更加复杂，需要集中更多资源。因此，在相对稳定的市场，比如美国市场，适宜采取更集中的策略。

眼光放长远

前沿地带的创新型创业者专注于可持续性，而非不惜任何代价的增长。因此，他们采取更长远的眼光来看待成功。

对亚洲、非洲和拉丁美洲初创公司的分析表明，这些公司的平均退出时间超过 13 年，而退出次数可能远远超过这个数字。这大约是硅谷初创公司退出次数的两倍，硅谷初创公司的平均退出时间是 6—8 年（尽管独角兽企业现在倾向于在硅谷长时间保持私有化状态）。[68]

快取客公司的瑞安·史密斯解释说："这不是一场为期 5 年的比赛，而是一场为期 20 年的比赛。在早期，我们的生意很好，但我们的重大突破是在第 13 年到第 17 年期间，那时我们转向了创业。"史密斯认为，留出时间让新的计划成熟起来至关重要，"开始时，我们下的每个赌注看起来都很糟糕，每件事情所花的时间都比我们预计的要长。因此，等待的能力和坚持下去的灵活性是至关重要的。"[69]

这种情况在新兴市场尤其明显。我建议发展中市场的创业者把生存作为首要策略。这让你有时间来发展商业模式，找到能够引起客户共鸣的产品，开发出能够实现量产的机器。你可能有竞争对手，但竞争力并不总体现在谁先进入市场，而是谁能存活更久。布卡拉帕克①（Bukalapak）是一家价值 10 亿美元的印度尼西亚初创公司，其联合创始人兼首席执行官阿克马德·扎基（Achmad Zaky）用蟑螂归结了这种方法（同时也给我们的企业动物园增加了一只动物），他打趣道："我们就跟蟑螂一样。蟑螂什么东西都吃。它们能经历核爆炸而活下来，它们只是为了生存。"[70]

长远的眼光会减少企业在增长和风险之间的权衡，并留有弹性发展空间。正如迈克·埃文斯所说，"我们花了 10 年时间才上市（IPO）。虽然他们本可以把上市时间缩短到 8 年，但是这种重增长轻盈利的做法会

---

① 布卡拉帕克（Bukalapak）公司是一家印度尼西亚电子商务公司，成立于 2010 年，是一个在线市场，使中小企业可以在线上销售其产品，并且已经扩展为支持较小的传统家族企业（warung），印度尼西亚小型家族生意，一般指户外餐厅或便利店。截至 2019 年，该公司拥有超过 450 万名中小企业卖家，7 000 万月活用户，190 万 warung 合作伙伴，平均每天 200 万笔交易。——译者注

让风险也放大七倍,因此我们最终选择了可持续发展的路径。"[71]虽然格鲁布哈布花费了更长时间完成退出,但也因此获得了更强的抗风险能力,让公司可以一路承受风险,迎接挑战。

据说,爱因斯坦曾经说过,"复利是宇宙中最强大的力量。"长远的眼光使前沿地带的创新型创业者有机会把想法发展成熟,并从这种增长中获得复合收益。

为什么它至关重要

很多新闻标题让我们以为,风险资本很充裕,只是在寻找归宿而已。只要看看日本软银集团①(SoftBank)令人瞠目的1 000亿美元愿景基金就知道了。如此看来,追逐独角兽的策略是不可阻挡的,至少目前是这样。

但这并未抓住重点。

与硅谷式的初创公司相比,前沿地带的创新型创业者在更具挑战性的生态系统中运营,他们可用的资源更少,遭遇外部冲击的风险和失败的风险更大。他们的商业模式反映了这些现实。

尽管前沿地带的创新型创业者尽了最大的努力,并使用了书中的每一个技巧,但即使是对于最好的公司来说,这些挑战仍然是潜在威胁。在成功度过赞比亚货币危机后,佐娜开始多元化发展并挺进新市场,经历了一段增长时期。然而,近期竞争格局的剧变颠覆了其单位经济学假设,迫使其调整商业计划,并从对佐娜的运营市场持谨慎态度的投资者

---

① 软银集团(Softbank)在1981年由孙正义在日本创立,并于1994年在日本上市,是一家综合性的风险投资公司,主要致力于IT产业的投资,包括网络和电信。软银在全球投资过的公司已超过600家,在全球主要的300多家IT公司拥有多数股份。——译者注

那里寻求新一轮风险投资。就像在 2015 年所做的那样，它正在挖掘其内在的骆驼型企业的潜能，并应对新的挑战，去迎战前沿地区无休止的生存拳击赛中的又一轮比赛。

但在前沿地带，佐娜的故事并不是独一无二的。硅谷的一些领域也面临着一场艰苦的筹资斗争，特别是当他们的商业模式不符合标准模式时，如清洁技术产业仍然被视作异类。我们当然都明白，好时光不会永远持续下去，美国经济也很容易受到冲击。

硅谷的某些领域正在迎头赶上。它们发起了一场名为"斑马联盟"（Zebras Unite，另一个用来命名非独角兽初创公司的动物名称）的运动，旨在使一些初创公司意识到，硅谷那种追逐独角兽式的业绩增长战略并不适合自己。该运动现在世界各地有 40 多个分会和 1 500 名成员。[73]

事实上，构建具有可持续性和韧性的企业，对于各类企业家来说，似乎都是一个好主意。

第四章
跨界融合：
贯通世界理念，打通全球关系网

硅谷是在这样一种模式化印象中蓬勃成长起来的：一个22岁的辍学大学生，凭借自己的青春热血和一股挑战老旧企业的勇气，在一家废弃的车库创建了公司。

这种陈词滥调带着些许传奇色彩，但那些世界上最成功的科技公司创始人的经历更是印证了这一说法：创建苹果公司时乔布斯21岁、沃兹尼亚克26岁，创建微软公司时盖茨21岁，创建脸书时扎克伯格也才20岁。[1]

然而，追捧年轻是有代价的。硅谷"科技兄弟"丑闻人尽皆知，这些年轻的、穿着帽衫的勇士们不食人间烟火，所开发的产品和服务经常备受诟病，被认为是只满足自己需求的炒剩饭行为。

这是意料之中的事。企业家们都是凭着自己的生活阅历创办公司，一个22岁的毛头小子的阅历往往短浅、有限。

在前沿地带，典型的创新型创业者具有更长的生活阅历，而且往往具备跨地域、跨部门和跨行业的经验。丰富、多元的阅历决定了他们解决问题的类型多样以及所采用方法的独特。

人迹罕至的路

伊德里斯·阿尔·里法伊（Idriss Al Rifai）的人生处处充满了挑战。他在伊拉克长大，第一次伊拉克战争爆发时，他随家人到了巴黎。现在，他能说一口纯正流利的法语。18岁那年，伊德里斯打职业篮球赛，最终还代表法国国家队出战，与托尼·帕克（Tony Parker）并肩作战。在回忆自己离开篮球队的原因时，伊德里斯调侃道："我又不是托尼·帕克。"后来他加入了法国特种部队，在那里指挥了乍得共和国、刚果民主共和国、马里共和国和索马里联邦共和国的跨境行动，最终受聘成为法国国防部长的顾问。

然而，伊德里斯一直想回中东开创自己的事业。为了充实自己，他攻读了芝加哥大学的MBA学位，然后入职了波士顿咨询公司①（Boston Consulting Group，BCG）的迪拜办事处。

在迪拜安顿下来后，伊德里斯很快发现，一些在别处随处可见的商业基础设施，在迪拜却看不到。他的新工作是从世界各地采购商品，但他购买的包裹常常无法送货上门，司机要么根本不露面，要么就是迷路了，要么因很多其他原因而延迟送达。同肯尼亚的内罗毕一样，该市部分地区压根没有街道地址。

迪拜当时的配送基础设施根本无法满足电商市场的增长需求。一方面，阿拉伯联合酋长国司机资源严重短缺；另一方面更为复杂的是，相当一部分客户无法接触到金融产品（同许多新兴市场一样）。因此，电子商务不得不依赖客户用货到付款的方式购买商品。

---

① 波士顿咨询公司（Boston Consulting Group，BCG）为一家管理咨询公司，在全世界50个国家中设有超过90家分公司。其服务对象有企业、政府和机构，涵盖消费品、工业品、能源、医疗保健、高科技、媒体及电信、金融服务及保险等行业。主要业务职能有企业策略、信息技术、企业组织、营销和营运效益等。

电商系统当时脆弱不堪。当消费者在网上订购了商品，商家希望在三个方面得到保障：第一，有派送地址；第二，消费者会签收快递（由于还没有付款，消费者如果改变主意，就会拒收包裹）；第三，消费者用现金支付。任何一方面脱节，商品就无法成功配送出去，且商家还要承担全部退货成本。毫无疑问，这对电商商家来说是一个巨大的负担。

为了解决这一问题，伊德里斯创办了飞车公司，一家专注于服务最后一英里的中东地区物流公司。消费者可以通过一个应用程序更方便地查询包裹派送时间，并做好签收准备，而司机则可以通过行程规划和路线优化提高效率。

不是你所熟悉的典型硅谷企业家

虽然伊德里斯的个人经历是个特例，但它展现了许多前沿地带创新型创业者都拥有的重要品质。

前沿地带的创新型创业者往往和伊德里斯一样有着丰富的生活阅历，且他们很少在22岁就开始创业。实际上，在拉丁美洲、非洲和东南亚地区领头的初创公司，创始人的平均创业年龄是31岁。[2] 伊德里斯在创办飞车公司时是35岁左右。[3] 新兴市场的企业家往往也有更为丰富的教育背景和创业经验。一项对全球40多个加速器投资组合的调查分析显示，新兴市场的创业者平均拥有1.65个大学学历（成熟市场是1.45个），且在创立企业前，他们平均在2.8家企业工作过（此前的角色往往是直接向执行总裁或执行总监汇报工作）。[4]

重要的不仅仅是年龄，前沿地带的创新型创业者在非创业阶段的经历也很重要。许多最成功的前沿地带的创新型创业者都曾在多个国家生活或工作过。过去10年在东南亚地区建立的10家独角兽企业（本文一直沿用的术语，这里仅作为一个估值指标，并非为其理念背书）中，有8家企业创始人曾在国外学习、生活或工作过[5]。毫无意外，拉丁美洲地区也存在类似的比例偏高现象，远超一半以上的独角兽企业创始人曾在国外工作或学习过。[6]

即使是早年没有出国经历的人，后来也获得了这些经历。以拉丁美洲、印度、东南亚和撒哈拉以南非洲各地区顶尖的独角兽企业为例，23%的创始人参加了全球凝聚力或领导力发展项目，其中包括奋进集团或世界经济论坛的项目；22%的创始人参加了全球加速器项目。[7]

因而，前沿地带的创新型创业者一定是跨界融合者。他们会融合各地域、行业和部门之间的信息，创建出新颖的商业模式或解决方案。毫无疑问的是，至少对于硅谷以外的创新者来说，成为跨界融合者可以提升业绩。

跨界创新促使供应链创新

创新正在全球一体化的潮流中发展。"创新供应链"描述了这样一种现象，即最好的创意总能跨越各大洲，然后不断适应，不断完善。[8]凭借创新供应链，跨界融合者可以为他们的商业模式找到诸多灵感。

例如，共享汽车行业就是优步和来福车在旧金山开辟的一项创新。全球各地的初创公司迅速复制这种模式并进行适应性调整，有时为了响应当地的需求，他们也会做出一些重大调整。在第二章提及的网约车应用"Gojek"，现在已经在印尼当地占主导地位，它不仅仅是简单地复制优步，更重要的是改进了共享服务模式，最优化了司机的日程安排，这样司机不仅可以载运乘客，还可以配送食物、包裹，甚至还能提供金融服务。

Gojek 的战略也吸收了来自中国的灵感。中国的科技生态系统在许多方面与硅谷不相上下。在支付方面，蚂蚁金服（阿里巴巴旗下价值1 500亿美元的金融科技子公司）运营着全球最大的移动支付平台支付宝。用户通过社交网络和个人二维码就可以通过支付宝进行支付和转账。腾讯微信（阿里巴巴的主要竞争对手）创建了一个集产品与服务为一体的完整生态系统，在其社交平台上可以支付、约车、购物和送餐。二者在中国主要城市的应用极为普遍。[9] Gojek 复制了微信和蚂蚁金服的功能，并发展了自己的模式，将支付平台纳入一个更广泛的超级应用平台，整合所有功能，意在为消费者提供全方位服务。

优步推出的最新产品，如优步小吃（Uber Eats）和优步信用卡（Uber credit card），似乎更接近东南亚模式。[10] 近期，优步适时地将这些产品重新融入自己的超级应用平台中。[11] 来自四面八方的理念仍在不断交融，在这种情况下就形成了一个完整的闭环。

前沿地带的创新型创业者关注创新资讯，了解哪些创新正在蓬勃发展，分析其发生的地域和原因。有了这些数据，他们可以更好地构思创新模式。

了解创新资讯的方法之一是关注"超级领导者"所在地，比如硅谷。从这个方面讲，硅谷依然有学习的价值。正如创业基因组①（Genome）公司的首席执行官戈捷（JF Gauthier）告诉我的那样："去跟硅谷的10位全球资深风险投资家谈谈吧，他们很可能遇到过一些你所在领域有实力的全球初创团队。如果你与50位交谈过的话，你就会了解大部分生态系统"。[12] 这是因为世界各地的很多创新型创业者同样来过硅谷，也见过

---

① 创业基因组（Startup Genome）是世界领先的创新政策咨询和研究公司，为数十个政府的生态系统发展战略和行动计划提供了建议。2012年开始发布年度《全球创新生态系统报告》。——译者注

同一批风险投资家。

当然，硅谷只是众多有影响力的创新中心之一。中国正逐渐成长为全球领导者，其电子商务和金融科技领域的一些开创性模式比我们在美国看到的更为出色；肯尼亚依然是非智能手机移动支付创新的地方；多伦多和蒙特利尔是人工智能中心；明尼阿波利斯是一个正蓬勃发展的医疗保健中心；特拉维夫是安全领域的领导者；伦敦则是金融科技的领导者。如果你是一个前沿地带的创新型创业者，正试图了解促进业务发展的领先趋势，或试图发掘初创组织面临的潜在威胁，"超级领导者"所在地能帮助你快速找到答案。

跨界融合者们将个人生活经验与各种想法相结合，构思出自己的商业模式。对于伊德里斯来说，创办飞车公司就要明白什么是可能的，这既需要解决问题的亲身体验，也要能融合多个行业的经验。西方电子商务巨头开创的最后一英里配送系统效率很高，伊德里斯看到后备受启发。

在街道地址不完善的市场上，飞车公司利用了新兴市场上共享汽车公司取得的进展，这些公司已经为他们的车队完善了GPS地址导航，优化了行车路线。此外，解决收款问题还需要从新兴市场金融服务机构吸取经验，即关键是要启动现金收款模式，以方便为没有银行账户的人送货。最后，如同当地建筑行业面临人力资源短缺一样，伊德里斯也面临严重的司机短缺问题，在与建筑领域专家密切商讨后，他决定制定一个移民战略来应对人手问题。要同时做到这一切，既要有军事行动般精准性，又要有职业运动员的竞争力。为了设计他的解决方案，伊德里斯之前积攒的阅历开始派上用场，包括他在顾问工作中获得的战略性解决问题的技能，在世界偏远地区工作积累的知识，以及与政府官僚机构打交道的经验。

同样，左拉的模式也结合了多种技术和商业模式的创新。针对8亿生活在电网之外的非洲人,左拉的家用太阳能系统采用即付即用方式,而非一次性购买,这种销售方式更加经济实惠。但这种消费融资模式要求贷款人有能力评估用户信用。在大多数消费者没有信用评分的市场上,贷款人可充分利用替代性数据信用评分技术进行信用评估,而这种技术在其他新兴市场上势头正猛。如果用户不付钱,左拉就可以远程关闭太阳能系统。这又得益于硅谷和其他地方的移动电话技术和物联网(IoT)技术,使得左拉能将芯片植入设备,并进行远程控制和诊断。人们之所以能买得起这些设备,很大程度上是因为太阳能电池板和电池在全球实现了规模化生产,其中大部分来自中国。最后,小额交易的主导地位使数字支付成为必然,这意味着需要整合移动支付,而这又是诞生于非洲的一项创新。可见,设计这种复杂的模式需要将多种技术和真知灼见结合起来,才能形成一个连贯的整体。

为了成功创办企业,前沿地带的创新型创业者在了解这些全球趋势的同时,还要着力满足当地市场和客户的需求。接下来的两个小节将围绕这一话题,探讨前沿创新者如何将二者结合在一起。

跨界融合者发掘稀有资源

伊德里斯利用了他的全球关系网在世界各地募集到了资金。到目前为止,飞车公司从硅谷风险投资龙头企业、欧洲投资者和当地风险投资公司的筹资超过1亿美元。同样,左拉也利用其创始人的全球关系网,吸引了世界各地不同主体的投资,包括在新西兰有影响力的投资人、全球发展组织、欧洲公司,以及来自西雅图、旧金山和伦敦的一些风险投资家。

跨界融合者的人际关系网也给他们带来了专有的人才资源。在下一章中，我们将探索前沿地带的创新型创业者如何从一开始就定位为多市场运营，而这往往意味着拥有分散式的组织和团队，对此，我们将在第六章探讨。

跨界融合与本地环境相结合

解决问题时，一个跨界融合的视角能带来独到的见解和资源。当然，要成功创办一家企业，还需要对当下的地方性问题有深刻细致的了解，二者缺一不可。只有将两者相结合，才能创造奇迹。[13]

我最喜欢的案例来自印度的在线婚介领域。1996年，一直在硅谷工作的穆鲁贾维尔·贾纳吉拉曼（Murugavel Janakiraman）注意到了网络新闻和分类广告的兴起。受到这些平台的启发，他开始业余做一个小项目，创建了一个基础版新闻网站，为印度和世界各地的泰米尔社区（Tamil community）提供一个论坛。

穆鲁贾维尔推出网站后，一度为用户流量低而沮丧。然而，后来添加的婚介板块却出奇地活跃。[14] 与此同时，在2000年互联网危机期间，他很幸运地（现在回想起来）被硅谷解雇了。穆鲁贾维尔决定加倍努力。他搬回了印度，全身心经营网站，试图追寻婚介行业背后的牵引力。

就这样，巴拉特婚恋①（Bharat Matrimony）（*matrimony.com* 网站的旗舰品牌）诞生了。

随着印度年轻一代从农村向城市和海外迁移，传统的包办式相亲正在淡出视野。这些远离父母和大家族的单身人士们，要想找到自己的另

---

① 巴拉特婚恋（Bharat Matrimony）是印度领先的消费者互联网公司婚恋（Matrimony）旗下的知名品牌，被认为是印度最大和最受信任的婚介品牌，并且它在印度拥有130多家自营零售店，在零售领域也具有可观的地位。——译者注

一半就需要另寻其他途径。

数字化约会服务当时正在世界各地激增。然而，在其他地方行之有效的方法必须根据印度当地独特的人文环境进行调整。当穆鲁贾维尔在创建婚恋网站（*matrimony.com*）时，其他各地的同行们对他正在实现的功能感到困惑，认为这些功能不是矫枉过正，就是无济于事，甚至有时具有破坏性。例如，在印度的婚姻世界中，家庭成员扮演着重要角色。为了对症下药，网站不仅要帮助用户找到潜在的匹配对象，还要允许父母在这个过程中发挥积极作用。[15]然而，只有60%的成年子女是主要用户（通常是在咨询父母的情况下）。在许多情况下，主要用户是代表子女的父母。[16]

显然，穆鲁贾维尔不得不根据特定需求做进一步定制服务。父母们都很谨慎，他们不仅想了解求婚者的工作状况、教育程度和收入水平，他们还想要验证这些说法的真伪。因此，穆鲁贾维尔创建了一个附加服务，即通过平台验证用户的学历。[17]与此同时，婚恋网站也被翻译成多种当地方言，并为那些侧重在同社区、同宗教或语言群体内搜索的用户创建了子品牌。此外，因为印度家庭重视有家人在场的实际会面，仅有在线体验是不够的，所以婚姻网站创建了300家实体店来满足现场见面的需求。

如今，该网站平台拥有400多万用户，每天安排1 000多场相亲见面，并在印度国家证券交易所上市。而且该公司现有15种不同语言的域名网站，每个域名都蕴含着独立的语言和文化特点，满足了印度不同地区的需求。[18]

穆鲁贾维尔是一个跨界融合者，他把硅谷的先进经验与自己对当地市场的独特了解很好地融合在了一起。

类似的还有卡里姆公司，穆达希尔·谢哈（Mudassir Sheikha）是中东共享汽车巨头卡里姆公司（第十一章会介绍该公司）的联合创始人和首席执行官，正如他所描述的，"当卡里姆扩张到伊拉克时，我们必须适应这样一个事实，即该国在全国高中考试期间会关闭互联网和数据以防止试题泄露。对此，当地团队想到的应对技术是，让乘客在关网前就开始预订服务。"[19]

对穆鲁贾维尔和穆达希尔来说，适应当地环境是实现扩张的唯一可能途径。

前沿地带和硅谷有待提高的方面

跨界融合者的巨大成功建立在多样性的基础上——经验、文化和世界观的多样性。但是，往往只有社会上最有特权的成员才有可能获得横跨全球的整套技能和关系网。这样一来，在大部分创新领域，无论是在硅谷还是在前沿地带，多样性都是有限的。

在美国的风险投资行业，90%的决策者（主要是合伙人级别）是男性，[20]不到20%的科技初创公司甚至只有一位女性创始人，由女性领导的初创公司在2018年获得的现有资本还不到2%。[21]而这不仅仅是性别问题。在美国，获得风险投资支持的创业者中有1%是黑人，2%是拉丁裔，3%是中东人（不分性别）。[22]同样，大多数前沿地带的创新型创业者都是男性，特别是那些达到规模并在国际上获得关注的人。

遗憾的是，这本书也体现了这一缺陷。在寻找采访对象时，我接触到的女性少之又少。也许是因为我找得不够仔细，或者是给我信息的人对此存有偏见，而我并没有花费力气去纠正他。不管怎么说，这种性别上的不平衡不幸也被记录在了本文中。我希望在我写系列图书时，这个行业已经朝着正确的方向取得了长足的发展。为了真正释放世界创业人才，我们需要的是一个允许所有性别和所有社会背景的人都成功的环境。我们也不能被动地坐等条件自己发展成熟。在企业和非营利组织中，具有多元化、平等和包容性的举措备受欢迎，日益成熟。加入并推动这些对话是身居要职者迈出的关键性第一步。换言之，在最高层解决这个问题至关重要。考夫曼伙伴①（Kauffman Fellows）金融机构的研究表明，创始团队中至少有一名女性的初创企业，其雇用的女性人数是多元化程度较低的同行的2.5倍。[23]

在阿拉伯创始人领域，性别失衡现象中有一些有趣的亮点。正如《麻省理工科技评论》（MIT Technology Review）指出的那样，超过25%的中东初创公司是由女性创立或领导的。[24]总部位于贝鲁特的跳跃风投②（Leap Ventures）联合创始人哈拉·法德尔（Hala Fadel）说，这是由于该地区在该领域没有男性主导的先例。由于向女性开放的职业道路很少，而且往往她们的失业率也很高，所以，在自己家里创办技术初创企业，对女性来说是一个极富吸引力的机会。[25]

虽然前沿地带的创新型创业者给科技创新领域带来了更大的种族和文化（偶尔也包括性别）多样性，但他们本国巨大的经济不平等往往促使他们成功地跨界发展。接受过国际教育，或在全球咨询公司或投资银行担任具有挑战性的职位，通常是特权的体现。而成为创始人本身也在一定程度上体现了机遇的垂青和承担金融风险的能力。在许多市场，制度资本稀缺，早期资本往往根本不存在，因而创业启动资本通常依靠家人和朋友。在大多数新兴市场，由于中产阶级被掏空，筹集早期资金就

---

① 考夫曼伙伴（Kauffman Fellows）金融机构成立于1995年，是一家为初创企业提供风险投资的机构。——译者注
② 跳跃风投（Leap Ventures）成立于2014年，是一家为初创公司提供风险资本的投资的公司。该公司特别关注一些利用中东和北非地区的优势来解决新兴市场问题或具有在全球范围内扩展的潜力的公司。——译者注

需要有丰富的人脉关系。

在撒哈拉以南的非洲地区，初创企业由欧洲和北美的外籍人士创办，这种现象非常普遍，关于白人特权的重要问题也因此被提了出来。在这些市场上，尽管当地人对本土问题和当地机遇有更深切的认识，但享用资本和人脉资源的却往往是外籍白人。提请注意这种不平衡，并不是要削弱或低估外籍创始人付出的艰辛努力，而是要努力为改变现状而开辟建设性对话空间。

正如美国古生物学家斯蒂芬·杰伊·古尔德（Stephen Jay Gould）曾经说过的那样："不管怎么说，我对爱因斯坦大脑的重量和褶皱不那么感兴趣，而我更感兴趣的是：几乎可以肯定地说，有同等才能的人，也曾在棉花田和血汗工厂里生活和死去。"[26] 前沿地带的创新创业将大大受益于来自不同经济阶层和不同性别的人才。赋予他们建设者和领导者的角色，他们都会给世界各地带来变革。

移民：终极跨界融合者

林－马努艾尔·米兰达（Lin-Manuel Miranda）在他的音乐剧《汉密尔顿》（*Hamilton*）中说得最好："移民们，我们做到了！"[27] 移民是终极的跨界融合者，他们从另一个国家或地区带来生活经验。就像穆鲁·贾维尔和伊德里斯，以及左拉的泽维尔·赫尔格森一样，这些归国人员和移民们在扩大创新和启动生态系统方面都取得了巨大的成功。[28]

说明一下，归国人员（repatriates）指的是在国外度过了一段重要的职业生涯（远不止一个学校学位或一次国际工作经验）后选择回国的公民；移民（Immigrants）是在其他地方定居的各国公民。

在前沿地带，归国人员往往是创业成功的早期群体之一。例如，在印

第四章 跨界融合：贯通世界理念，打通全球关系网

度，班加罗尔第一批初创公司的大部分领导人都是"回飞镖"（boomerangs），也就是在其他地区（通常是在硅谷）待了很长时间的归国人员。[29]然后他们把国际经验带回家，加强了当地的生态系统，并对胸怀抱负的本土后起之秀给予了支持。

在当今这个时代，移民已经成为国际上的一个热点问题。然而，数据明确表明，无论是在美国还是在创新创业的前沿地带，移民都在技术创新中发挥着核心作用。从1995年到2005年，移民联合创办了硅谷52%的科技初创公司（这占美国所有创业的25%）。[30]移民在最成功的初创公司中所扮演的角色同样值得注意。美国国家政策基金会（National Foundation for American Policy）最近的一项研究显示，超过50%的美国独角兽企业是由移民创办的。这50家公司的总市值接近2 500亿美元，从长远来看，超过了阿根廷、哥伦比亚和爱尔兰股市的总和。

此外，超过80%的美国独角兽企业都有移民担任关键的高管职位。[31]这包括一些世界上最知名的公司，比如居家设计公司好适家①（Houzz）、日用品配送公司因斯塔卡特（Instacart）、帕兰提尔科技公司②（Palantir Technologies）、金融科技公司罗宾汉③（Robinhood）、斯追普④（Stripe）

---

① 好适家（Houzz）是美国一家关于居家装修设计的跨国互联网公司，公司于2009年创立，总部设在加利福尼亚州的帕罗奥图。该公司结合内容、社群、电商，作为一个线上社群、电子商务平台，提供装修设计师上传、分享关于建筑、室内设计、装潢的文章和图片，协助一般使用者寻找适合的设计灵感，连接房主和室内设计师，同时也提供家饰商品服务。——译者注
② 帕兰提尔科技（Palantir Technologies）公司是一家美国的软件和服务公司，总部位于丹佛，以大数据分析出名，主要客户为政府机构和金融机构。最出名的案例是以大数据技术帮助美国军方成功定位和击毙基地组织首脑本·拉登。——译者注
③ 罗宾汉（Robinhood）公司是美国一家金融科技公司，总部位于加州门洛帕克。该公司以提供主要面向散户的股票应用及网站著称，允许用户投资和交易股票、交易所交易基金（ETF）、期权和美国存托凭证（ADR）。它还允许用户根据其地理位置投资某些加密货币。该公司通过支付订单流、高级会员费、股票贷款、未投资现金的利息、与借记卡相关的交换费以及其他较小的收入流来赚钱。2020年时，罗宾汉有1 300万用户。——译者注
④ 斯追普公司（Stripe）是一家成立于2010年的金融科技公司，致力于为互联网经济打造基础设施，目前在42个国家提供金融支付服务。——译者注

公司、网约车公司优步、共享办公空间供应商威沃克①（WeWork）以及远程会议软件公司祖玛（Zoom）。当然，移民创业者也包括硅谷的金童埃隆·马斯克，他联合创立了4家独角兽公司——特斯拉②（Tesla）、太阳城③（SolarCity）、贝宝和美国太空探索技术公司④（SpaceX），最近还创办了脑机接口⑤（Neuralink）和无聊公司⑥（The Boring Company）。马斯克出生在南非，先移民到加拿大，最后移民到美国。

在美国和世界各地政治中，充斥着令人不安的反移民事件，而我们对跨界融合的研究是对这些事件的有力反驳。正如安德拉⑦（Andela）公

---

① 威沃克（WeWork），一家总部位于美国纽约的共用工作空间供应商，主要是为初创公司、微商企业、自由职业企业家提供办公场所。也是共用工作空间运营模式的创始者，最早于2011年4月向纽约市的创业人士提供服务。公司目前估值200亿美元，拥有1000万平方米的办公场所空间。2016年进入中国，在上海开业运营了第一家在中国的共用工作空间。2018年在全球21个国家，超过71个城市拥有230个办公地点，注册会员达到21万。——译者注
② 特斯拉（Tesla）是美国一家电动汽车及能源公司，产销电动汽车、太阳能板及储能设备。总部位于帕洛阿托（Palo Alto）。创始人将公司命名为"特斯拉"，以纪念物理学家尼古拉·特斯拉。特斯拉是世界上最早的自动驾驶汽车生产商，至2018年，特斯拉汽车已经成为世界最畅销的充电式汽车公司。2021年10月，成为第六家市值破1兆美元的巨头企业。——译者注
③ 太阳城（SolarCity）成立于2006年，是全美国最大的太阳能发电公司，专门发展家用及商业光伏发电项目，总部位于美国加利福尼亚州圣马特奥。该公司为美国太阳能发电系统供应商龙头，提供系统设计、安装以及融资、施工监督等全面的太阳能服务，以低于电力公司的价格向客户供电。——译者注
④ 美国太空探索技术公司（Space Exploration Technologies Corp.，商业名称：SpaceX）是美国一家民营航天制造商和太空运输公司，总部位于美国加利福尼亚州霍桑，由企业家埃隆·马斯克于2002年创办，目标是降低太空运输的成本，并进行火星殖民。——译者注
⑤ 脑机接口（Neuralink）是一个美国神经科技和脑机接口公司，由埃隆·马斯克和8名其他联合创办者于2016年创办，负责研发植入式脑机界面技术。公司的总部在旧金山。——译者注
⑥ 无聊公司（The Boring Company），"Boring"语带双关，既有"无聊的"又有"钻孔"的意思，是由埃隆·马斯克创立的美国基础设施和隧道建设公司。尽管其目前的项目是为城市内部交通系统而设计，但该公司表示，霍桑的试验隧道可以用于超级高铁研发，而目前在建的隧道也支持最终过渡到城际超级高铁。——译者注
⑦ 安德拉（Andela）公司成立于2014年，是位于纽约的人才和软件开发公司，旨在寻找和培养非洲最好的软件开发人员。——译者注

司和途优（2U）公司^①的联合创始人杰里米·约翰逊（Jeremy Johnson）曾经告诉我的那样，"自由女神像上写着，'把你那些疲惫的、穷困的、渴望自由呼吸的芸芸众生给我！'。这是我们在美国做的最特别的事情。"[32]

改头换面

站在前沿地带的创新型创业者的立场思考，有助于硅谷挑战和重新评估自身的古板形象。

硅谷追求年轻化不得其所，外界熟知的年龄歧视也不合时宜。[33] 的确，乔布斯、盖茨和扎克伯格创业时都很年轻，但美国国家经济研究局（National Bureau of Economic Research）的研究表明，他们是特例，并不能代表大众。科技初创企业创始人创办企业时的平均年龄是 42 岁，在最成功的公司中（前 0.1%），创始人平均年龄是 45 岁。[34] 研究表明，当初创企业的创始人在一家公司工作了 20 年甚至更长时间，他便更有可能成为当地创业生态系统中的佼佼者。[35]

即使是最成功公司的创始人，业绩也会随着年龄的增长而提高。比尔·盖茨（39 岁）、杰夫·贝佐斯（45 岁）和史蒂夫·乔布斯（48 岁）的 5 年期市盈率（投资者愿意为一美元的收入或收益支付的价格）都在中年早期达到顶峰。[36]

更有经验的创始人通常会成功扩展企业规模。移民人士占据了核心

---

① 途优（2U）公司成立于 2008 年，是非营利学院和大学的数字化转型合作伙伴。该公司在整个职业课程连续体中构建、提供和支持大约 550 种数字和面对面教育产品，包括研究生学位、本科学位、专业证书、新兵训练营和短期课程。该公司通过其 2UOS 平台提供前端和后端基于云的软件即服务（SaaS）技术和技术支持服务，这些服务与数据分析和机器学习技术相结合和优化。——译者注

地位。要想在硅谷和前沿地带实现创新，就需要在性别、经济和其他方面更加多样化。毕竟，要创造新的东西，除了灵感，还需要结合很多想法，而增加这些想法的多样性，就是跨界融合的全部意义。

第五章
与生俱来的全球化：
从诞生之日起就瞄准世界

如果你在硅谷打听如何创办公司，很多人都可以给你指点一二。如果你还没有把地址选定在硅谷，那么毫无疑问（通常也是不言而喻的），第一步就是搬到硅谷。在那里，你会有独特的文化体验，也更容易接近人才、客户和收购方。

身处硅谷，有先例可循，有最好的实践经验可参照，一系列看似复杂的业务决策就变得非常简单了。公司应该设在哪里？当然是硅谷。公司在哪里申请注册以及如何组建？显然是在特拉华州成立 C 类公司[①]。

如何组建技术团队？从现成的本地人才库挑选就行。这里有最好的计算机科学家，他们通常毕业于离这里只有 40 分钟车程的斯坦福大学。

产品应该在哪里试水？在哪里可以找到第一批客户？如果客户是企业（B2B[②]），那么加利福尼亚州现有的当地商业市场应该是首要目标（包括硅谷的其他初创企业）。如果客户是个人（B2C[③]），那么，当地热

[①] C 类公司，也就是股份有限公司，公司具有独立法人地位，公司责任和个人责任分离开来，使得公司的债权人不能向公司股东的个人财产追讨债务。——译者注
[②] B2B（也有人写成 BTB，是 Business-to-Business 的缩写）是指企业与企业之间进行数据信息的交换、传递，开展交易活动的商业模式。——译者注
[③] B2C（Business-to-Consumer）是指电子商务的一种模式，也是直接面向消费者销售产品和服务商业的零售模式。——译者注

爱科技的居民很可能成为第一批客户。那些最早的产品使用者，无论是企业还是消费者，都集中在旧金山湾区。

市场规模应该如何定位？美国是一个 GDP 达 21 万亿美元的经济体，也是全球最大的技术和软件市场。[1]对于大多数实行利基战略①的初创公司来说，美国就足以满足规模需求。仅仅加利福尼亚一个州，就堪称世界第五大经济体，已经算是一个足够大的起点了。

对于硅谷的创业者来说，这些决定可能是手到擒来。但对其他人来说，这些问题的答案并非显而易见。

然而前沿地带的创新型创业者们并不认同硅谷那种短视的地域观点。他们创业的方式与众不同，公司"生来就是全球化的"，这主要体现在三个方面：创始人、公司和团队。第四章已经探究了前沿地带的创新型创业者如何在诞生之日就成为全球跨界融合者。本章将探讨第二个方面，即前沿地带的创新型创业者们如何建立公司，开拓多个市场，抓住全球机遇；第六章将介绍第三个方面，即介绍他们如何构建分布式团队，如何充分利用世界各地的可用之才。

前沿地带成功的关键

在前沿地带最成功的初创公司中（尤其是在较小的国家或地区的公司），向多个市场扩张业务是其成功的直接原因。过去十年中，东南亚地区的十家独角兽公司里，有七家在国际上迅速扩张，三家目前仍在本地开展业务，其中两家总部位于印度尼西亚，坐拥东南亚最大的市场，人

---

① 利基战略（niche）是指企业选定一个特定的产品或服务领域，集中力量进入并成为领先者，从当地市场到全国，再拓展到全球，同时建立各种壁垒，逐渐形成持久的竞争优势。——译者注

第五章　与生俱来的全球化：从诞生之日起就瞄准世界

口超过 2.64 亿人。² 东南亚科技独角兽竞舞公司，于 2017 年在纳斯达克申请上市时，为了反映其泛地区性影响力，将官方名称改为了"海洋"（Sea，现在也是其股票代码）。³

前沿地带的初创企业会在早期就向其他市场扩张。以东南亚企业为例，每家初创企业平均在第四年就进入了第二个国家，并在接下来的一两年内进入下一个市场。⁴ 在非洲最有价值的技术公司的样本中，64% 的公司在第四年就进入了第二个市场。⁵

正如尤帕斯①（UiPath）创始人所熟知的那样，在前沿地带，生而全球化正愈发凸显其重要性。尤帕斯公司由丹尼尔·迪内斯（Daniel Dines）和马吕斯·蒂尔卡（Marius Tirca）创立，是罗马尼亚有史以来第一家独角兽公司。该公司主要提供机器人流程自动化业务（简称 RPA）。这项业务通过人工智能，允许计算机学习重复性任务，并逐渐实现自动化。例如，保险公司需将客户的实际索赔记录到内部评估系统中，使用机器人流程自动化后，可将员工从此类工作中解放出来，去从事高价值的索赔评估任务。类似地，会计师可以使用机器人流程自动化取代重复性劳动，自动地将客户的特定开支进行归类。

2005 年，丹尼尔和马吕斯着眼于罗马尼亚市场，开办了他们最初的业务。2015 年，尤帕斯公司仍然是一家小规模的咨询公司。但那一年创始人决定改变战略，提供技术平台，瞄准全球业务。他们与安永（Ernst & Young）会计师事务所② 合作，将尤帕斯的解决方案推广到对方的企业生态系统中。⁶ 一旦尤帕斯打开了全球市场的大门，它就迅速扩展到

---

① 尤帕斯公司（UiPath）是领先的机器人流程自动化供应商，可提供完整的软件平台，帮助企业高效完成业务流程自动化。——译者注
② 安永（Ernst & Young）会计师事务所是一家总部位于英国伦敦的跨国性专业服务公司，为全球四大会计师事务所之一。该公司提供审计、税务及财务交易咨询等服务，已有一百多年的历史。——译者注

罗马尼亚生态系统之外，成为全球首屈一指的公司。[7]在采用该平台模式三年后，尤帕斯的业务扩展到了18个国家。该公司现有1 000多名员工，并从阿克塞尔（Accel）合伙公司[①]、红杉资本和谷歌旗下的谷歌资本[②]（CapitalG）等领先的风险投资公司中，筹集了超过10亿美元的资金。[8]

尤帕斯可能是有史以来增速最快的面向企业客户的销售公司。[9]丹尼尔认为，从创始人决定面向全球市场的那一刻起，掌握全球销售能力就成为了其关键驱动力。[10]

旧貌换新颜

虽然生而全球化在初创企业中是一种新现象，但已有记载表明，在更传统的行业中，这早已是一种战略。1993年，麦肯锡公司发布了一份报告，记录了中小企业（简称SME）的崛起。这些中小企业通常收入不到1亿美元，但拥有全球市场。[11]澳大利亚的小出口商几乎从一开始（通常是前两年）就开始进行国际销售。

当时，公司成立之初就建立多市场销售模式的战略与传统智慧背道而驰。最好的做法是逐步国际化，即首先从国内业务做起，然后逐渐通过中间商向国际市场销售。[12]最终，当国际市场具有足够吸引力时，公司可以建立一个国际子公司，但通常需要建在文化最相近的地方。[13]当

[①] 阿克塞尔（Accel）合伙公司创建于1984年，是一家顶级国际风险投资公司，总部设在加利福尼亚州，在伦敦设立欧洲办事处，在新泽西州有一家管理办公室。公司致力于帮助著名企业营造成世界级技术公司，主要投资通信和网络领域，投资金额超过30亿。——译者注

[②] 谷歌资本（Capital G，原名Google Capital）创立于2013年，总部位于美国加州山景城，是字母表公司（Alphabet）旗下资产增长型的投资组合部门，属于私募股权投资机构，专注于投资已有稳定基础且准备好进行扩张的公司。——译者注

子公司足够成功后，就可以成为主要的外国销售商。

麦肯锡向我们揭示了一代生而全球化的中小企业的成功秘诀。正如其报告以及随后数十年的学术研究所表明，另辟蹊径打造成功企业的方法早已存在于世，并正在发挥作用。[14]

如今在前沿地带，与传统智慧的背道而驰也在上演。前沿地带的创新型创业者在创业初期就面向多个市场进行销售。事实上，掌握这一战略对其成功至关重要。

多市场模式的驱动因素

对于前沿地带的创新型创业者来说，生而全球化越来越具有战略必要性，这是由几个相互交织的原因造成的。

首先是对潜在市场做实际评估。公司潜在市场总额（简称 TAM）[①] 是风险资本家衡量初创企业潜力的关键指标。不幸的是，在许多（当然不是所有）新兴市场，由于本地的潜在市场总额太小，公司无法扩展到可观的规模。然而，对于战略性企业家来说：当地市场越小，市场总规模就越大。爱沙尼亚或新加坡的创业者被迫放眼全球，而印度和巴西的初创企业往往专注于本土市场。正如丹尼尔所说："出身偏远的欧洲促使我们胸怀大志"。[15] 由于本地市场较小，创业公司不仅可以将产品售往多个市场，起步还不拘于地缘限制。

自诞生之日起就面向全球也可以作为一种学习策略发挥作用。它帮助创新型创业者改进核心产品，改善商业模式，并从规模经济中获益。

---

① 潜在市场总额（total addressable market，TAM）指特定产品或服务在市场中的潜在用户总数，它是建立在市场中没有竞争对手、所有市场都是可触达的理想条件下的。——译者注

媒体网①（Media.net）是总部位于迪拜的全球性广告技术公司，杨克·特莱科希亚（Divyank Turakhia）是该公司的创始人（他于 2018 年以 9 亿美元的价格将其出售给一家中国企业集团），他解释说："不同的市场有不同的利润率和风险状况。与其他增长更快、利润率更高的市场相比，一些市场看起来吸引力不足。但随着你对市场的了解和联系的加深，[16]你会发现身处其中意义非凡"。在跨市场扩张的过程中，整个公司组织架构得以不断改善，产品也会更具全球竞争力，由此逐渐产生规模经济效应。杨克说："升级技术和产品时，你将从那些目前竞争力不强的产品中，获得更高的利润。"[17]

归根结底，成为一家多市场公司可以转化为一种进攻性优势。面向全球市场的前沿地带的创新型创业者，可以首先在最具吸引力的市场投资，从而增加了市场后进者的成本。左拉电力公司（在绪论中曾提到过它）从东非扩张到西非的象牙海岸和加纳时，就在最具吸引力的市场中占据了一席之地。虽然当时其他初创公司也提出了类似左拉的家用太阳能系统解决方案，但是如果竞争对手也有类似的扩张计划，就需要另觅他处。

生而全球化的初创企业往往能够战胜市场单一的企业。他们可以依靠某些市场的利润，集中资源优势，参与最激烈的市场竞争。此外，全球规模经济为其带来成本优势和丰富的经验。这一切造就了面向全球的初创企业得天独厚的竞争优势。[18]

在许多方面，只服务本地市场不是一个明智选择，其他外来公司最终会登陆本地市场。因此，对于前沿地带的创新型创业者来说，自诞生之日就瞄准全球市场往往是生存的必要条件。

---

① 媒体网（Media.net）公司总部位于迪拜，是全球前 5 大纯广告技术公司之一，在全球拥有 1 000 余名员工，致力于为发布商和广告客户构建出色的端到端解决方案。——译者注

正如他们所说，进攻是最好的防守。

没有万能钥匙

讨论到这，生而全球化似乎是初创公司自然而然采用的策略。然而，策略运用却是有细微差别的。许多初创公司都从惨痛的教训中才明白了这一点。

优步在世界各地迅速扩张。它于 2013 年进入新加坡市场，2014 年进入中国市场。[19] 尽管表面上扩张速度非常快，但其实已经开始缩减其核心区域的业务。2016 年，在花费了 20 多亿美元却看不到任何利润的情况下，优步离开了中国，并以 70 亿美元的价格，将其本地业务出售给了中国国内运营商滴滴。[20] 在东南亚，类似的故事也上演了——优步将其业务出售给了哥拉伯公司（这家公司本身也由滴滴资助）。

为什么有些模式似乎注定会名副其实地全球化，而另一些则不会？我会用三个驱动因素来解释，为何有些企业能够主导全球市场，而另一些则只能参与区域性市场或本地市场？

网络效应的本质

第一个驱动因素在于网络效应的性质。网络效应反映了一种现象，即服务或产品的价值随着更多的人使用而增加。一些初创公司具有全球网络效应，而另一些初创公司则具有更大的区域甚至本地网络效应。

例如，谷歌已经成为全球搜索引擎的权威，部分原因是网络搜索具有全球网络效应，其信息价值不是区域性的。当来自欧洲或亚洲的知识记录到该平台时，北美用户可以从中获益更多。但由于信息的价值是全球性的，因此赢家往往享有全球性垄断。脸书也享有类似的优势，因为脸书不仅把当地人联系起来，也实现了与国际接轨（尤其是在该平台的大学生用户中），因此该平台的价值在全球范围内上升。

相比之下，有些商业模式具有区域性或地方性网络效应。共享汽车就是一个典型例子。虽然，对一些环球旅行者而言，一款可以用来在任一城市叫车的应用软件很有价值，但对于绝大多数用户来说，交通应用程序的价值仍体现在本地。当然，这也会产生网络效应：使用该应用的司机越多，想要加入的用户就越多，反之亦然。但是，这些网络效应是地方性的，这也是共享汽车行业不太可能出现全球赢家的原因之一。无论是印度尼西亚的 Gojek，拉丁美洲的 99，还是中东的卡雷姆，这些当地企业都适度地制造了网络效应，达到了支配本地或地区市场的目的。

资源密集度

预测全球模式能否成功的第二个驱动因素是资源密集度。在资源密集度较高的地方，更可能出现全球赢家，而轻资产①更适应本地化或区域性的模式。云计算就是一个很好的例子。亚马逊网络服务②（简称 AWS），以及微软蔚蓝③（Azure）和谷歌云，已经通过前期积累占据了领先地位，共同享有全球市场约 50% 的份额。[21] 这些全球竞争者之所以占据主导地位，是因为提供云计算产品极其耗费资源。亚马逊和谷歌不仅必须购买和维护服务器场、为之配备专业人员，还必须建设软件系统来管理和维护服务器场的安全。多年来，亚马逊在这方面的资本预算一直高达数十

---

① 轻资产（asset-light）又称"轻资产运营模式"，是指企业紧紧抓住自己的核心业务，而将非核心业务外包出去。轻资产运营是以价值为驱动的资本战略。——译者注

② 亚马逊网络服务（Amazon Web Services，AWS）是亚马逊公司的云计算 IaaS 和 PaaS 平台服务，面向用户提供包括弹性计算、存储、数据库、应用程序在内的一整套云计算服务，能够帮助企业降低 IT 投入成本和维护成本。——译者注

③ 蔚蓝（Azure）是微软基于云计算的操作系统，是微软"软件和服务"技术的名称。——译者注

亿美元。经典的规模经济因此形成：高固定成本投资由更大的客户群体来分摊，产品价格也得以逐渐降低，这反过来巩固了规模经济。这些市场呈现出全球垄断的趋势。

硬件初创企业也是如此。为了能够通过安全测试并大规模投产，通常需要更大的前期资本投资。然而，一旦成功，他们往往会进行长久垄断。这就难怪埃隆·马斯克的太空探索技术公司会是为数不多的成功航天初创公司之一（目前正在为世界各国政府和企业向太空发射有效载荷）。

在某些限制准入、需要高度专业化人才的市场也存在类似情况。例如，在人工智能市场，最宝贵的资源是数据科学家和数据集。但目前专门从事机器学习和人工智能的可用之才短缺。最好的公司拥有最先进的技术和最大的数据集。这反过来又吸引了最优秀的人才。最优秀的人才巩固并促进公司的技术优势。这种情况下可能会产生一些全球赢家。

网约车行业前期并不需要大量资源。当然，不断招募司机和吸引客户必须花费大量资金。然而，与太空探索技术公司为新火箭进行实际技术研发的费用相比，这一投资要小得多。因此，本地公司更容易推出网约车业务，获得市场份额，而且花费相对较少。

地方复杂性

初创公司能否真正实现全球化的第三个驱动因素与当地的复杂性有关。在某些情况下，有些市场或行业存在地方保护或监管壁垒的情况。例如，脸书和谷歌等公司几乎在全球所有市场都享有领先地位，但也有例外。这些公司网站因违反法规而被屏蔽，这也是监管护城河发挥作用的结果。本地公司取而代之，蓬勃发展起来。百度已经成为本地搜索的领头羊，腾讯在信息领域占据了主导地位。

当然，政府的直接禁令是一个特殊的障碍，但当地还存在更微妙的复杂情况。许多行业都有专门的地方法规，因此跨界移植商业模式很难实现。金融服务业就是一个很好的例子。大多数国家对保管公民储蓄、向公民提供信贷或保险产品的金融机构实行严格的准入标准。这就是长期以来金融科技一直是本地游戏的缘由，尽管这种情况正在慢慢改变。[22]

前沿地带创新型创业者的战略

每个行业都有其自身的特点。在面向全球之前，前沿地带的创新型创业者必须评估行业的具体动态，了解本行业在全球性、区域性或本地化模式中赢得市场的可能性。

假设该行业资源密集度高，具有全球性网络效应，且局部复杂性有限，那么前沿地带的创新型创业者应该尽快扩大规模，以便抢在他人之前，以可信赖的方式尽可能多地占领全球份额。反之，如果该行业监管壁垒、资源密度低，或存在更高的区域网络效应，那么前沿地带的创新型创业者应转而侧重区域市场或本地市场，图5-1阐明了这些原则。

大多数市场在这两个趋向之间，例如，市场资源密集度高，但缺少全球性网络效应，反之亦然。

了解这一动态对于确定战略至关重要。说到底，任何行动路径都将是一场有依据的赌局。

如果你决定走全球化路线，那么有一些策略是成功的关键。其中包括确定优先级，然后进行阶段性扩张，开发易于本地化的产品，以及建立一个跨市场运作的组织。接下来，我们依次进行探讨。

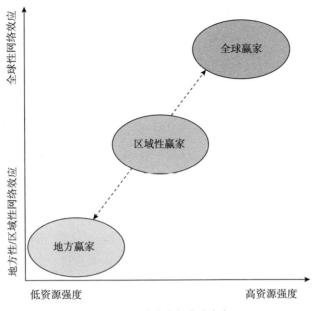

图 5-1　地方赢家与全球赢家

生而全球化的市场选择

公司面向多个市场运营，不能采取突击销售法，随意地扩张，比如从毛里求斯扩张到蒙古，或从博茨瓦纳再扩张到巴厘岛。企业家首先要选择市场，确定优先顺序和阶段战略。前沿地带的创新型创业者从创业第一天起就要思考这些问题，并逐渐完善这些问题的解决办法。创业者早期面临的一个关键问题是为何只能在一些市场试试运气，而在其他市场非赢不可。

测试市场

百老汇以提前测试演出效果而闻名，节目在大型舞台上演之前，会先在小市场试演。同样，做市场测试也是企业可用的一种强有力的策略。

经营地震预警系统的天灾预警①（SkyAlert）公司就采用了这种方法。在大多数地震中，人们并非死于晃动，而是死于被困或被压在倒塌的建筑物下。因为地震首先在震中附近被感知到，然后从震中向外传播，所以可以使用技术手段，感知地震并发布早期预警。天灾预警公司向其用户承诺，公司的分布式传感器网络可以保证其用户及早撤离，同时可以与其他公司合作，自动执行安全协议（例如，关闭煤气阀）。

天灾预警公司成立于墨西哥城。公司首席执行官亚历杭德罗·坎图（Alejandro Cantú）将这个城市称为他的创新实验室。早期该公司侧重于研究和开发，而不是产品商业化。天灾预警公司选择在墨西哥城发展是因为该城市比其他大城市更经济实惠，更适合产品创新。工资比较低廉、收购成本更低。墨西哥是坎图早期的大本营和试验场，但为了扩大规模，他着眼其他地区，选择了从美国起步。[23]

志在必得的市场

对一些前沿地带的创新型创业者而言，有些市场是必须赢得的，拿不下这些市场，就无法达到预期规模。而东南亚，印度往往是必争之地。法迪·甘杜尔（Fadi Ghandour）是中东初创公司安迈世②（Aramex）的共同创始人，同时也是当地许多领先初创公司的投资人（你将在第十一章中了解他）。他对我说："要赢得区域市场，就必须先拿下本区域最大

---

① 天灾预警（SkyAlert）公司于2014年成立，是墨西哥的一家初创公司，该公司基于物联网的智能地震预警系统，可以在地震发生时自动关闭燃气，打开应急灯，并在人员逃离时自动解开门锁。——译者注
② 安迈世（Aramex）是中东地区最知名的快递公司，成立于1982年，是第一家在纳斯达克上市的中东国家公司，提供全球范围的综合物流和运输解决方案。在全球拥有超过353个公司，12 300位员工。——译者注

的沙特阿拉伯市场。"[24] 滴照明①（d.light）首席执行官内德·托祖（Ned Tozun）对全球太阳能灯市场也作了类似的解释："我们必须攻破印度市场。虽然有些市场对价格不太敏感，但印度是对价格敏感度最高、规模最大的市场之一。我们必须拿下印度市场，否则，我们将失去全球市场。"[25]

"志在必得的市场"可能并不总是指一个实际地点。在某些行业，它是指一些特定的客户群体（例如，要在海运市场中获胜，就需要与为数不多的几个大型全球航运集团合作），或者是指一个极其重要的市场细分②。识别行业动态，瞄准这些志在必得的市场至关重要。

尽早制定未来扩张计划至关重要。左拉电力公司依靠详细的定量分析，做出了扩张市场的决定。左拉高管根据多项标准，对可能加入的新市场进行排序，包括市场规模（如能源消耗总量、人口规模）、腐败程度、宏观经济风险（如政策稳定性、通货膨胀、经商的便利性）、支付能力（如人均GDP和移动支付渗透率，这是以数字方式获得回报的关键）、客户统计数据（如是否接入电网、农村与城市人口密度，这两种情况都会影响客户对产品的信任和接纳）、消费者行为（例如，谁有意愿尝试新产品）、物流（如道路通行情况、进口税）、业务便利性（如开设子公司所需的时间、雇用人员的简便性）和文化（如当地语言和当地人脉的重要性）。

通常，最合理的做法是从一个已建立的锚定市场扩展到该地区的类似市场。如果国家间不仅在地理位置上毗邻，在文化上和管理上也比较

---

① 滴照明（d.light）公司于2007年成立于大开曼群岛，提供一系列太阳能产品，包括由太阳能电板、电池充电包、电灯、开关、FM收音机、手电筒组成的D30电池束，用户可以在该公司的随收随付平台获取这些产品。——译者注
② 市场细分（market segmentation）指企业按照某种标准将市场上的顾客划分成若干个顾客群，每一个顾客群构成一个子市场。不同子市场之间，需求存在着明显的差别。——译者注

接近，公司进行跨国扩张就比较容易。对第二市场的设置，左拉考虑了多个选项，并最终选择了卢旺达，主要因为该国地理位置近，易于开展业务，且团队在该地区已有运营经验。从那开始，该公司认为在西非设立一个前哨基地非常重要，因此它又向科特迪瓦开拔。虽然这本身只是一个小市场，但却标志着在新的区域有了一席之地。

前沿地带的创新型创业者必须齐心协力，规划如何开展跨市场业务，扩展企业规模。当然，因为事态会变化，这个规划不能一成不变。无论如何，关键是要了解哪些市场可以用来试水，哪些市场志在必得，以及随着时间推移，扩张的结果会是怎样。这些决定是制定招聘计划、融资以及产品开发的驱动因素。

研发适应性强的产品，做好产品本土化

与世界各地的成功企业家一样，前沿地带的创新型创业者也会深入思考如何打造吸引客户的优秀产品。然而，与大多数硅谷同行不同的是，他们从创业之初，就在产品开发中融入全球思维。他们可以根据不同的价位调整产品架构，适应当地语言，满足不同客户的需求。如果处理得当，这种内在灵活性会使初创企业迅速在全球扩张。

左拉公司的产品就具有这种灵活性。该公司的基础产品是家用太阳能系统，它将太阳能电池板与充电箱（安装在室内）连接起来，并不断适用于各种可兼容的高能效电器（如灯、风扇、收音机）。如果客户想要扩容系统，他们只需插入一块新的太阳能电池板，并添加风扇、电视等其他更高强度的设备即可。

这种对产品和客户的重视对左拉的成长至关重要。虽然卢旺达和坦桑尼亚两国接壤，电气化率和产品需求相似，但科特迪瓦和加纳的平均

富裕程度和电气化率更高[26]。在西非，客户需要更强大的系统，因为他们并非将系统用于基准照明，而是将其作为电网的备份，或者为电视等多种电器供电。左拉灵活的产品架构虽然需要大量的前期投资（比仅提供通用系统花费更多），但其产品无需彻底重新设计，就能成功销往象牙海岸[①]和加纳市场。

一些前沿地带的创新型创业者更为高瞻远瞩，将部分产品开发团队的职权下放，允许个别市场根据当地需求定制核心产品。例如第三章中提到的前沿汽车集团，虽然将技术开发集中在欧洲，但在不同国家可以颇为灵活地调整产品，满足当地市场需求。

构建灵活的产品是跨市场扩张的关键，建立灵活的团队也是至关重要的一环。

建立一个能够跨市场发展的组织

在不同的市场开展业务颇具挑战性，这需要一个专业的领导团队。公司在发展团队时，通常会将内部的全球扩张专业知识与本地化的所有权战略[②]结合起来。

有些前沿地带的创新型创业者会组建一支专家团队，帮助公司开拓跨境市场、跨越文化壁垒，而核心团队则侧重于确保公司产品或服务在当前商业版图中的影响力。这些专家团队擅长跨境拓展，同时保持公司的独特优势。

马特·弗兰纳（Matt Flannery）是建立全球业务的老手。2004年，

---

① 象牙海岸一般指科特迪瓦。——译者注
② 所有权战略（ownership strategies）是指在对外直接投资中，跨国公司对开设企业的股份参与程度采取的策略性方法。对外直接投资所设立的企业，有少数股权、多数股权和独资之分。——译者注

他与别人共同创立了基瓦（Kiva），这是一个向新兴市场的个人提供小额贷款的非营利组织。如今，基瓦在80多个国家开展业务，拥有300多万借款人和近200万贷款人，并已提供了超过12亿美元的贷款（还款率高达97%）。[27]

基瓦公司早期发展的障碍之一是可用资金有限：借款人数量的增长需要贷款人数量的相应增长。为解决这个问题，马特于2015年创立了布兰奇公司。该公司利用一个应用程序并借助其他数字化信息，向新兴市场消费者提供小额贷款。布兰奇公司的用户主要是发展中国家未充分使用银行业务的人，为他们提供比非正规体系的贷款更低的信贷利率。布兰奇现有客户400多万，已经发放了1 500多万笔贷款，共计5亿多美元。[28]

在向新市场扩张的过程中，布兰奇公司派出了小型团队，帮助当地业务快速起步，脱颖而出。这些团队就像警察中的精英部队，布兰奇公司也正是以此给团队命名，并给他们委派了拓展全球业务的任务。团队成员由企业优秀员工组成，通常是渴望获得全球工作体验的年轻人，此前已经在公司本部花了大量时间熟悉业务。他们获得的指令很明确：在新市场注册业务，聘请当地律师，保护办公空间，注册应用程序，赢得初始客户，并为新业务找到当地的领导人。

布兰奇公司"特种部队"的最后一项职责是聘用一名当地领导人，并使他融入公司团队。为此，"特种部队"寻找兼具创业精神、领导技能以及强烈企业文化认同感的候选人。专家团队负责在新的本地管理团队中植入一种具有凝聚力的全球文化。

当地领导人最终会负责当地的业务运营。产品不应当从一个区域照搬到另一个区域，通常产品运营也需要统筹考虑产品的本土化、恰当的定位和与生态系统其他企业的关系。一个产品要想适应当地的需求，就需要当地的专业知识。

第五章　与生俱来的全球化：从诞生之日起就瞄准世界

与生俱来的全球化

对于前沿地带的创新型创业者来说，公司自创立之初就全球化往往是迫不得已，而不是一种选择。他们的本地市场可能不够大，不足以支持公司的规模扩张。通过采取发展多元市场的方法，前沿地带的创新型创业者才能从分散的区域市场中嫁接出一个巨大的发展机遇。

生而全球化的战略，不仅是一种占领市场份额的进攻性举措，也是一种防御性举措。如果你不去走向世界，你的竞争对手一定会去，而你迟早会面临兵临城下的惨境。正如您在第三章中所了解到的，前沿地带的创新型创业者重视企业发展的韧性，并通过建立一系列活动来达成目标，其中一个关键方法就是服务于多个市场。

正如路易斯·巴斯德①（Louis Pasteur）所说，"机遇偏爱有准备的人。"[29] 在这种情况下，建立一个生来就全球化的公司正是有利于做好准备的人。正如第四章所说，在领导团队中培养一种全球化、跨界融合的思维模式和人际关系网是关键。在第六章中，我们将探索前沿地带的创新型创业者如何充分利用多种生态系统的优势来构建分布式团队。

在即将到来的技术创新浪潮中，创业者不会在其创业初期就向硅谷寻求分散式运营管理的先进经验，而是渴望仿效那些在前沿地带奋斗的创业者，因为他们已经有多年的实战经验了。

---

① 路易斯·巴斯德（Louis Pasteur）是法国微生物学家、化学家，疫苗微生物学的奠基人之一，以发明预防接种方法以及巴氏杀菌法而闻名，是第一个发明狂犬病和炭疽疫苗的科学家。他被世人称颂为"进入科学王国的最完美无缺的人""微生物学之父"。——译者注

第六章
建立分布式团队：
从全球各地挖掘人才

着眼于新兴生态系统的创业者面临艰难的抉择：他们应该在哪里组建团队。是去客源充足的地方还是去较易组建团队的地方？前者可能更容易面临无法找到合适人才的困难，而后者可能远离客户群体。

左拉曾遇到同样的难题。在推出平台时，创始人泽维尔·赫尔格森、艾瑞卡·麦基和约书亚·皮尔斯意识到没有"天生合适的"创业地点。一方面，留在伦敦是有道理的，因为这里与非洲联系便捷；但另一方面，与硅谷专门研究电池和太阳能电池板的工程师数量相比，伦敦的技术人才库又更小一些。

这么看，坦桑尼亚不失为一个好选择。第一，艾瑞卡会说一口流利的斯瓦希里语，而且他之前管理过一家在东非运营的大型非营利组织。该团队知道，在早期，接近客户并深入了解他们的困难，以及与当地主要利益相关方建立关系非常重要。因此，坦桑尼亚作为第一市场是合乎逻辑的。第二，这个国家推动电气化的时机已经成熟：2010年，只有不到15%的坦桑尼亚人能够接入电网。[1]它还拥有增长最快的移动货币生态系统（管理支付的关键基础设施）之一。第三，也是最重要的，艾瑞卡非常了解这个国家，并且在当地有人脉关系网。

但是坦桑尼亚的每个优点背后都隐藏着某个缺陷。它的确是一个地广（面积是加利福尼亚的两倍多）人稀的国家，基础设施不足、道路状况也很差，这些情况都会极大增加分布式运营成本。此外，该地的程序员数量有限，风险资本也少得可怜，几乎没有什么创业生态系统。

硅谷在很多方面都更具优势。左拉的产品需要重大技术创新，而旧金山有一个新兴的清洁能源技术部门，且拥有庞大的人才基础。左拉团队在当地也有强大的人脉资源。而坦桑尼亚与硅谷有 10 小时时差，两地相距 24 小时车程。这种差距不仅仅体现在物理距离层面，坦桑尼亚还存在经常停电、电力管制、路面未铺柏油等诸多现实问题。显然，坦桑尼亚与旧金山的创业生态完全不同。

左拉创始人决定采用分布式运营模式来经营公司。他们将非洲本地分销与亚洲制造业、欧洲物流以及硅谷研发相结合，从坦桑尼亚起步，在临近大量用户的地方开发产品。在打造出基础产品后，他们选择在旧金山建立研发团队，以便从像特斯拉这样的公司获取太阳能和电池方面最好的人才。

在建立供应链的过程中，左拉与亚洲公司形成了紧密的合作伙伴关系，从而为获取太阳能系统硬件提供了便利。在非洲扩张时，左拉在阿姆斯特丹建立了一个运营团队。该地的选择对当前和规划中的未来市场有诸多好处，不仅可以使各市场保持在同一个时区，也可以共享便利的交通枢纽。简而言之，左拉从一开始就建立了一个分布式组织，并且每年都在这方面加倍努力。

越来越多的前沿地带的创新型创业者不再选择单一的经营地址，而是以分散全球的方式来建立组织管理系统。

分布式作为一种战略

分布式是指团队分散在多个地点的组织结构。

传统观点认为，工程、产品开发和战略的整合是激发创造力的关键，而分布式战略与硅谷的传统观念背道而驰。史蒂夫·乔布斯堪称传统理念的典型执行者，他为促进各部门之间的自发互动，甚至将卫生间放在办公区的中心位置。玛丽莎·梅耶尔（Marissa Mayer）执掌雅虎（Yahoo）时，早期曾下达过一个禁止远程工作的指令。虽然当时有正当、充分的理由避免分布式组织结构，但时代正在发生变化。[2]

分布式组织的频谱

分布式组织没有一刀切的模式。在极为简单的模式里，分布式组织可能把技术开发团队和销售团队放在不同的地理位置。在其极端情况下，分布式组织可能会选择完全远程建立团队，甚至可能没有正式的办公室或总部。你可以依次参看图6-1重点列出的不同选项。[3]

图6-1 分布式组织的范围

地球&月球模式或许是分布式选项中最集中的模式。占主导地位的总部（地球）往往是组织的中心。当组织进入新阶段或新市场时，就会启动一个月球或一个中心。

匹克旅游①（Peek Travel）公司采用的就是这种策略。该公司在旧金山成立，其成立目的与展现②（OpenTable）公司类似，展现平台允许客户直接预订餐桌，匹克也想为游客打开这一市场。随着时间的推移，匹克扩大了业务，开始为商家提供预订管理解决方案。为了销售这个方案，它增建了专门的内部销售团队，并在盐湖城（Salt Lake City）开始推广。这一延伸领域就是具有特殊功能的月球。将来，公司会为其他特殊功能推出其他月球。同样，第二章中介绍的Gojek公司，虽在印度尼西亚集中运营，但在其覆盖的不同市场都有独立的分销办事处。

分布式团队的第二个模式是将客户运营与产品和技术开发分离。有人把这种方式称为逆向外包（reverse offshoring），特别是当客户运营在发展中国家市场，而技术开发在其他地方时。⁴ 第五章提到的布兰奇公司就是该方式的具体体现：该公司为新兴市场提供小额贷款产品和服务，但却将产品开发集中在旧金山。同样，第三章提到的前沿汽车集团在多个国家设有本地销售办事处，但产品和技术开发却在德国。

有些公司则更往前走了一步，建立了多极化模式。在这种模式里，不同地区运行不同的核心功能。左拉就是采用了这种模式，飞车公司（第四章）也建立了类似的多极化模式。由于迪拜技术人才有限，飞车公司在约旦和中国组成了一个80人的技术团队，但销售和客户服务仍在埃及。

有时，多极化模式是指有多个自给自足的中心，每个中心都有自己

---

① 匹克旅游（Peek Travel）公司是一个旅游体验平台，成立于2012年，总部位于旧金山。Peek 一方面帮助消费者发现和预订旅行和体验活动，并帮助企业预定团建和其他内部活动；另一方面为旅游公司提供数字化管理和在线运营其业务的技术。——译者注
② 展现（OpenTable）公司创立于1998年，是大型的订餐网站，也是为餐饮行业提供订餐、餐桌管理和客户管理软件的供应商。其业务覆盖3.2万家餐厅，月均有1 500万人通过该网站订餐。公司于2009年在纳斯达克上市。——译者注

独特的功能。下面提到的闪印①（Cimpress）集团和格洛班特②（Globant）公司采用的就是这种模式。⁵ 每个独立的地方都享有相对的自主权和自足性。

最后，有些公司完全远程运营，更像是一个扁平网络。从形式上看，贝斯卡普公司、因维视应用③（InVisionApp）公司和扎皮尔④（Zapier）公司的总部都在美国，但员工却遍布世界各地。虽然远程公司可以有"总部"（就像贝斯卡普在芝加哥设立的总部），但它们只是名义上的；实际上，团队可以在任何地方工作。

当我提到分布式团队，我指的是员工所在地和区域办事处的专门设置。决策制定是一个与之相关但又独立的话题；有些分布式公司的决策权是集中式的，权力分布在某一特定区域，而有些公司则是分权式的，决策权分散在整个组织中。

一般来说，公司越分散，决策也越分散。然而，这很大程度上取决于公司的内部动态、它所生产的产品类型以及它所服务的市场。因此，关于分权决策的建议不在本章的范围之内。

---

① 闪印（Cimpress）集团总部位于荷兰，以大规模定制为核心业务，提供生产定制产品及相关服务，是全球大规模定制和网络印刷领域的领先者。创立于1995年，公司创始之初名为Vistaprint。该公司在北美、欧洲、澳大利亚、印度、日本、巴西还有中国均建有生产基地。同时在25个国家和地区拥有本地化网站，服务130多个国家超过2 000万客户。——译者注
② 格洛班特（Globant）公司成立于2003年，总部位于卢森堡，是一家技术服务公司，提供与全球应用程序开发、测试、基础架构管理和应用程序维护相关的服务。——译者注
③ 因维视应用（InVisionApp）公司创立于2011年，总部位于纽约，是一家美国团队协作工具开发商，通过使用直观的设计、原型设计和设计管理工具，为用户提供数字产品设计所需的功能，可以帮助企业用户在线设计具有交互性、高仿真的网页和移动端产品模型。——译者注
④ 扎皮尔（Zapier）公司是美国的一家SaaS软件公司，其提供无代码集成平台可以与超过2 000家SaaS产品进行对接，同步数据和执行动作。公司成立于2011年，目前在全球17个国家有超过250名员工，全员100%远程办公。——译者注

分布式结构的优势

前沿地带的创新型创业者之所以建立分布式团队，是因为他们具有独特的优势。通过该模式，他们可以利用多样化的人才库、管控成本、经常增强团队融合，并为未来的扩张奠定基础。

利用多样化的人才库

分布式团队的核心优势之一是它提供了在世界各地挖掘最好人才的灵活性。某些地区拥有特定的卓越中心，分布式构建团队可使公司更好地利用这些中心的一流生态系统。例如，虽然湾区缺乏机器学习程序员，但多伦多和蒙特利尔正在成为此类人才聚集的中心。初创公司在这些城市设立办事处，便能利用这些优势。

也有一些地区因某些行为能力而闻名。早在发起 B 轮融资之前，匹克就在盐湖城建立了内部销售部门。正如其首席执行官鲁兹瓦纳·巴希尔（Ruzwana Bashir）所解释的："为了找到投资回报最高的优秀人才，我们选择了盐湖城。这个城市的车程在两小时内，有多所开设专业销售课程的顶级大学。他们的学生曾在许多当地的大型企业技术公司工作过。"[6]

实际上，有许多销售驱动型公司都成功地从盐湖城向外扩张。快启种子基金[①]（Kickstart Seed Fund）合伙人道尔顿·赖特（Dalton Wright）表示，该市的销售专业性"在一定程度上是建立在当地人的韧性、实力和经验之上。许多年轻的摩门教徒经历了两年的传教活动，就像其他传教士一样，他们总是遭到拒绝，几乎每天都面对这种情形，因此从传教中养成了坚定而不懈的心态，后来许多人成为快速扩张的科技公司的主

[①] 快启种子基金（Kickstart Seed Fund）成立于 2008 年，是美国一家主要关注种子轮投资的投资机构，主要投资技术和生命科学类公司。——译者注

要管理和销售人员。"⁷ 与快取客公司、普吉①（Podium）公司和精益联通②（MasteryConnect）等众多公司一样，匹克是依靠犹他州销售专长的公司之一。

可以说，构建远程分布式团队或许是挖掘全球人才的最极端版本。总部位于密苏里州的初创企业扎皮尔公司，专为网站提供自动化服务，是早期实行分布式团队的先驱。它有 250 名员工，遍布 20 个州和 17 个国家，全部远程办公。扎皮尔的联合创始人兼首席执行官韦德·福斯特（Wade Foster）解释说，这一战略具有明显优势：

> 你可以利用世界各地的人才库。但你如果把自己限制在总部周边 30 英里的地方，你将很难招到人才。你可以从当下谷歌、脸书、苹果公司设置的薪资壁垒中明白这一点。因为它们出得起钱，给出很高的薪资，以免人才被其他公司挖走……湾区的竞争已进入白热化状态。但当你向远方敞开怀抱时，你就可以和世界各地的人一起工作，也会更容易找到优秀的人才。⁸

在实行"去区域"计划的第一年，扎皮尔的职位申请增加了 50%，并且人才留任率也有了显著提升。⁹

建立远程团队（以及更广泛的分布式团队）与与日俱增的多元化相关。行业协会的研究表明，远程公司的女性领导人比例更高：大约 28% 的远程公司有女性创始人、总裁或首席执行官［相比之下，标准普尔

---

① 普吉（Podium）公司是一家私营技术公司，总部位于犹他州李海，开发基于云的软件，以帮助企业实现消息传递和客户反馈等客户交互的现代化，并提高其在线声誉。——译者注
② 精益联通（MasteryConnect）公司是位于盐湖城的教育科技公司，成立于 2009 年。它提供了一个平台，教师可以在这个平台上计划课程、创建和开展评测，并根据学术标准来跟踪学生的表现。这些工具可以提供实时数据，教育工作者可以使用这些数据来指导自己的教学。该公司声称用户遍布 14 000 多个美国学区。——译者注

500 指数公司①（S&P 500 Index companies）女性首席执行官的比例仅为 5.2%]。[10] 该研究将这个现象归因于以下几个因素：远程办公提供了更大的工作灵活性，可以更加彰显平衡多重责任的能力，且能减少偏见（远程工作模糊了人们对领导人的预先设想）。[11]

管控劳动力成本

通常情况下，采用分布式团队的主要原因是为了利用本土市场以外更广泛的人才库。建立分布式公司也是管控劳动力和其他成本的有效方法。

湾区的租金在北美最高，这也导致此处的薪水最高。在美国以及全世界很多地方，科技人才的薪资要低很多。在硅谷，工程师的平均成本为 12.4 万美元，在芝加哥为 9 万美元，而在克利夫兰则接近 7.5 万美元。[12] 成本优势会随着地方汇率优势增加，如加拿大。[13]

正如第三章所述，较低的劳动力成本会极大地影响初创公司的生存能力。早期风险融资轮期旨在帮助创始人找到适合产品市场的产品，这个过程通常涉及大量的学习和转向过程。在这个阶段，初创企业最大的开销是支付技术开发人员的工资。在融资规模类似的情况下，较低的工资意味着创新型创业者有更多的时间进行试验，也就更有可能成功找到可持续的商业模式。这种优势只会随着公司规模的扩大而更加明显。

分布式模式也可以帮助员工达到最佳状态。以因维视应用公司为例，该公司由本·纳德尔（Ben Nadel）和克拉克·瓦尔贝格（Clark Val berg）于 2011 年创立，主要为用户提供研究、设计和测试产品的工具。该公司拥有 500 多万名用户，这些用户全都来自《财富》100 强企业（Fortune

---

① 标准普尔 500 指数（S&P 500 Index）是记录美国 500 家上市公司的一个股票指数，它由标准普尔公司创建并维护。——译者注

100），如爱彼迎、亚马逊、美国家庭影院公司、奈飞①（Netflix）、斯莱克②（Slack）、星巴克③（Starbucks）和优步等。[14]

因维视应用公司从一开始就建立了远程组织，部分原因是为了更好地利用全球劳动力。公司一项内部分析认为，该方法可以使员工更好地享有工作和生活之间的平衡。他们不但不用在通勤上浪费时间，还可以选择在一个避免分心的环境中工作，或更多选择在家办公。[15] 如此一来，分布式模式下的员工会更快乐、更高效。如今，因维视应用公司市值接近20亿美元，已经筹集了超过3.5亿美元的资金。[16]

融合度更高，而非更低

科技行业正在挑战乔布斯式的观念——办公区内的相互联系是不可替代的。贾斯珀·马尔科姆森（Jasper Malcolmson）从一开始就以分布式构建了天光健康集团④（Skylight Health Group Inc.），天光没有任何官方总部或办公室。正如贾斯珀所说："通过分散工作，我们实际上联系得更加紧密了。"[17]

贾斯珀家里的办公桌上有两个屏幕，还有一个高分辨率的麦克风和

---

① 奈飞（Netflix）公司，中文译名"网飞"或"奈飞"，是起源于美国、在多国提供网络视频点播的OTT服务公司，由里德·哈斯廷斯和马克·兰多夫在1997年8月29日成立，总部位于加利福尼亚州的洛斯盖图。Netflix在流媒体平台上已是世界数一数二的佼佼者，截至2021年1月的数据，Netflix的流服务已经在全球拥有2.037亿个订阅用户，在美国的订阅用户已达到7 300万。——译者注
② 斯莱克（Slack）是一家在2009年于加拿大温哥华创立的软件公司，总部位于美国旧金山。主要业务是提供企业项目合作平台，其软件提供诸如聊天、文件共享、搜索等服务。除了旧金山总部，公司还在都柏林、温哥华、纽约、多伦多、伦敦、东京、奥斯陆、巴黎、香港、墨尔本拥有分支机构。——译者注
③ 星巴克（Starbucks）是美国一家跨国连锁咖啡店，也是全球最大的连锁咖啡店，成立于1971年，发源地与总部位于美国华盛顿州西雅图。——译者注
④ 天光健康集团（Skylight Health Group Inc.）于2017年12月27日在加拿大注册成立，是一家医疗保健服务和技术公司，致力于积极影响患者的健康状况。公司经营美国多个州的健康网络，包括物理医疗诊所，提供一系列服务，包括初级保健、次级专科、联合健康及实验室／诊断TGF。——译者注

高保真扬声器。这些是他所有员工的标配。他可以左屏实时看到同事的工作现场。每当他想开电话会议或是问一个问题，甚至只是打招呼，他会双击他们的头像，打开一个实时麦克风链接。他表示："开放式办公室减少了办公室内沟通的障碍。在许多方面，技术进一步降低了交流障碍。"[18]

若遇到这样的情况，如沟通中断或缺乏合作，且需要公司快速做出反应、迅速作出调整时，采用分布式运作方式的公司往往会迅速意识到这些挑战。哈希公司[①]（HashiCorp）是一家分布式公司，目前估值近20亿美元，公司人事主管凯文·费什那（Kevin Fishner）解释说：

> 人们普遍认为，远程公司与"普通公司"（或任何你想到的称谓）不同。不同不一定存在，但远程确实让你的缺点更明显。所有的公司都面临着沟通、合作和协调的挑战。要想快速发现并解决这些挑战，就需要使这些挑战更为明显地表现出来，这就会成为一种优势。当然，你必须解决掉这些问题，才能使之成为一种优势。[19]

分布式结构并不一定意味着拒绝面对面的交流。相反，分布式公司构建了面对面的互动形式。这包括定期举行务虚会、每周召开视频会议，以及使用集成数字通信平台强化实时互动。

面向拓展市场的培训

建立分布式团队通常是公司开拓多个市场的自然结果。因为公司进

[①] 哈希公司（HashiCorp）是一家软件公司，创立于2013年，总部位于美国旧金山，该公司主要开发支持多云部署的开源工具，致力于为企业提供服务，通过数据中心管理技术研发，让开发者通过工具构建完整的开发环境，提高开发效率。——译者注

行跨地域扩张,自然会在世界各地建立多个办事处。但是,事情也有可能反向发展,因为分布式团队具有惊人的优势。在早期建立分布式组织,会迫使公司建立和管理跨地区的沟通,给予远方的同事更多的自主权,并在整个组织中培养一种共同的文化。扩大国际市场需要完全相同的一整套技能。许多企业家证实,建立分布式团队可以帮助公司更有效地在国际上扩展规模。

当然,建立成功的分布式组织并非易事。下一节将向您介绍几个成功的策略。

有效构建分布式组织

最优秀的前沿地带的创新型创业者实施的战略,与他们雇用的人员种类、他们实施的激励措施、他们采用的技术工具,以及公司的内部流程和文化相关。我们将依次进行探讨这几个方面。

分布式团队的招聘

理论上讲,分布式组织意味着任何人都可以成为你的员工。现实是,并不是每个人都适合远程工作或在所属办事处。

通常情况下,前沿地带的创新型创业者选择候选人的标准具有很强的独立性。例如扎皮尔公司的首席执行官韦德·福斯特说,扎皮尔注重那些能够"自发行动"并能独立推动工作取得成果的员工。[20]贝斯卡普首席执行官詹森·弗里德强调员工一定要善于沟通,尤其是书面沟通,因为这通常是主要的沟通方式。[21]

随着组织在全球范围的扩张,招聘工作往往变得更加复杂。前沿地带的创新型创业者希望招聘到可以从容应对跨文化和跨地域差异的候选人。对于布兰奇公司首席执行官、基瓦公司创始人马特·弗兰纳里（Matt Flannery）来说，候选人一定要重视全球文化和影响力，招到这样的人至关重要。在马特看来，这意味着要优先考虑那些四处旅行的人。正如他所说，"我喜欢去过小众旅游景点的候选人。最近，一位候选人告诉我，她在危地马拉生活和工作过，这意味着她有冒险意识且心地善良，是一位重视影响力的人，所以我们雇用了她"。[22]

招聘过程中也可以测试应聘者在分布式环境中的工作能力。招聘完全可以通过视频会议来完成（即使候选人是本地人）。许多前沿地带的创新型创业者要求候选人完成一些任务，来测试他们如何与他人远程合作。第七章进一步关注前沿创业者如何通过性格和行为测试来进行招聘。在分布式环境中测试候选人的表现就是一个实例。

分布式组织的激励措施

前沿地带的创新型创业者摒弃了传统的硅谷福利，而是采用补偿和激励措施来强化全球互联互通等价值观。布兰奇公司的员工可以选择在全球任何一家办事处工作，公司支付各地之间的航班费用。因此，团队成员可以更好地融入不同地域，认识世界各地的同事，了解不同的当地市场。马特认为，布兰奇公司的全球文化是公司快速迭代和适应当地环境的重要催化剂。

贝斯卡普每年为其员工提供度假代金券，使他们有机会与家人联系并离开他们的偏远地区去旅行。正如詹森所解释的，"我们鼓励员工旅行，这并非工作旅行，而是个人旅行。这更有诚意"。[23] 因维视应用公司为远程员工提供了一张预充值的信用卡，用于支付咖啡和午餐费用，鼓励他们在工作期间外出。[24]

重塑流程和文化

采用分布式方法就需要将之纳入公司的战略和文化中，格洛班特公司给我们做出了表率。

格洛班特公司于2003年成立于布宜诺斯艾利斯，是一家信息技术和软件供应商，也是一家在纽约证券交易所交易的上市公司。该公司价值超过30亿美元，收入超过4亿美元，在40个办公室拥有近10 000名员工。[25] 正如格洛班特公司首席执行官兼联合创始人马丁·米戈亚（Martín Migoya）解释的那样，"我们从一开始就建立了分布式组织；第二年，我们开设了第二家办事处；第三年，我们在第三个地点开设办事处；到第四年，我们开始每年开设多个办事处"。[26]

马丁需要新工具来管理分布式组织。他说，"新式公司需要新型运营体系"。[27]

格洛班特公司围绕组织结构重塑了公司流程。为了强化价值观，格洛班特创建了"为我贴星（Star Me Up）"平台。只要员工做了任何符合公司价值观的事情，公司的任何人或客户都可以在平台上为这些员工送上"星星"。一方面，它起到众包机制的作用，可以用来寻找最佳雇员；另一方面，正如马丁所认为的，它也是一个强大的流失预测引擎。那些不属于该平台活跃用户的员工最有可能离开公司，因此公司可以提前进行干预。

同样，马丁认为传统的年度评估流程在分布式环境中并不适用。他用一个名为"更好的我（Better Me）"的内部系统取代了它。通过这个平台，员工只要有交流，无论是面对面还是远程互动，都会收到评论。格洛班特公司还尝试建立了一个内部的"创意火种（Tinder for Ideas）"平台，允许公司各办事处的员工展示新的想法或方法，而最有价值的建议会被提至高层管理人员那里。

其他公司也看到了格洛班特公司的分布式组织工具的价值,"为我贴星"和"更好的我"在多家公司得以应用,拥有超过200万名用户。[28]

结构整合

日常互动对成功团队而言是至关重要的。因此,分布式组织将互联互通嵌入了组织结构。在左拉公司,由于旧金山和坦桑尼亚的时差长达10个小时,为了创造尽可能多的重叠时间,旧金山团队很早就开始工作,而坦桑尼亚团队则工作到很晚。为了加强人际沟通,沟通多采用视频会议形式。

因维视应用公司已经将这种重叠变得正式化。员工需要在团队核心时间(core team hours)工作,即在美国东部标准时间上午10点至下午6点之间,至少有4个小时重叠的工作时间。也就是说,虽说员工可以在任何地方工作,但他们至少在一天的工作当中有部分时间是重合的。[29]

远程公司也期望以数字方式重新创造非正式的闲聊互动。格洛班特公司使用了类似照片墙(Instagram)风格的内部照片分享平台,使员工有机会在全公司分享文化。扎皮尔在内部沟通中创建了多种聊天渠道,并定期随机匹配同事进行虚拟的"咖啡约会"。哈希公司则建立了"聊天转轮"来促使员工在公司内部建立新的联系。[30]

内部沟通应以所有人都能平等接触到的方式进行,例如团队公告可以通过视频会议形式展现(即使有一个实体的会议室进行公告),并可以录制下来供其他人观看。

当然,分布式组织不应该过分淡化经常会面时间的重要性。因维视应用公司的前首席人事官马克·弗林(Mark Frein)发现"面对面的时间很重要。人们已经习惯了坐飞机去谈生意,但如今大多数会面都可以通过视频完成。当我们确有需要把人们聚集在一起时,会侧重于让人们互相了解并建立牢固的联系。"成功的分布式团队都会为这种面对面的联系找到时间。因维视应用公司每年举办一次全公司范围的会议和个体团队会议。[31] 布兰奇公司在非洲每年召开一次务虚会，而完全依赖远程办公的贝斯卡普公司，则每年召开两次务虚会。[32]

投资技术

在我们这个高科技、全球化的世界里，建立去中心化的文化比以往任何时候都更容易。由于越来越多的人掌握多种语言（通常包括英语），语言障碍在不断减少。数字翻译服务已经显著改善，而且现在通常是免费的。视频会议的质量有了显著提高，成本也急剧下降，因此，有些人认为远程会议比在同一物理空间开会更合适。[33]

当下，有很多工具可以提高远程工作效率，但在技术层面仍需积极投资。[34] 天光健康集团的贾斯珀·马尔科姆森估计，为一名新员工安装一套设备的成本为几千美元，这包括多个屏幕、高速带宽互联网、摄像头、麦克风和其他办公装备，也包括缴纳各种用户服务费，如使用祖玛视频会议室（Zoom）的费用。这些费用看起来是实实在在的一大笔钱，然而与实地办公费用相比，这些费用仍然微不足道。

分布式模式：硅谷未来发展的关键

在2018年和2019年，亚马逊决定从西雅图的单一基地向外扩张，通过多阶段过程[①]确定第二总部的选址，该事件一度成为科技新闻追踪的

---

① 多阶段过程是指在生产经营活动中，某些问题决策过程可以划分为若干相互联系的阶段，每个阶段需要做出决策，从而使整个过程取得最优。由于各个阶段不是孤立的，而是有机联系的，也就是说，本阶段的决策将影响下一阶段的发展，从而影响整个过程效果。——译者注

主要焦点。亚马逊传奇故事的第一阶段是征集美国城市的申请。最终有200多个城市提出申请，他们都渴望获得亚马逊承诺的5万个新工作岗位和50亿美元的建筑投资。[35]而佐治亚州的斯通克莱斯特甚至提出要在附近建立一个名为"亚马逊"的小镇。

最终，亚马逊宣布第二总部的选址方案：纽约长岛市将与弗吉尼亚的水晶城共同成为亚马逊新总部。而后来的事态发展有目共睹，在公众强烈反对声中，亚马逊不得不退出了纽约。[36]

亚马逊第二总部的戏剧性事件阐明了一个更为广泛的趋势，即由于成本的不断攀升，导致硅谷和其他主要创业生态系统愈发昂贵，即使是高薪的软件工程师也买不起旧金山的工作室。[37]许多人陆续离开：旧金山的调查报告显示，高达46%的居民打算在"未来几年"离开。[38]然而，人才仍然是公司最重要的资源。面对这种状况，即便是全世界仰慕的硅谷也对此做出了回应，很多硅谷机构开始考虑在不同地点部署分布式团队。[39]

奥特曼蒂克[①]（Automattic）、贝斯卡普、格特华博[②]（GitHub）、吉特拉博[③]（GitLab）、因维视应用和扎皮尔等美国初创公司为依赖大型分布式团队的公司提供了成功的榜样。社交网络管理公司巴菲尔（Buffer）的《远程工作状态报告》（State of Remote Work Report）显示了人们对这件事看法的转变：今天有90%的企业家声称他们支持远程办公。[40]远程办公正在崛起；玛丽·米克（Mary Meeker）的《2019互联网趋势报告》（Internet Trends 2019 Report）显示，5%的美国劳动力远程办公（几乎是

[①] 奥特曼蒂克（Automattic）成立于2005年，是一家网络应用开发商。它最令人称道的产品是WordPress.com（一个免费博客服务）以及WordPress（一个开源博客软件）。——译者注

[②] 格特华博（GitHub）在2008年成立于美国旧金山。它拥有全球最大的编程社区及代码托管网站，上线一年获得了第一个10万用户。2012年7月，GitHub筹得了1亿美元投资，估值7.5亿美元。同年，福布斯将其评选入"全球十大科技公司"。——译者注

[③] 吉特拉博公司（GitLab）创立于2014年，总部位于美国加州旧金山，全职雇员1 300人，公司开发了GitLab，它是一款基于Git的完全集成的软件开发平台。——译者注

2000 年 3% 的两倍），代表了 800 多万美国人，近 50% 的美国劳动力至少远程办公过一段时间。[41]

一些风险投资者认为，分布式团队对初创企业的影响可能和云曾经对企业的影响一样大。[42] 第一版本（Version One）风险投资公司创始合伙人鲍里斯·沃茨（Boris Wertz），也是安德森·霍洛维茨（Andreessen Horowitz）董事会的合伙人，他总结了这一趋势："在我们位于硅谷的投资组合公司中，没有一家一流公司不设置分布式团队的。"[43]

三重威胁

在前三章中，你已经深入了解了许多前沿地带的创新型创业者及其公司生而全球化的三个方面：跨界融合、瞄准多市场和建立分布式团队。将这三种方法相结合，可以带来巨大的成功。

以罗伯特·基恩（Robert Keane）为例。罗伯特来自纽约的布法罗，是一名跨界融合者。在多个国家工作过之后，1994 年，他刚从国际商学院欧洲工商管理学院（INSEAD）毕业，就在其巴黎公寓的第二间卧室创办了波恩印刷①（Bonne Impression）公司。当时，小企业印刷营销宣传材料的成本是个天文数字，通常五千本小册子的最低成本为一千美元。[44]

但在罗伯特用完微软的客户名单后，公司的增长就停滞了。他意识到，若按照目前的商业模式来扩大公司规模，即使有可能成功，也将会是一个很大的挑战。

罗伯特看到了另一个选择。他设想了一种基于浏览器的在线打印方式，让小企业可以通过电子商务自行设计和订购打印产品，这一方式远

---

① 波恩印刷（Bonne Impression）公司是一家与微软有分销合作伙伴关系的印刷公司。维斯塔印刷公司（Vistaprint）的前身。——译者注

远领先于时代。因为浏览器内打印补充了另一项创新技术,通过该技术,算法可以自动汇总许多单独的小批量印刷,从而从根本上降低每次打印的成本。罗伯特必须决定是否放弃当前基于目录的直销策略,并将公司押注在这种新的互联网分销模式上。

他决定赌一把,于是公司就这样成功了。1999年,罗伯特首先将品牌更名为维斯达(Vistaprint)印刷公司,然后出售了欧洲的咨询业务,并将公司迁至波士顿。他解释道:"我们一直在考虑全球化。在这种情况下,为了深化全球化进程,我们得开源节流。"[45]

罗伯特同时建立了分布式组织和多市场销售策略。总部和技术开发部门设在波士顿(考虑到开发人员的集中度较高),而客户服务团队则集中在牙买加(针对英语客户)和突尼斯(针对罗曼语客户)。早期的物流开发部门设在荷兰。由于加拿大毗邻美国,联系便利,就把它作为第一个核心生产设施基地。为了满足不断增长的欧洲业务,下一个生产基地的位置定在德国。这种分布式结构能够节省成本,可以让维斯达(现在更名为闪印集团)在专业中心挖掘最优秀的人才,并充分利用不同地区的成本差异。

闪印集团在互联网泡沫中存活了下来,但他的许多竞争对手却销声匿迹了,尽管后者筹集了更多资金。罗伯特将其公司的生存归功于"一种没有筹集到足够资金的幸运,这迫使我们削减开支,直到我们的现金流为正。"[46]该公司比那些挥霍无度、资金充裕的竞争对手更具持久力。

如今,闪印集团在二十多个国家运营,其一半以上的收入来自美国以外,包括欧洲、亚洲、澳大利亚。[47]它已经在纳斯达克上市,估值数十亿美元,在全球有12 000多名员工。[48]

闪印集团采用多市场销售方法,并采用分布式的组织结构。罗伯特将他的成功部分归功于他的全球经验,以及他建立的多元文化和国际文化。正如他所反思的那样，人们的态度已经明显改变了。"当我们刚起步时，作为一家小型初创公司，能建立真正的全球价值链是非同寻常的。如今这种情况更加普遍了，甚至在硅谷也是如此。"[49]

就像罗伯特一样，当前沿地带的创新型创业者下定决心去进行跨界融合，如果从诞生之日起就瞄准全球市场，并且采用分布式结构时，那么就一定会获得回报。

第七章
打造一流团队：
不要仅雇用高段选手

硅谷创始人的故事中弥漫着某种神话色彩。乔布斯和沃兹尼亚克（Wozniak）与IBM争夺个人电脑发明权的斗争已成为历史般的传奇。埃隆·马斯克凭借不懈的努力，让梦幻般的未来生活触手可及。他创建太阳城公司和特斯拉的目的是让世界摆脱对化石燃料的依赖，创建美国太空探索技术公司为的是让人类能够在火星上居住，建立无聊公司来解决大都市拥挤问题。而马克·扎克伯格和他的朋友们创建脸书的故事通过《社交网络》①（The Social Network）这部电影得以流传，该电影的总收入超过了2亿美元。[1]

这些非凡的创始人就是传奇，硅谷就建立在这些传奇上。

但创始人在开拓新行业时，从来都不是孤军奋战，每个人都领导着一支小部队。苹果现在有8万名员工，特斯拉有3.8万名员工，太空探索公司有6 000名员工，脸书有2.5万名员工。[2]人才，也许比资本更重要，是初创公司走向成功的关键资源，即使是在那些由传奇人物创办的公司，

---

① 《社交网络》是根据本·麦兹里奇的小说《意外的亿万富翁：脸书的创立，一个关于性、金钱、天才和背叛的故事》改编而成。影片于2010年10月1日在美国上映，故事原型来源于网站脸书的创始人马克·扎克伯格和埃德华多·萨瓦林。——译者注

人才也至关重要。

人才资源十分重要，因此硅谷的初创公司并没有"人力资源"，而是拥有"人力资本"。硅谷赫赫有名的思想家们对构建和发展团队的最佳方法进行了广泛的研究。那些得到公认的策略已经发展成一种学问，人们不厌其烦地在书籍、文章、研讨会和课堂中持续谈及这个主题。

如今，"只雇用高段选手"这个核心思想，在硅谷根深蒂固，成了经验、法则。硅谷的每一位年轻创始人都知道，雇用经验最丰富、最有资格的人会增加成功的概率。那些人分布在不同的初创企业中，这些企业处于类似的发展阶段，而他们已经在某一特定方面表现非常出色。例如，对于直接面向消费者的零售品牌，很多专业人士已经制定了搜索引擎优化①（简称 SEO），该策略确保某个网站能在谷歌和其他搜索引擎上保持最有利的排名。或者还有些专业人士已经计算出最佳的营销支出，到企业退出时实现了数十亿美元的销售额。根据硅谷的最佳实践经验，创始人必须招募这些特别胜任岗位的专业候选人，从而创造一种绩效文化，并最终打开自我固化的循环。这样下来，随着时间的推移，公司将吸引更多的优秀员工，做出更好的业绩。

这种想法的实现是以硅谷有丰富的人才库为前提的。每年，斯坦福大学和伯克利大学各有 1 500 名工程专业毕业生，他们补充并扩大了计算机科学家和软件开发人员的队伍，目前此类人员在加州有 15 万多名。[3] 此外，硅谷的公司也有接触具备商业专业知识毕业生的绝好机会，这种机会是其他公司所不能比拟的。仅斯坦福大学就开设了 130 门创业类课程，其中许多课程专门侧重于技术创新。[4]

在创业公司，职业道路和角色都有明确的界定：工程专业化以及某

---

① 搜索引擎优化是指利用搜索引擎的规则，提高网站在有关搜索引擎内的自然排名。目的是让其在行业内占据领先地位，获得品牌收益。——译者注

些特定工作类别已经固化，包括项目管理、产品营销、产品设计和业务运营在内。谷歌、脸书、推特、优步和雅虎都有专门的产品经理培训和轮岗计划。[5] 产品经理有他们自己的组织：硅谷产品管理协会有5 000多名成员，他们都同属于硅谷产品管理社区。[6]

但问题在于，在硅谷，公司和员工都把他们的关系视为短期事务。硅谷员工的留存率是美国最低的，每年都有超过13%的员工离职，在用户设计等特定工作类别中，这一比例远高于20%，这意味着员工任职期较短。[7] 员工认识到职业发展具有自我导向性。于是，他们在不同公司间跳槽，学会现任公司的最佳做法，并将其带入下一个公司，不断成长，直至成为领导者。

为了留住员工，硅谷主要采取经济手段：给予股票期权。通过这些流行的、司空见惯的方式，员工可以以预定价格购买公司股票，并享受公司发展带来的股票增值利益，以这样的方式参与公司的成长。股票期权可以创造出可观的财富。众所周知，谷歌的兼职按摩师[①]也是在公司成立初期加入谷歌的，当时每周收入450美元，但她通过股票期权成了百万富翁。[8] 然而，股票期权的价值取决于增长。如果公司不增长，股票期权就没有价值。由于硅谷就业机会众多，如果一家公司没有快速增长的潜力，那么其他公司的宏伟发展前景就会诱使有能力的雇员离开现任公司。

困扰企业的一个普遍问题是人员流动率高。然而，由于硅谷求职者众多，这种高流动率却被整合成一种硅谷的商业模式。里德·霍夫曼、本·卡斯诺查[②]（Ben Casnocha）和克里斯·叶在其合著《联盟》（*The*

---

① 邦尼·布朗，谷歌的按摩师，著有《呵呵，我是多么幸运给谷歌当按摩师》（*Giigle: How I Got Lucky Massaging Google*）。——译者注
② 本·卡斯诺查（Ben Casnocha）是来自硅谷的优秀企业家兼作家，《商业周刊》称他为"美国最优秀的年轻企业家之一"，常担任人才管理与创新领域的主旨发言人。——译者注

Alliance）中建议，硅谷初创公司应该将员工任职期视为进行"职责之旅"。员工和初创公司结成临时"联盟"，公司应将其需求与员工当前的职业动机结合起来。在作者看来，只有少数任职期是"基础性的"；连续性的长期职位主要留给高级员工。[9]

在这种情形下，一种专注于不断补充精英员工队伍的人力资本模式应运而生。

然而，在前沿地带，雇用硅谷型高段选手并不现实。那些曾经在行业内做出业绩的优秀选手在前沿地区永远都是供不应求。因此，前沿地带的创新型创业者采用独特的战略，在新兴生态系统中建立一流团队，为其员工提供颇具吸引力的长期职业生涯。

一个伟大城市的一流团队

我年轻时曾有一个名为"弱者"的乐队，他们曾经为我们共同的家乡写过一首调侃的歌曲，叫作《一座伟大的城市》（One Great City）。它的副歌是什么呢？"我讨厌温尼伯"。

这就是我们接下来要谈论的城市。

"免洗碗"[①]（SkipTheDishes）公司是温尼伯一家外卖配送领域的初创公司，约书亚·西麦尔（Joshua Simair）是其首席执行官。约书亚在阿尔伯特亲王城（Prince Albert）长大，这是加拿大萨斯喀彻温省北部的一座城市，毗邻曼尼托巴省。该城市拥有3.5万人口，大多属于工人阶级。约书亚就读于萨斯喀彻温大学，该大学位于"大城市"萨斯卡通（该城

[①] "免洗碗"公司（SkipTheDishes）是于2012年在加拿大温尼伯成立的送餐公司。作为最大的送餐应用程序，他们在加拿大与数以万计的餐厅进行合作，在全球范围内更是拥有超过16 000家餐厅。他们的服务主要在加拿大城市，但也成功地为美国和其他国家、地区提供了服务。——译者注

市人口为 30 万）。他以全班第一名的成绩毕业。

这个世界小得出奇，约书亚和我一样，离开了他位于加拿大草原三省（加拿大西部与中部的阿尔伯塔省、萨斯喀彻温省和曼尼托巴省）的母校，去法国鲁昂参加了一个本科生交换项目。随后，我们都搬到了大城市，在加拿大皇家银行从事投资银行业务（他去了伦敦，我去了多伦多）。约书亚回忆说，他职业生涯的大部分时间都感到不自在，"当我还是一名投资银行家时，我被同龄人的优雅、聪明和自信所震撼。他们表现得如此出色，使我感到很自卑，而在我就读的那所高中里，不吸毒就是好孩子。当我搬到伦敦时，为了买西装，我卖掉了我的汽车"。[10]

2011 年，约书亚决心运用他在大都市学到的创新经验，为加拿大草原三省建造一个有价值的企业。他说："在伦敦和多伦多这样的大城市工作，我看到的是人们处处都能节省时间。在人口稠密的城市环境中，他们点餐、到店提货或要求送货上门，回家后把更多的时间用来陪伴家人或者继续工作，但在加拿大的小城市里人们没有这么多选择。"[11] 约书亚下定决心让人们拥有那些选择。他与兄弟及其他几位联合创始人一起创办了"免洗碗"公司，并将其总部设在曼尼托巴省的温尼伯。该公司与餐馆合作，在美国和加拿大的小城市提供外卖服务。

从一开始，约书亚就清楚，找到合适的人力资本将是他最大的挑战之一。

一方面，尽管温尼伯人才济济，但该市规模化的初创企业却寥寥无几。因此，经验丰富的专业人才数量有限，很少有人具备扩张"免洗碗"这类初创公司的经历。新员工都需要接受培训；另一方面，不断有人才流失到更大的经济中心，这种风险加剧了人才的局限性。

前沿地带的人才挑战

温尼伯与许多前沿地带并无二致：只雇用硅谷式、经验丰富的技术专家是一个遥不可及的梦想。

这种专业知识的不足并不意味着前沿地区的人们先天缺乏能力、智慧或动力。事实上，我认识的一些最有才华的人都来自我的家乡。能力和优点在世界各地的人身上均匀分布。可惜，机会并非如此。

对于前沿地带的创新型创业者来说，无法获得训练有素、经验丰富的人才是他们几乎普遍面临的痛点。在一项调查中，他们当中超过一半的人表示，招聘和留住人才是他们面临的最严峻的挑战，其难度是获得资金支持的两倍。[12]另一项类似研究调查了新兴生态系统中的600名企业家，他们当中超过60%的人回答说，由于他们无法雇用到能力水平合适的人才，导致他们的业务受到严重影响。值得注意的是，对那些规模迅速扩张的初创公司（更加急需新人才）的调查显示，75%的企业家将缺乏可用人才归为业务发展的最大障碍。研究表明，这是唯一会随着团队规模的扩大而变得更加严峻的挑战。[13]

创业公司的生死存亡取决于其人才的质量。在许多市场，人才供应严重不足。以计算机工程师为例，目前，温尼伯的曼尼托巴大学有200名计算机工程专业的本科毕业生，远远少于约书亚所估计的生态系统所需的数量。[14]在新兴市场中，人才需求可能更为迫切。

寻找工程人才方面的困难并不是前沿地带创新型创业者面临的唯一人力资本挑战。企业运营中重要角色（如财务和销售）的缺位通常会导致整个公司的需求得不到满足。[15]而且，如果没有形成企业文化，情况会变得更加糟糕。最优秀的求职者会选择更稳定的雇主（工资也给得更高）。这也反映出新兴市场生态系统的职业培训能力有限。在肯尼亚，虽

第七章 打造一流团队：不要仅雇用高段选手

然每年大学毕业生的人数令人羡慕，但在80万毕业生中大约只有7万人能够在正规经济部门中找到工作。毕业生在更发达的市场上获得在职培训和学徒培训的机会微乎其微，[16] 其余73万人需要数年才能找到一份工作，而且通常是在非正规经济部门任职。同样的情况在世界各地的新兴创新生态系统中都有所体现：经验丰富的产品经理、营销主管、供应链或运营分析师为数更少。

从其他地方招聘人才是一个解决办法，但这也可能是一个难题。阿曼达·兰纳特（Amanda Lannert）是芝加哥杰利视觉（Jellyvision）实验室公司①的首席执行官。她认为，"那些创业岗位应聘者在考虑搬家时，会整体看待公司所在的生态系统。如果以后事情发展不顺，当地又没有其他机会可供选择的话，这会加重应聘者对风险的判断"。[17] 当然，跟芝加哥的创业公司类似，温尼伯的创业公司在招聘外部人员方面还有一个障碍：冬季的温尼伯②经常比北极甚至火星表面还冷。[18]

难怪约书亚认为温尼伯是"最难招募人才的地方之一"。[19] 然而，他克服了这些困难，并偶然地将其转化为了优势。现在"免洗碗"公司每年的食品订单额超过10亿美元，已成为温尼伯最大的雇主之一，在该市的五个办事处拥有3 000名员工（这还不包括人数更多的外卖员队伍）。约书亚最初招募的大部分员工都与公司共同成长，并坚持从一而终。这对创业公司来说是一项了不起的成就。最近，该公司被"吃吧"③（Just Eat）以2亿美元收购。[20]

---

① 杰利视觉（Jellyvision）实验室公司是一家美国软件公司，成立于1989年，总部设在伊利诺斯州的芝加哥。——译者注
② 温尼伯是温带大陆性气候，是世界上最冷的大城市之一。十一月中旬到三月之间平均温度都处于−30摄氏度以下（夜晚甚至可以到−40摄氏度）。——译者注
③ "吃吧"（Just Eat）是一家在线点餐及配送公司，总部位于英国，并在欧洲、亚洲、大洋洲、美洲的13个国家开展了业务。该公司由五个丹麦人创建于2000年，并于2001年8月开始服务。公司提供平台可以让顾客搜索当地可外带的餐厅，并可选择在餐厅取餐或配送。——译者注

建立和扩大顶级团队的战略

像约书亚这样的前沿地带的创新型创业者运用五种关键策略来建立和扩大顶级团队。他们测试应聘者的行为和能力，开发专门的人才补给渠道，充分利用全球范围内的可选之才，采取成长型思维模式留用和培训员工，并理性考虑其薪酬和待遇。

魔球理论：在前沿地带测试应聘者

2002年奥克兰运动家[①]职业棒球队（简称A's）以其创新的球员选拔策略而闻名。当时其加州俱乐部的工资预算相当有限，仅为4 400万美元（约为纽约洋基队预算的40%），在聘请球员方面处于劣势。当时大家习惯用球探网统计球员数据，然而奥克兰运动家队依靠的是公正的统计数据。这个统计数据中，在垒百分比和击球百分比（加权击球平均数）是与球员得分最相关的指标。奥克兰运动家队将这两个指标作为决策依据，从而发现了被低估和被忽视的人才。最终，这支球队在2002年和2003年打入了季后赛，并且创造了一种全新的球员招募方法，这种方法已经成为行业标准。[21]

从原理上讲，前沿地带的创新型创业者也采取了类似的方法。为挖掘潜在人才，他们采用了超越传统的招聘和评估方法。

这在一定程度上反映了现实情况。在前沿地带，传统的简历过滤和面试招聘可能会让人感到沮丧和徒劳。在那里，初创企业生态系统刚刚起步，训练有素的应聘者较少，想要雇用一个简历完美的人根本不切实际。在失业率居高不下的发展中市场，求职申请铺天盖地。例如，在坦

---

① 奥克兰运动家（Oakland Athletics）职业棒球队是美联元老球队之一，在20世纪初期是仅次于红袜、洋基的超级强队。——译者注

桑尼亚，左拉的一个招聘职位总会收到几百份、甚至上千份申请，尽管具备可直接上岗经验的应聘者寥寥无几。在存在大型非正规市场的地方，应聘者的简历里满是专业经验，但这些经验通常难以比较或校验。

在前沿地带，创新型创业者关注的是性格、行为和表现出的技能，而不仅是完美的简历。约书亚解释说："我们重视表现出色的人，例如那些在运动、数学、演讲、国际象棋或诸如此类的比赛中获胜的人。我们试图发掘隐藏的瑰宝。"[22]

在极端情况下，一些前沿地带的创新型创业者基于应聘者展示出的能力和技能，将大规模、自动招聘策略制度化。

我们来看看马克·埃辛（Mark Essien）的例子。他是尼日利亚著名初创公司豪泰①（Hotels.ng）的创始人。该公司运营尼日利亚顶级的在线酒店预订平台。马克最大的障碍不是为平台寻找酒店，而是寻找队友。一直以来，马克的人力资本团队都有一个不可能完成的任务，那就是筛选接踵而至的成堆的简历。没有闪亮简历的应聘者永远没有机会证明自己的价值。尼日利亚首都拉各斯的许多最优秀的人才已经得到了面试官的青睐，他们正在领先的初创企业或大公司工作。而与此同时，由于缺乏合适的关系网络、人脉或出于家庭原因，尼日利亚周边小城镇的优秀人才没有机会得到赏识。

于是，马克推出了 HNG 实习项目。这是一项在线实习项目，这个项目作为一个数字过滤机制，可以覆盖尼日利亚首都及以外的地区。该公司虽不与应聘者见面，但可以通过多轮基于任务的招聘流程，公正地筛选应聘者。

这个流程开始之初，公司在实习任务管理器中发布了一份工作。然

---

① 豪泰（Hotels.ng）是一家尼日利亚在线酒店预订代理公司，成立于 2013 年，声称与来自尼日利亚 320 个城市的超过 7 138 家酒店合作，被称为"非洲版携程"。——译者注

后招聘人员通过聊天软件"斯莱克"①（Slack）为应聘人员分配一系列计算机科学问题。通过第一轮测试的应聘者进入下一阶段，失败者则被淘汰。随着考试流程的推进，这些问题变得越来越难，从而不断地对应聘者进行筛选。当95%的应聘者被淘汰后，剩下的几个人将接受面试，最终会有人得以聘用。

因为应聘者可能还有其他全职工作，为了不给他们增加负担，该项目只在晚上进行。此外，豪泰公司为了确保没人因为经济原因退出，随着项目的推进，它向所有参与人发放津贴。

为了向实习项目提供更多资助，马克与尼日利亚州政府以及各种公司建立了合作伙伴关系。他认为，随着时间的推移，这种结构化的应聘者测试平台可能会成为行业标准。第一期实习班有700名申请者，而最后一批实习班申请者人数增加了近六倍，达到了4 000人。豪泰公司从中聘用了25名最优秀的申请者，他们主要来自拉各斯外围地区。考虑到豪泰公司对员工的需求，这些数字很可能会继续增加。

对于招聘技术类人才，如计算机科学家或会计师，这种基于技能的测试方法很有效。然而，对于需要团队合作的职位，因为涉及评估应聘者的创造力、社交能力和策划能力等因素，对其未来工作表现的评估就更具有挑战性，也更为微妙。

为此，前沿地带的创新型创业者又想出了一个解决方案。他们正在率先使用基于行为的模型，以了解应聘者的性格、资质、能力和预期表现。

保罗·布雷洛夫（Paul Breloff）和西蒙·德斯贾丁斯（Simon Desjardins）

---

① "斯莱克"（Slack）是一款基于云端运算的即时通讯软件。Slack 这个词其实是一个缩写，意思是"所有可搜索的会话和知识日志"（Searchable Log of All Conversation and Knowledge）。——译者注

都曾是前沿企业的投资者,据他们观察,普遍而言,招聘是其投资组合中最大的瓶颈。

他们建立了"入围名单"①(Shortlist)来应对该挑战。"入围名单"是一个基于能力的招聘平台。为了评估应聘者在模拟现实工作环境中的表现,该公司已经创建了一千多个数字模块。当应聘者申请工作时,他们会遇到一个指定的场景,该场景与其申请的公司、行业和岗位相关。他们在这个场景下所完成的任务会清楚地展示出其能力和驱动力。

前沿地带的创业公司对"入围名单"平台的需求量很大。该平台在仅获取 300 万美元资金之后,[23] 就在非洲和印度拥有了 600 多个客户。

构建人才补给渠道

若企业能进行基于能力和行为的招聘需要具备本地人才随时可用的前提。但有时,要么是因为他们是在新兴生态系统中运营,要么是因为他们已经用尽了现有的人才资源,前沿创新者需要更进一步,积极构建人才补给渠道,培育人才。

加拿大电子商务软件开发商秀铺菲②(Shopify)公司总部位于渥太华,是加拿大电子商务行业的推动者。该公司的高管们意识到,该公司已经将其传统招聘渠道运用到了极致。首席技术官简·米歇尔·勒米克斯(Jean-Michel Lemieux)希望增加人才补给渠道,因此在 2016 年,该公司推出了发展学位项目(Dev Degree)。该公司与渥太华的卡尔顿大

---

① "入围名单"(Shortlist)是印度一家人力资源服务提供商,该公司打造了一个独立的招聘申请流程,求职者可以通过公司的招聘渠道如招聘网站、推荐计划和第三方招聘机构参与进来,之后公司能够通过面谈、在线能力评估和其他专有工具对这些候选人进行筛选。——译者注

② 秀铺菲(Shopify)公司是加拿大电子商务软件开发商,总部位于加拿大首都渥太华。它是一站式 SaaS 模式的电商服务平台,为电商卖家提供搭建网店的技术和模版,管理全渠道的营销、售卖、支付、物流等服务。Shopify 也是该公司所有的电子商务平台的名称。2015 年秀铺菲在纽约与多伦多两地证券交易所上市。——译者注

学（Carleton University）合作，创建了一个全新的工学融合的综合学术学位。正如本杰明·富兰克林（Benjamin Franklin）所说："告诉我，我就会忘记；教我，我可能会记住；让我参与，我才能学会"，发展学位项目将传统教育与在职实践经验结合起来。[24] 四年下来，学生不仅获得了计算机科学荣誉学位，还在加拿大最成功的技术公司里获得了超过4 500小时的实际工作经验。所取得的成果是传统合作项目或实习项目的两倍。参加该项目的学生每学期修习三门课程，每周直接在秀铺菲公司工作25小时。学生只要在每学期完成一份实习报告，体现出他们该学期所学内容，就可以获得实践学分。更重要的是，秀铺菲公司为他们负担了四年的学费，并按其工作时间支付薪酬。[25]

秀铺菲公司的新项目具有双重目的。一方面，秀铺菲公司能够创建一个专有的人才库，从而系统地发现、测试和吸引一流人才。另一方面，该项目通过在世界级科技公司的前线提供通俗易懂、价格合理的实践课程，从而更广泛地惠及所有参与项目的学生和创业生态系统。

尽管该项目仍处于起步阶段，但似乎已有成效。该项目的第一批学生（8名学生的小型试点）于2020年毕业（随后每批学生人数为25人，并且规模将会迅速扩大）。所有毕业的学生都会收到秀铺菲公司全职工作的邀请。令人印象深刻的是，与传统工程项目相比，该项目的性别多样化程度更高，性别分布更加平衡。在最近的拟聘员工中，50%是女性，而一般来说，女性获得计算机科学学位的比例不到20%。[26]

秀铺菲公司预测，从该项目中招募的人选会更快进入角色，因为学生们已经了解了公司和工作岗位。[27] 正如简·米歇尔所言，"科技行业正在颠覆其他行业，但大学课程几乎没有改变。当我们聘用计算机工程师时，就会发现他们虽然花了四年时间在学校学习，但我们不得不再投入一整年的时间来培养他们在现实生活中的实际应用能力。在这个项目中，由于学生一直与我们步调一致，他们一旦上任，就会立即着手工作"。[28]

其他大学已经在寻求实施类似项目的机会。2018年末，秀铺菲公司将该计划扩展至第二所大学：约克大学拉松德工程学院。[29]

对于渥太华的秀铺菲公司来说，缺少程序员是其主要人才瓶颈。在其他地方，瓶颈也许不同，但此类创建人才渠道的方法却可能同样适用。

布里奇国际学院[①]（Bridge International Academies）是一家初创公司，在多个新兴市场运营着一个由500多所超低成本的私立学校组成的网络，为10多万名学生提供服务。它的人才瓶颈是师资短缺。它拥有独特的"盒装学校"模式，提供集中授课、技术赋能学校运营和后台支持。为了增加师资队伍，它建立了一个教师学院，即布里奇国际培训学院。学院招募新教师，对其进行为期八周的培训，课程包括教学理论、课堂实践经验以及布里奇工作模式。布里奇还为公司的其他岗位实施了类似的招聘模式（如招聘经理）。[30]

同样，由于非洲农村地区缺乏训练有素的销售和服务人员，左拉公司早期也出现了人力资本瓶颈，阻碍了其业务快速增长。于是，佐拉在坦桑尼亚创建了一个类似的学院，像一个新兵训练营，向人们传授商业、销售和服务方面的先进经验。在那里，该公司招聘到了最好的毕业生。

第二章探讨了建构完整堆栈的必要性，通常而言，构建人才渠道也是其中一种表现形式。

面向世界寻找人才

前沿地带的创新型创业者必须充分利用最优秀的人才，无论他来自

[①] 布里奇国际学院（Bridge International Academies）是全球发展最快的肯尼亚教育公司，为印度、肯尼亚、尼日利亚和乌干达的儿童提供盈利性教育。它成立于2008年，自称为"社会型企业"。——译者注

何处。这通常意味着寻找人才不能只局限于当地。

移民（国内和国际）是一个强有力的手段。对于"免洗碗"公司的约书亚·西麦尔来说，政治格局的突然变化把温尼伯变成了一个战略性人才招募地点。在美国特朗普政府否决了奥巴马时代的企业家签证计划（并采取了积极的反移民外交政策）后，世界上许多国家都认为这是一个招募人才的好机会，他们制订了新的快速办理签证计划，招募那些以前可能会移民美国的人才。"免洗碗"公司得以充分利用加拿大移民计划。加拿大按省份分配移民名额，吸引移民到较小的省份，因此曼尼托巴省有许多可用的名额。约书亚按照加拿大移民计划行事，积极招募有意移民的人才，并将他们带到曼尼托巴省。

"免洗碗"公司的方法肯定不是独一无二的。秀铺菲公司从世界各地的比赛中发现了顶尖的工程人才。伊德里斯·里法伊为飞车公司组建了一支纯移民团队，以扩大其司机队伍规模。该公司从巴基斯坦、印度、菲律宾和尼泊尔招募司机，并将他们带到迪拜和沙特阿拉伯。

正如第六章所讨论的，前沿地带的创新型创业者可以充分利用分布式战略，在多个地区建立团队。像贝斯卡普、因维视应用公司和扎皮尔这样的公司已经把这个战略运用到了极致，开始完全依赖远程工作。

打开视野，关注全球人才，无论是从异地调动人才，还是构建全球人才分布模型，都是增加可用人才储备的有效途径。

避免流失和消耗：留用和成长

硅谷认为，人员流动频繁是其只雇用高段位选手的必然副产品。也许是因为前沿地带的创新型创业者在寻找和培训人才方面投入了更多，他们对雇佣关系采取了更长远的态度。秀铺菲公司人力资源高级副总裁布列塔尼·福赛思（Brittany Forsyth）解释道："我们不同于旧金山的公司，那里有大量的人才，员工不断跳槽。我们的战略是与员工长期合作。我们希望员工知道，他们可以在这里工作一辈子。我们也希望他们明白：如果你投资我们，我们也可以投资你。"[31]

许多前沿生态系统中的员工比硅谷的员工更忠诚。克里斯·格莱德文（Chris Gladwin）是慧存①（Cleversafe）的创始人，该公司于2015年以13亿美元的价格被IBM收购。[32]克里斯对芝加哥生态系统进行了反思，他说："我们肯定与在旧金山湾区不同，我们的关键优势是员工留用率要高得多。我们员工的平均留任期为10年。"[33]

有些留任是结构性的。由于前沿地带的创新型创业者在新生态系统中运营企业，那里的员工（和创新型创业者一样）选择较少，因此雇主和员工之间更有可能形成相互依赖、相互配合的长期关系。

你将在第八章中了解到创造者和多任务型企业，他们能够凭借独到的眼界找到并聘用与其目标一致的员工。这些员工在这类公司的任职时间比在其他公司延长了50%，并且更有可能成为优秀员工。[34]在对百家初创公司领导人的采访中，他们一致认为员工的工作热情非常重要。企业给员工提供倾注热情的工作机会，可以激励员工留任。随着千禧一代在劳动力中所占比例越来越大，这一趋势将变得越来越重要。最近一项针对3 000名美国专业人士的研究发现，超过85%的千禧一代愿意为其有认同感的公司工作，并会接受减薪（而婴儿潮一代中只有7%）。[35]

为长期留住和提拔员工，前沿地带的创新型创业者还采取了积极主动的方法。大卫·莱文（David Levine）是比姆斯先生②（Mr Beams）公司的首席执行官，这是一家位于俄亥俄州克利夫兰的初创公司，该公

---

① 慧存（Cleversafe）成立于2004年，是美国芝加哥的一家私人持股公司，是分散存储技术和软件的先驱。——译者注
② 比姆斯先生（Mr Beams）公司是一个家族经营的照明公司，专门提供为家庭和花园照明的解决方案，已经推出了一系列无线感应LED灯。——译者注

司先是被睿颖①（Ring）智能门铃公司收购，后来睿颖公司被亚马逊以10亿美元的价格收购。大卫在关键岗位的招聘过程中考虑了应聘者的个人发展。[36]他回忆起，在招聘早期的产品负责人瑞安·鲁斯卡（Ryan Hruska）时，他做了一个PPT，介绍了公司的愿景、随着时间的推移公司将发生的变化以及他的角色变化。这场宣讲让瑞安留了下来。他从产品工程师开始做起，渐渐地将领导产品研发，推出一些新产品，成长为一名总监级的产品经理。正如大卫所解释的，"瑞安实现了PPT中提到的所有目标甚至取得了更多成绩。这是我们很早就规划好的。"[37]瑞安已经在公司（现在的睿颖公司）工作近五年了，现在是产品总监。大卫认为他会是公司未来的领导者之一。

为了帮助员工成长，前沿地带的创新型创业者希望将培训场地制度化，并帮助员工与导师建立联系。亚德伯特·弗洛雷斯（Adalberto Flores）是库希公司②（KueSKi）的首席执行官，也是墨西哥主要的金融普惠贷款人。他定期前往旧金山与投资者和其他公司进行会谈。在每次出访时，他都会邀请优秀员工与他同行。通过他的关系网，亚德伯特帮助他们认识硅谷初创公司的同行。

布列塔尼·福赛斯（Brittany Forsyth）本人就是一个典型的例子。2010年，她是第21名加入秀铺菲公司的员工；当时，该公司是渥太华的一家初创公司，尚未进行A轮融资。她被聘为办公室经理。由于她有人力资本方面的背景，开始帮忙做类似工作。公司完成了A轮融资并开始大量招聘时，布列塔尼就转移到了人力资本岗位。为了帮助布列塔尼

---

① 睿颖（Ring）智能门铃公司是亚马逊旗下的一家家居安全和智能家居公司。该公司生产的家庭安全产品包括户外监控摄像头、视频智能门铃和应用程序。——译者注
② 库希（KueSKi）于2012年在墨西哥成立，是一家金融科技公司，面向墨西哥和拉丁美洲中产阶级的在线贷款机构。公司用户可以在线申请贷款，并熟练地将大数据和机器学习技术应用于用户的信用历史记录和管理中，他们利用保密的数字足迹和其他可用的在线信息建立信用风险模型，该模型将在几秒钟内完成贷款申请的审核。——译者注

成长，秀铺菲公司鼓励她参加课程，寻找导师，并到其他生态系统体验工作。现在秀铺菲公司是一家市值300亿美元的公司，在纳斯达克上市。布列塔尼是该公司负责人力资本的高级副总裁，管理着整个公司的4 000名员工。

对员工施以重奖

为了吸引人才，人们很容易把目光转向硅谷，尝试效仿其创业文化，也给员工一些表面上的好处（包括免费午餐、下午瑜伽课程、无限假期政策），或以股票期权的形式许以财务激励，但这些做法往往没有抓住重点。

最好的前沿地带的创新型创业者根据其独特的战略、组织和定位提供津贴和经济补偿。正如你在第六章中所看到的，布兰奇公司支持部门间的流动，员工可在其全球众多办公地点工作，由公司提供差旅补助。旅行补贴有利于形成一种全球性文化。员工会自主选择在有这些福利的公司工作。

股票期权是硅谷留住员工的金融手段，但在前沿地带，这很难效仿。员工对此既不了解，也不会主动谋求。约书亚亲眼看见了这一切。在"免洗碗"公司被收购之前，他希望给部分员工一些股权，以此方式让他们受益。他向93名员工中的70多名提出分发股权，他们其中很多人在这之前并没有股权。他说："我们匆忙地分发了股权。许多员工看过《社交网络》电影中扎克伯格对待他联合创始人的方式，他们因此都害怕自己被骗了。因为很多员工不理解这种模式，所以他们拒绝了（股票期权）。"[38] 更复杂的是，在某些国家，无论是出于税收原因还是结构原因，出售股票期权都属于违法行为。

对前沿地带的企业员工而言，偏爱现金而不是股票期权或许并非一种非理性的立场；毕竟，若选择后者，卖掉显得不太靠谱，想要把钱拿到手也需要很长时间。目前，在前沿生态系统中股票期权的使用率很低。这种情况甚至也出现在更发达的欧洲生态系统中。有一项研究调查了欧洲创业生态系统中的70多家公司，分析了4 000多份期权授予。研究发现，各国对股票期权的预期差异巨大，欧洲各地对股票期权的预期远低于美国。平均而言，欧洲员工的股票期权拥有数是硅谷同行的一半。[39] 在新兴生态系统中，此项统计数据更为惊人。

当然，即使前沿地带的创新创业者可提供的股票期权较少，但依旧不能消除他们向员工授予公司股份的需求和愿望（或其员工想要持有此类股份的愿望）。在采访中，创新型创业者普遍表示，他们自始至终希望为员工们提供股份。

为了实现这一目标，许多前沿地带的创新型创业者正在尝试新的员工持股模式，这些模式更符合他们的增长状况。菲尼克斯国际①（Fenix International）公司是位于乌干达的能源初创公司，其首席执行官林德赛·汉德勒（Lyndsay Handler）创建了幻影股份（代号为"菲尼克斯火焰"）。她这么做的部分原因是认可员工表现出的忠诚和奉献精神。正如她所解释的，"无论以什么标准衡量，我们在非洲的许多员工都不富有，但他们却要求将他们的储蓄投资到公司"。[40] 菲尼克斯火焰更像是直接持股，而不是期权，员工更容易理解。更重要的是，即使公司没有迅猛增长，也能让员工受益。林德赛给予每位员工购买菲尼克斯火焰的机会，包括身处乌干达偏远村庄的安装工。该公司后来被法国天然气苏伊士集

---

① 菲尼克斯国际（Fenix International）公司是一家美国移动太阳能解决方案提供商，面向非洲市场提供移动式太阳能解决方案，致力于为没有电力支持的非洲家庭和中小企业供电。——译者注

团（ENGIE）[①]收购，对她的许多员工来说，这些股份就是一项改变命运的金融投资。[41]

各种激励员工的模式必将继续发展，所以现在评判员工持股的最佳做法还为时过早。前沿地带的创新型创业者按照初创企业战略，继续尝试实施与之匹配的薪酬和待遇，希望长期留住员工。

打造一流团队，不要仅雇用高段选手

对于成长中的初创公司来说，强大的团队既是他们最重要的资产，也是他们最大的挑战。硅谷创造了一门招募和挽留高段选手的学问，专注于识别和招募顶级人才，并在人才流失时进行快速替换。这套学问奏效的前提是，资本市场要么有硅谷的人才广度，要么有某个领域的人才储备深度。

在硅谷奏效的东西未必在其他地方行得通。新加坡或多伦多等地的人才优势堪比硅谷，但由于其国家规模较小，往往缺乏人才储备深度。在拉丁美洲或非洲的新兴生态系统中，经验丰富的人才数量更为有限。

任何地方的初创企业，想要大规模地招募人才、培训人才、发展人才以及留住人才，都存在重重障碍，在前沿地带尤其如此，这么说一点儿都不夸张。

尽管速度缓慢，但仍有进展。

领先的前沿地带的创新型创业者有一个共同点，他们在管理其人力资本方面有一套独特的哲学方法。前沿创新者希望建立一流团队，依据能力和行为招聘人才，而不看重简历上的经验。在人才缺乏的情况下，

[①] 法国天然气苏伊士集团（ENGIE）是世界第三大能源公司，其主要股份为法国政府持有。——译者注

前沿企业家积极构建人才渠道。通过鼓励移民或建立分布式模型,他们在全世界寻找人才资源。当然,他们希望长期聘用员工,发展自己的团队,并为他们提供一套统一的激励和薪酬制度。在硅谷,越来越多的人也开始关注,如何将业务扩展到更经济实惠的地方?如何超越传统的人才搜索策略来增加多样性?如何管理跨地域的分散团队?以及如何在更长的时间内降低员工流失率?

人力资本领域这些最新、最好的方法不会首先出现在硅谷,因为前沿地区已经付诸实践了。

第八章
训练成多面全能选手:
坚持义利并举

混合格斗(指融合了空手道、拳击、柔术和柔道等多种格斗技术的运动)的兴起是徒手格斗史上的一个转折点。历史经验表明,不论在哪个领域,最好的拳手都会棋逢对手,但这种情况在20世纪90年代发生了变化,当时使用混合格斗技术的选手开始在终极格斗锦标赛(UFC)中接连获胜。现今,混合式方法成了例行标准。最好的拳手往往不是只通晓一种格斗技能,而是样样精通。[1] 从世界范围来看,混合格斗不仅是发展最快的运动之一,而且已成为精锐军事单位标准的实训方法。[2]

前沿地带的创新型创业者的观念也在发生类似变化。

最成功的前沿地带的创新型创业者并不仅仅关注经济增长和财务收益,而是从一开始就把社会影响作为核心目标,这可以从他们所解决的问题及所服务的客户上得以体现。像终极格斗锦标赛冠军一样,很多(如果不是大多数)前沿地带的创新型创业者都是"多任务型选手",他们借用一系列技巧来实现多个目标。在很多时候,他们的经济效益与社会效益是相辅相成的。

巴比伦健康①（Babylon Health）公司的创始人阿里·帕尔萨（Ali Parsa）就是这种观念的典型代表。阿里在伊朗长大。1979年革命后，因政见原因，他离开父母，只身一人逃离了家乡拉希特（Rascht）。在艰辛的陆路旅途中，他去过巴基斯坦，几经周折，最终到达欧洲，并在伦敦定居。[3]

他在伦敦的早期生活并不尽如人意，但他不畏困难，在校表现出色，最终获得了伦敦大学学院的博士学位。他本可以成为一名学者，但却选择了创业，多年来建立了多个成功的企业。

2004年，阿里接受了膝关节手术。这次经历令他沮丧，但他也因此备受启发，下决心要创建更好的医疗服务和更高效的就医体验机构。总体来说，他的初创企业圆和医疗②（Circle Health）获得了商业上的成功。作为一家私人医疗保健机构，圆和医疗的愿景是重塑临床体验，该机构聘请建筑师设计医院，酒店经理经营病房，厨师设计菜单并烹饪。[4] 2011年，公司在另类投资市场（AIM，即伦敦证券交易所的一个二板市场）上市，市值超过了1亿美元。[5]

然而，阿里对这一结果并不满意。问题出在哪儿？先前由于价格原因，圆和医疗并没有得到广泛应用，也没有解决医疗服务的主要痛点：初级医疗服务。阿里认为，在医院之外开展的初级医疗服务（指在社区诊所做的基础诊疗）是面向全民开放的医疗服务，也是全民获得高质量医疗服务的关键所在。和其他地方一样，英国的医疗系统超负荷运转，人们为了自己的健康考虑，纷纷转向急诊室就诊。[6] 因此，急诊室床位和

---

① 巴比伦健康（Babylon Health）创立于2013年，总部位于英国伦敦，是一家旨在通过人工智能将患者与医生结合起来，提供可负担的医疗保健的公司。——译者注
② 圆和医疗（Circle Health）是英国规模最大的医疗集团。目前，圆和医疗旗下在英国境内运营着53家医疗机构，拥有182间手术室、2 500余张床位及来自欧洲各国近万名专科医生、专家。——译者注

工作人员都出现短缺,进入急诊室就需要等待很久。阿里陷入沉思:谷歌使人人都能获取信息,如果我们能像谷歌一样,让人人都能获得医疗服务,该怎么做呢?

巴比伦就是这样应运而生的。该系统可以将人工智能和现场临床医生诊断相结合,通过其文本聊天服务"询问巴比伦",来自动执行常规诊断。巴比伦还提供了一项互动性更强的"与医生交谈"服务,可使患者与相关临床医生以视频方式交谈,在自己家中舒适地看病和开药。[7]近期,巴比伦推出了"健康检查"(Healthcheck)服务,帮助患者监测自己的健康状况。

通过与英国国家医疗服务体系(NHS)合作,巴比伦健康公司取得了早期的成功。然而,阿里知道,在国家卫生服务体系较不完善的市场上,巴比伦将有更大作为。接下来,他与卢旺达和沙特阿拉伯的卫生部门合作,将巴比伦作为一项全民服务。此外,阿里还与腾讯合作,借助微信①提供巴比伦服务。[8]现今,巴比伦团队有1 500多名医生、工程师和其他工作人员(还有数百名兼职医生),注册用户近500万名。[9]最近,巴比伦以超过20亿美元的估值筹集了5亿多美元,这是欧洲最大的数字健康融资项目。[10]

在阿里看来,项目的社会影响是关键;这是巴比伦健康公司立足的根基,这既是他创办该公司的缘由,又是该公司如此成功的原因。大多数前沿地带的创新型创业者在这方面与阿里相似:他们既专注于扩大业务规模、取得商业成功,也十分重视打造积极的社会影响。从他们提供的产品和服务的目标客户上,从他们在价值链上的互动过程中,以及从他们在塑造生态系统发挥的作用上,都能体现这一点。

---

① 即微信用户也可以通过巴比伦应用上传医疗症状,随后得到系统的医疗建议。——译者注

产品和顾客

正如你在第一章中看到的,前沿地带的创新型创业者是建立新产业的创造者。大多数情况下,他们还在发展滞后的产业里深耕,而在这些领域,创新往往会对整个群体的生活质量产生深远的影响。

在《人类动机理论》(A Theory of Human Motivation)一书中,亚伯拉罕·马斯洛(Abraham Maslow)提出了一个所谓的需求层次论,认为人类是按照一定的重要性顺序实现需求的。[11]金字塔的最底层是我们优先考虑的基本需求,包括生理需求(食物、水、睡眠、住所和性)和安全需求(人身安全、情感安全、财务安全、健康和福祉),接下来是社会归属感(友谊、亲密关系、家庭),这是实现所有其他需求的基础,最后是自尊和自我实现。[12]

与硅谷同行相比,前沿地带的创新型创业者往往把目标对准马斯洛需求层次中较低层级的人类需求。全球加速器学习倡议①(简称GALI)的一项分析证实了这一趋势。全球加速器学习倡议在世界各地创新加速器中分享先进经验和相关知识,在分析了全球43家加速器的投资组合后,该倡议确定,新兴市场的企业家更有可能在农业、能源、教育和金融服务等领域开展业务。[13]

规模化的企业也是如此。乡村资本②(Village Capital)的一项研究表明,在美国近300家独角兽企业中,只有18%专注于健康、食品、教育、能源、金融服务或住宅行业。[14]相比之下,一项针对拉丁美洲、撒哈拉以

---

① 全球加速器学习倡议(Global Accelerator Learning Initiative,简称GALI)是由阿斯彭发展企业家网络和埃默里大学在2015年共同创建的,作为一项研究倡议,调查世界各地有数百家加速器对企业发展的有效性。——译者注
② 乡村资本(Village Capital)是一家风险投资公司,它寻找、培训和投资早期创业公司,旨在解决农业、教育、能源、金融和健康方面的全球重大问题。——译者注

南非洲和东南亚主要初创企业的分析显示，相当多的企业（撒哈拉以南非洲的样本中，这一比例多达60%）将目标对准满足基本的人类需求。[15]在这本书中，可以越来越明显地看到，关注低层次需求的开创性前沿公司绝对数量非常大。

在前沿地带，初创企业往往从第一天起就侧重于大众市场。虽然他们自然会选择特定的细分市场作为目标，但不会选择精英群体。通常而言，这种大众市场战略是对现实情况的一种回应。在许多发达国家，收入的正态分布呈钟形，数值往往会在富裕的中产阶级区域凸起，与此不同的是，在许多前沿市场，收入分布严重偏向金字塔的中部和底部（见图8-1）。

因此，前沿地带唯一可行的客户市场往往是大众市场。

图 8-1　前沿地带的市场收入分配

川流不息

2013年，迪帕克·加尔格（Deepak Garg）和加扎尔·卡拉（Gazal Kalra）还在思考如何帮助印度经济转型。[16]在麦肯锡公司工作期间，他们对相对低效的印度物流系统感到很震惊。印度的公路、铁路和沿海航运的费用比美国高出30%到70%。低效的物流网络每年给印度经济带来惊人的损失，数目高达450亿美元，占印度国内生产总值的14%。[17]然而，该国司机人数严重短缺，需求几乎是现有供应量的两倍。

司机人数的短缺反映出现实中存在诸多困难，这些困难又相互关联。首先是司机的工作条件不佳。危险的道路、营私舞弊现象、长时间驾驶、有时还要长时间离家等，这些都是他们面临的难题。[18] 由于行业的分散性，司机时常会花好几天时间才能到达交货地点，而到达后又不确定是否有回程货物。他们要么等待返程货物，要么空车返回，仅得到单程费用。卡车司机工资很低，而且收入往往不稳定，而部分原因就在于这种货物不稳定的情况。

为了打破这种恶性循环，迪帕克和加扎尔创立了里维戈公司，该公司的物流模式以司机（以下称为"驾驶员"）为中心，改善了他们在路上和家里的体验。里维戈公司的座右铭是"让物流人性化"。他们不是让驾驶员全程驾驶，而是驾驶五六个小时到达一个中继点，另一名驾驶员会接过货物，继续前往下一个中继点，以此不断前行，最终到达目的地。原来的驾驶员将他们的货物与其他驾驶员交换，并开回到原来的中继点，在那里再次将货物转给另一个驾驶员。由于里维戈公司在运输协调和需求计划自动化技术上进行投资，使卡车具有了更高的运输能力，并形成了无限循环的菊花链①，所以驾驶员每天都能回家，并能赚取更多收入。

里维戈和其他多任务型公司不仅是在创造就业机会，也在提高整个价值链的就业质量。创造就业机会本身就是企业社会影响力的一个关键方面：据奋进公司估计，市场上迅速成长的创业者不到4%，但却创造了40%的就业机会，两者比例相差悬殊。[19] 事实上，在过去的30年里，美国每年有超过150万个工作岗位是由成立不到一年的新公司创造的。[20]

但正如我们所知，并非所有工作的创建模式都是一样的。像里维戈这样的多任务型企业可以围绕他们的关键构成要素，即员工的需求和期望，来构建他们的商业模式，从而让自己脱颖而出。里维戈的战略奏效

---

① 菊花链，泛指一些社会"链"和技术"链"。——译者注

了。到 2018 年秋季,公司网络系统中的卡车超过 1 万辆,另有 500 个微型市场的团队成员与供应商展开合作。[21] 里维戈已经将物流服务扩展到冷链运输存储、快递经纪业务和货运市场中来。[22] 里维戈完成了 5 000 万美元的 D 轮融资,其价值超过 10 亿美元。距公司成立仅四年时间,里维戈就筹集到了 1.7 亿美元的借款和股权。[23]

社会企业的崛起

对许多人来说,乍听起来,混合格斗的思维模式可能与社会型创业类似,这是一个新兴领域,根据其定义,它涵盖了市值数十亿美元的公司以及小型非营利组织。在过去的十年里,社会型创业领域在全球范围内越来越受到私人资助者、政府官员和大学教授的认可。由于年轻人的目标是建立兼具影响力和利润的机构,所以顶尖大学的校园里充斥着与社会企业相关的倡议、课程、会议和俱乐部。知名基金会制定了影响力战略,完全专注于支持和扩大社会企业。2003 年至 2018 年间,社会企业在全球范围内获得了约 16 亿美元的基金会赠款。[24] 简而言之,社会型创业已经成为一个行业,而且是一个热门行业。

或许是因为这一重要运动已经声势浩大,人们仍然无法给它下定一个单一的定义。社会企业的核心要素是用商业思维方式来解决社会问题。但是社会企业模式丰富多样,既可能是非营利性的,也可能是营利的,或是两者兼容,运营方法千差万别。一些社会企业认为,获取期望的社会影响是首要目标,业务扩大或利润获取只是他们的次要目标,而其他企业则不然,认为创造利润和扩大规模是推动影响力的引擎。每个公司或非营利组织都以自己的方式在投资者和股东需求之间寻求平衡,与此同时,他们也希望对客户、环境、员工等方面产生积极影响。

本书想要阐释的是，虽然很少有社会企业是领先的技术型初创企业，但许多领先的前沿地带的初创企业都具有社会企业的特征。多任务型企业既非常重视建立商业上成功的、规模可观的业务量，也注重产生积极的社会影响。他们的企业模式决定了，他们并不会在利润和影响力之间权衡取舍，而是天生两者兼得。

这种方法背离了硅谷标准。在硅谷，大多数企业家认为初创企业和社会企业之间的关系并不紧密，尽管几乎所有硅谷创始人都相信或口头上追求他们"改变世界"的雄心。

为了建立平衡的业务，多任务型企业不太注重商业意图是否纯粹，而更注重商业模式的构建。

与商业模式相关的影响力

巴比伦健康和里维戈等多任务型企业之所以与众不同，就在于他们将影响力内植于商业模式的方式。巴比伦健康公司的经济利益和社会影响效益是完全契合的：若要扩大规模，巴比伦就需要向英国国家医疗服务机构及其他卫生部门证明，他们的临床效果更好，价格也比其他机构更实惠。用户只有在护理质量高、就诊体验方便的情况下，才会使用平台，因此巴比伦健康也及时向用户征集反馈意见。

就里维戈而言，如果能提高司机24小时内回家的概率，并实现双向满载的可能性，它便能够吸引更多司机加入该平台。这反之也会提高里维戈扩展物流平台和有效服务全国客户的能力。

创建一种使社会影响和最大经济利益相符的商业模式并非易事，甚至可以说是难上加难，以至于硅谷龙头企业只能设法实施一些"无害"政策、后端捐赠计划和乏善可陈的企业社会责任政策。以谷歌的企业宗旨"不作恶"①为例。25 谷歌承诺，为实现利润最大化，（即使短期经济利益及其股东利益与之相符），公司会在不违背公序良俗的前提下服务顾客。这可能意味着，他们会利用客户数据来销售更多广告，而这些数据或侵犯了公民的个人信息，或更为恶劣。如此看来，当社会影响（或避免负面影响）与商业利益背道而驰时，制定一项"不作恶"的政策既让人放心又令人担忧。

许多公司的出发点都是好的，他们通过实施慷慨的赠予方案来回馈大众。誓言1%（Pledge 1%）机构就鼓励企业将公司的1%奉献给有意义的事业，这1%可以是任一种股票或所有股票的1%，也可以是员工时间、产品和利润的1%。26 一些硅谷公司创办了平行部门结构，设置了慈善基金职能部门。其他公司采用"买一送一"（BOGO，buy one, give one）模式：即每购买一件商品，就捐赠或赞助另一件商品。这些模式的出发点是对的，但结果却是好坏参半。尤其是"买一送一"模式，由于该模式会产生负外部效应，因此备受诟病。汤姆斯布鞋②（Toms Shoes）没有考虑到其最初的买一送一模式对当地鞋业制造商的影响，最终扭曲了整个非洲的制鞋市场，导致员工失业。27

对于以上提到的每一家公司，从谷歌到汤姆斯布鞋，后续企业会受到的影响都不是商业模式建立时考虑的部分。如果公司业务表现不佳，很容易削减后续捐赠。这里并不是要贬低这些项目，它们当然是值得称

---

① "不作恶"是Google的经营理念之一。Google于2004年首次公开募股的招股书（Google创始人的一封信，后来被称为"不作恶的宣言"）："不要作恶。我们坚信，作为一个为世界做好事的公司，从长远来看，我们会得到更好的回馈，即使我们放弃一些短期收益。"——译者注
② 汤姆斯布鞋（Toms Shoes）是一家营利性质的公司，总部设于美国加利福尼亚州圣莫尼卡，由一位来自得克萨斯州阿灵顿的企业家布雷克·麦考斯基（Blacke Mycoskies）在2006年成立。公司根据阿根廷的麻底帆布鞋来设计与销售鞋子，他们也设计眼镜。当公司卖出一双鞋时，将会给予一位贫困的孩童一双鞋；当卖出一副眼镜时，一部分利润将会用于保护与恢复发展中国家人民的视力。——译者注

赞的。关键区别在于：他们采用的每一种方法都是在公司实现盈利后才捐钱，社会影响没有以任何实质性的方式植根于他们的商业模式。正如乡村资本创始人罗斯·贝尔德（Ross Baird）所说，这是"双口袋"思维：一个口袋赚钱，另一个口袋发钱。[28]

多任务型企业是在一个口袋里做所有的事。

价值取决于你看重什么

对于多任务型企业来说，影响力直接关系到业务的成败，但这并不是说他们会简单通过对比实际效益，就臆想已经产生了相应的影响力。毕竟，正如他们所说，"价值取决于你看重什么。"

最好的多任务型企业会仔细思考他们期望产生的影响，并认真决定如何评估成功。接着他们就会孜孜不倦地在整个组织中跟踪、报告和宣传目标的实现进度情况。在许多情况下，由于影响力是商业模式的重要组成部分，他们所选的影响力指标与公司的财务指标相一致或互为补充。尽管如此，这仍是一项颇具挑战性的壮举，部分原因是目前还没有通用的、易于量化的影响力测量系统。就像达尔文雀一样，在加拉帕戈斯群岛上，岛屿不同，雀鸟种类也不同。同样，由于所处的行业、环境和商业模式不同，一个多任务型企业所选择的影响力指标必然也是与众不同的。

正如迪帕克·加尔格解释的那样，"这就是业力法则。我们专注于回馈社会和解决问题。这是我们的表达方式，也是我们公司的共同信念。驾驶员指标正是我们不断成功的主要标志"。[29] 里维戈公司自然会跟踪现金流和收入等财务指标，但对如何解决司机生活质量问题和物流系统低效问题，他也同样重视。对他而言，这也是衡量成功的标准。因此，里维戈公司测量了驾驶员在 24 小时内返程的百分比以及双方向满载次数。

对于像布兰奇、米佩萨、米科帕、OkHi 和左拉这样面向消费者的公司来说，他们的影响力与产品推广相关，其关键指标与客户数量和使用水平紧密相关。

对 Gojet 公司来说，影响力是指巩固自身在社会和经济中的地位。首席执行官纳迪姆·马卡里姆（Nadiem Makarim）将重点放在扩大市场规模上（他的目标是将 Gojet 进入的任何市场规模扩大一倍或两倍）。纳迪姆追踪了司机和服务提供商的增量收入以及他创造的就业机会。在印度尼西亚，Gojet 已成为该国最大的收入来源，超过 100 万人通过该平台赚取收入。[30]

归根结底，指标是和企业的目标和使命绑定的。迪帕克把他的方法比作榕树，榕树可以活几百年，长到惊人的 600 多英尺宽。[31] 正如加尔格解释的那样，"榕树是世界上最长寿的树，原因在于它的整体性：它的根回归自然，它的影响力内外兼具，以此促进了树本身的成长和生存"。[32] 多任务型企业认为回馈员工、顾客、投资者和生态系统是公司长期发展的根本。

行业层面的影响力

一个多任务型企业的影响力并不限于建立成功的、规模化的和对社会有深远影响力的企业。他们通常承担着的塑造行业的更广泛的角色。

第一章讨论了移动银行的先驱米佩萨，它不仅对其客户产生了直接影响，而且创造了一个全新的革命性领域。也正是得益于米佩萨，客户现在可以享受很多以前不曾有的服务。米科帕公司提供了先租后买的太阳能家庭系统，使之取代了不安全的煤油灯，但收集数十万笔小额付款的成本过高，如果没有米佩萨，米科帕公司不可能成功。从新式私立学校布里奇国际学院到公共卫生项目，各种各样的其他服务也都在使用米佩萨。

这种生态系统是原有业务的直接推动者。当应用程序建立在米佩萨之上时，它们不仅会使系统中的交易量增加，而且还会强化移动货币形成习惯的本质，并最终强化它的竞争力护城河。目前，多任务型企业开始在教育、医疗保健、金融服务等领域大展拳脚。随着巴比伦健康规模的扩大，阿里·帕尔萨将推动众多服务提供商接入该系统，包括药店、医院和其他医疗供应商等。

成功的多任务型企业也以其他方式刺激着生态系统的发展。米佩萨向我们展示了其开发和扩展移动货币平台的潜力，在这一创新的推动下，整个行业焕发出新的生机。目前，全球有超过250个翻版的移动支付平台，在为6亿多人提供服务。[33] 这足以证明，该模式的成功也可能会激发其他市场的效仿者蜂拥而上。同样，随着里维戈规模的扩大，众多其他平台得以蓬勃发展，同时，凭借更便宜、更高效的物流，众多驾驶员及其家人的生活也会得到改善。

前沿地带的创新型创业者影响力巨大，甚至会深入他们所处的创业生态系统。正如你所看到的豪泰公司和秀铺菲公司，他们都在当地人力资本渠道的建设方面付出了很多努力。前沿地带的创新型创业者在积极建设其所在的生态系统，第十一章将深入探讨各种各样的建构方式。

以多任务型企业为榜样

多任务型企业以往的发展经验在今天显得尤为重要。当硅谷致力于为我们提供最好的照片分享应用程序，并在这条道路上矢志不渝，而前沿地带却呈现了一种截然不同的视角和模式。当我们越来越多地从企业，特别是从创新型创业者那里，寻求解决社会问题的方案时，前沿地带的新理念就对美国及其他高度发达国家至关重要。美国社会可不缺乏挑战。

在美国，6 000万人没有得到完善的银行金融服务（包括53%的非裔美国家庭和46%的西班牙裔家庭），³⁴ 50多万人正经历无家可归的生活，³⁵ 学生贷款债务业务已飙升至4 400万借款人，债务总额为1.5万亿美元。³⁶

公众、政府和监管机构对公司的要求甚至比10年前还要高。拉里·芬克（Larry Fink）是全球最大资本提供商贝莱德①（BlackRock）的首席执行官，他在一封致上市公司首席执行官的公开信中说道："公司必须让所有利益相关者受益，包括股东、员工、客户以及公司所在的社区。如果没有使命感，任何公司，无论是上市公司还是私营企业，都无法充分发挥其潜力。"³⁷商业圆桌会议是一个由美国最大公司的首席执行官组成的协会，最近它重新定义了公司的宗旨，并解释说，除了利润最大化之外，公司还应在支持许多外部利益相关者方面发挥作用，这包括雇员、供应商、社区和环境在内。³⁸商业领袖是否会兑现他们的豪言壮语还有待观察，但这种文化转向表明，如今我们对公司使命的期待已不仅限于"无害"的一般化表述，而是应该期望公司发挥更多作用。

只有实现了客户和供应商双赢，创新型创业者才真正赢得了市场。建立一个影响力和利润兼得的多任务商业模式并非易事。但如果该模式可行，它便可摇身一变，成为成功和变革的秘诀。圈潜②（CircleUp）公司是一家为初创企业提供贷款的公司，它研究了传统公司和义利并举的共益企业③（或简称B Corps）的相对表现。在消费型公司中，消费品牌

---

① 贝莱德（BlackRock）集团，又称"黑石集团"，是美国规模最大的上市投资管理集团，总部设在美国纽约市，并在全球30个国家中设立了70个办事处，客户遍及100多个国家。主要业务为针对法人与零售渠道提供投资管理、风险管理与财务咨询服务。——译者注
② 圈潜（CircleUp）公司是美国一家消费品零售商股权众筹平台，主要为消费级产品提供起步解决资金筹集方案。创业公司正式上线募资前，平台会对它们进行评估并反馈给投资者，公司致力于帮助消费品牌进行股权融资服务。同时公司会通过自研发的Helio机器学习技术，利用公司的数据来鉴别哪些投资有可能会获取成功。——译者注
③ 共益企业（B Corps）是一种新型的商业组织形式，在2007年出现于美国，须经过一个严苛的企业认证。它以实现公共利益为企业目标。——译者注

在其平台上的平均排名得分为 5 分（满分是 10 分），而 75% 的共益企业的品牌排名得分为 9 分或 10 分。共益企业的销售增长率是普通消费型公司的 3 倍，可见，公司影响力可直接转化为销售业绩。[39] 哈佛商学院、西北大学和铜锣资本①（Causeway Capital）公司的研究人员确定，在与其商业模式直接相关的可持续性问题上获得良好评级的公司，其业绩会优于那些评级较低的公司，交易价格也会高于同行。[40] 这样说还为时过早，但其他公司已经证明了使命感对公司治理和资产管理质量的影响。[41]

成为多任务型企业是实施本书提到的很多战略的关键因素。当建立顶级团队时，多任务型公司更容易吸引一些认同公司使命的候选人，也更易打败其他公司。虽然有些风险资本公司仍错误地将影响力视为收益变少，很少会投资这类公司，但在筹集资金时，多任务型公司仍可以获得更广泛、更多样化的资金池，包括政府和捐赠资本。当多任务型公司与生态系统合作时，他们更容易得到支持，因为很多支持者和赞助者都会认同公司的宗旨，希望为他们提供支持。

有些人认为，要平衡业务扩张和社会影响，往往需要权衡取舍。然而，对于多任务型企业而言，可没有这样的二分法。

许多发达的生态系统，包括硅谷，也充斥着一堆难以处理的社会问题，包括流离失所、高昂得难以承受的医疗费用、质量堪忧的公共教育等。学习和采用前沿地带的创新型创业者的做法，不仅可以帮助我们解决这些紧迫的问题，还将增强硅谷下一代创新型创业者解决问题的能力，而不是像现在一样，只将眼界局限在照片分享应用程序范围内，尽管我很喜欢我的照片分享应用程序。

---

① 铜锣资本（Causeway Capital）公司是一家专注于增长的私人股本公司，投资于爱尔兰和英国各地的企业。——译者注

第九章

管控风险：
培养用户信任，不只是"快速行动、打破常规"

接受失败，勇于实现产品和公司的快速发展，是硅谷冒险文化的基石。马克·扎克伯格创造的"快速行动，打破常规"成为脸书的座右铭。他曾经公开说过："我的观点是，如果你从不打破常规，那么可能是你前进的步伐还不够快……归根结底，创建某物的目的在于创造价值，而不是为了不犯错。"[1]

因此，如果硅谷的产品不完美也没有关系。重要的是要将产品交给客户试用，并收集他们的反馈。随着时间的推移，问题逐步得以解决，产品也会自然而然得到改善。

这种接受失败的文化不仅仅表现在开发产品和建立公司的方式上，它还推动了硅谷与社会和法律的关系：快速行动，打破常规的行事态度根本无助于守法。许多企业堪称年轻人创业的榜样，它们曾起步于法律灰色地带，并以小公司的形式低调运营，最终获得了成功。它们希望随着公司规模的扩大而改变法律。优步采用的就是这样的模式：先进入一个城市，迅速扩大规模，然后依靠顾客的支持来改变当地的规则。[2]

硅谷不重视产品风险及公司成长，或者说硅谷将公司与法律之间的关系看得很淡，这种方式并不适合大多数新兴生态系统中。前沿地带的创新型创业者将风险，尤其是某些风险，视为应当避免或者至少应该减轻的外部因素。当然，这种理念并不意味着你无需冒险。风险管理就是预先确定哪些风险是可以接受的，哪些风险是无法避免的。它包括建立风险管理的文化，批判性地思考产品潜在的外部负面效应，并积极参与到商业生态系统中。

生存还是灭亡

我曾经询问过空中农场（AeroFarms）公司的首席执行官大卫·罗森博格（David Rosenberg），是什么让他彻夜难眠。他眼睛眨都不眨地立刻回答道："农场里的第一法则就是不要损害顾客的健康和生命。"简言之，食品安全是大卫最为关心的问题。

空中农场公司是位于新泽西州纽瓦克的一家初创公司，在垂直农业行业处于领先地位。垂直农业通常是指在城市的有限空间里种植水果和蔬菜，将植物在垂直空间里进行叠层种植，而不是像在陆地上那样，水平地或者并排地种植。

空中农场公司成立于 2004 年，虽然公司历史相对较短，但其使用的方法已经历了数十年的研究。该公司的联合创始人之一，康奈尔大学的艾德·哈伍德（Ed Harwood）以开发用于垂直种植的气栽法而闻名。水栽法通常是将植物种植在水中，气栽法则是在将植物种植在空气中并喷洒雾化水提供养分。艾德设计了一种布料生长介质，获得了专利，大大节约了成本，提高了效率。

这种布就像一个悬挂整齐的吊床，可使植物直立起来。植物的根须穿过布料，在空气中生长，垂悬的根须就如同牵线木偶的腿一样。为了使气栽植物达到最佳生长状态，必须在适当的时间喷洒适量的水雾。

第九章　管控风险：培养用户信任，不只是"快速行动、打破常规"

艾德在气栽方面的远见体现在从两个基础方面改变了传统垂直农业的经营模式。首先，气栽法的投入相对较低。对暴露在空气中的根须喷洒水雾，要比水栽法的效率高出50%以上（而水栽法的效率又比土培法高出70%以上）。其次，使用气栽法时，由于无需含水的培养皿，农作物的分量更轻，因此可以堆叠放置。空中农场将12层的植物堆叠到40英尺的高度，极大地提高了农场的空间利用率。[3] 在房地产价格昂贵的城市环境中，更高的堆叠和更少的投入相结合，使得建设高产农场成为可能。

马克·大岛（Marc Oshima）一直致力于垂直种植项目，2011年大卫与他一起找到艾德商量，合并三方的业务。于是空中农场业务得以扩张。三人合力，将数据分析、流程驱动创新与气栽法结合起来。他们通过追踪每分钟的输入（例如空气成分、温度、营养液和水的PH值），并观察植物的生长状态以及形状，不断改进这种栽培方法。[4]

除了在纽瓦克的旗舰农场外，空中农场公司目前已经建立了8个农场，拥有150多名员工，并筹集了大约2亿美元的资金。[5]

食品安全是该公司农业体系的基础，也是公司每一个人的基准目标。空中农场公司深入了解潜在的风险因素，建立制度化结构和风险管理文化来降低风险，并将此作为规模扩张的前提。

这种方法是产品的必然结果，因为于大卫而言，农场里的一场细菌爆发事件确有可能危及顾客的生命。因为他的公司正在重新研发产品生产和分销的方法，所以对于食品安全的过分关注也在情理之中。

提供安全的产品只是桌面上的筹码①，如果空中农场公司生产的食品不安全，那么它将一败涂地。前沿地带的创新型创业者的与众不同之处，

---

① 营销学大师、美国哈佛大学退休教授西奥多·列维特曾经提出过一个说法"桌面上的筹码"（Table Stakes），意思是指产品或服务的最基本的利益点。一个厂商或品牌是无法通过只提供最基本的利益点赢得长久竞争的，必须提供基本利益点以外的一些价值，所谓的"Beyond Table Stakes"。——译者注

正是他们对风险的了解和态度。

为不同客户提供不同产品

食品安全可能是一个比较极端的例子，但它不是孤立存在的。正如在这本书里看到的那样，前沿地带的创新型创业者正在为不同的客户群体提供不同类型的产品。

在硅谷，大多数初创公司都能够解决顾客的痛点，但这些痛点无关生死。因此，失败的后果通常不是灾难性的。这些公司解决的是马斯洛需求层次理论中更高层次的问题。如果优步软件和问么[①]（Venmo）软件都无法使用了，千禧一代的人多数会选择乘出租车出行，使用自动取款机取款（如果这些软件在未来几年仍旧存在）。有些公司的目标是满足马斯洛金字塔顶端的需求，即客户的自我实现，这包括教给客户如何利用和提升才能（诸如"大师班"[②]在线教育平台），甚至是如何实现自我超越（比如冥想应用程序"平静"[③]和"顶空"[④]）。这些公司为软件使用者提供有价值的服务，但如果出了差错，并不会对客户造成致命的后果。

在这种情况下，大多数时候快速行动，打破常规是不错的选择。如果最坏的情况也没有多么糟糕的话，通过这种方法与用户建立信任也会更加容易。

正如你所看到的，前沿地带的情况有所不同：越来越多的初创公司

[①] 问么（Venmo）是小额支付款项的软件，让使用者可以更轻松地处理朋友间的金钱问题（如分账、出游支出等），与使用者的支票账号或借记卡同步交易。——译者注
[②] "大师班"是美国著名的网上教育平台，其最大的特点就是聘请专家和名人，制作优质、精美的视频内容，通过视频课程的形式将自身的专业技能传授给订阅用户。——译者注
[③] 应用程序"平静"由冥想初创公司开发，其总部位于美国旧金山。它包括每日10分钟的冥想和半小时的故事，以帮助使用者入睡，并提供正念冥想主题课程。——译者注
[④] 应用程序"顶空"是除正念冥想"平静"应用之外的又一冥想巨头，它的优势在于系统的正念冥想方法讲解。——译后记

第九章 管控风险：培养用户信任，不只是"快速行动、打破常规"

或是在解决人类的紧迫需求，或是在提供社会缺失的基础设施，包括生理需求，比如食物（如空中农场）、光照（如左拉），以及健康和教育（如你将在第十一章看到的巴比伦健康公司和非洲领导力大学）。前沿地带的创新型创业者也在为这样一个客户群体提供产品和服务，他们无力承担更多损失，正在寻找可靠的产品，前沿创新者往往需要付出很多努力才能赢得信任。

为了与客户建立信任关系，前沿地带的创新型创业者需要向客户传达他们对风险管控的侧重。在米佩萨和佐娜公司成立的早期，其目标客户群体都是未充分使用银行业务的人，因此需要竭力说服这些用户采用自家系统。客户是否使用某种产品，关键在于这个产品是否给用户带来了安心可靠的感受，因此佐娜公司将"简洁、快速、安全"融入了产品宣传口号中。产品安全是建立在产品体验的基础上的，特别是对于提现功能的体验。客户能从网络代理商那里顺利提取现金就成为说服顾客将首笔现金存放于系统的先决条件（很多客户的第一笔交易通常是小笔交易，其目的就是检验不同代理商的提现服务能力）。如果代理商总是有足额现金供客户提取，顾客就会信任这项技术，会更愿意把现金存放于该系统中。

有时，需要通过实体形式建立信任关系。克里斯·弗拉扬（Chris Folayan）是非洲大陆领先的电子商务平台之一非洲购物中心①（Mall for Africa，MFA）的创始人。他回忆到，早期的客户会怀疑这个电商平台能否兑现承诺，即能否配送网上所订的货物。为此，克里斯不得不建立一个"实体信任网络"。正如他解释的那样："人们习惯于去市场与供应商面对面地交流。在数字世界里，这是不可能的。"[6]

为了解决这一问题，非洲购物中心建立了实体取货场所。在美国，

---

① 非洲购物中心（Mall for Africa，MFA）是非洲知名电商平台，主要销售欧美国家的时尚鞋服、品牌手表等。它凭借独特的支付系统和配送系统，成为美国零售商把货卖向非洲消费者的数字代理和物流经理。——译者注

亚马逊的优势是方便送货上门。然而，非洲购物中心的成功在于允许顾客从公司取货，从而亲眼见证实实在在的公司。克里斯与知名品牌合作，巩固了顾客信任度。与值得信赖的品牌建立联系，展示公司的真实存在，有助于推动顾客选择公司的产品，使得非洲购物中心成为非洲大陆最大的商家之一。

前沿地带的创新型创业者打造的是可靠的产品，这些产品值得用户信任，而这种信任的建立也得益于他们对客户关系的维护。

选取可接受的风险

创新是一门艺术，而并非科学。人们常说企业家"总是一边驾驶飞机，一边制造飞机"。无论是在硅谷、在前沿地带，还是在其他地方，建立初创公司都有很高的风险。前沿地带的创新型创业者在创业之初就先确定能够和不能够接受的风险类型，博士医疗公司对此尤为注意。托马斯·斯鲁吉（Thomaz Srougi）于2011年建立博士医疗公司，该公司规模宏大，经营的连锁医疗机构在巴西居于领先地位。

巴西宪法中规定了全民享有免费的医疗保健服务，涵盖了从初级保健到长期住院的所有事项。然而不幸的是，巴西公共卫生保健系统资金不足，就医等待时间很长。因此，超过四分之一的巴西人拥有私人健康保险，以确保他们享有更快捷的私人医疗服务。然而其余四分之三的巴西人则不然。因为这部分人无法负担更高端的医疗服务，博士医疗公司成立的初衷是为他们提供经济实惠的基本医疗服务。它利用技术极大地简化了许多后台程序，并对诊所经营模式进行创新，以使医生能够提供高效、优质的保健服务。

与许多提供关键产品或者服务的前沿地带的创新型创业者一样，托

第九章　管控风险：培养用户信任，不只是"快速行动、打破常规"

马斯对风险的看法深刻地影响了其建立业务和扩大经营的方式。正如托马斯所说，"在病人安全方面，我们对风险零容忍。在其他方面，我们会仔细权衡风险。"[7]为了给病人提供医疗建议，在医疗体验上不打折扣，博士医疗公司聘请了最好的医生。但在其他方面，公司都在寻求实验和创新。例如，与世界上大多数医疗系统不同，它的定价是高度透明的。"《商业周刊》最近的一篇文章称其模式更像快餐店而不是诊所："它不需要保险，并像麦当劳的菜单一样列出价格……在每个医生的办公室里，各环节的费用都清晰列出。比如，看一次全科医生的诊费大约是30美元（相当于110巴西雷亚尔）。"[8]

当该公司创建一个新的产品线时，例如新安装的磁共振成像设备（这在巴西的诊所里算首例），它并不对设备的运行过程进行试验，仅对诊所的占地面积和利用率进行了试验。博士公司最近建立了一个分析平台，用于评估患者的病情发展趋势，预测治疗结果和改善护理效果（也可以帮助研究人员找到更好的治疗方法或者研究出新的疗法）。[9]公司也在产品开发中建立了风险管理体系。它选择从最艰难的市场——圣保罗的一个贫民窟入手。若该模式在此地能够稳妥运行，那么只要产品有价值，且能得到用户青睐，它在任何地方都会行得通。换言之，一旦那里的临床医生掌握了它，该模式就足以在任何其他地方运行。

博士医疗公司目前有50多个诊所，雇用了2 000多名医生，并且已经为100多万名顾客提供了服务。它已经从世界各地投资人手里获得了超过1亿美元的风险资本，从而得以在整个巴西扩大其经营模式。[10]它持续以渐进式递增的方式进行每一项创新，并将患者健康作为创新不可动摇的首要目标。

视觉春天公司致力于在新兴市场提供低价眼镜，并在产品发展过程中建立了风险管理体系。视觉春天想做儿童眼镜，但儿童眼镜制作工艺精湛、工序复杂。因此，该公司分阶段开发产品，逐步培养制作能力，从而管控产出不合格产品的风险。公司先研制老花镜，然后是为已工作的成年人验光配镜。在熟知上述操作后，公司才开始尝试制作儿童眼镜。[11]

对于前沿地带的创新型创业者来说，要想提供高质量产品和服务，深思熟虑的风险管理方法必不可少。这些方法帮助确定了哪些方面不适合冒险，比如食品质量或病患护理方面，也明确了可以尝试冒险的地方。

风险管理文化

为了加强客户对优质产品的关注和信任，前沿地带的创新型创业者往往创造一种管理风险的企业文化，并授权员工在预见风险时采取行动。

大卫·罗森博格在空中农场公司建立了风险管理组织和团队。大卫向董事会报告了七项企业运营关键绩效指标：（1）人员安全（2）质量和食品安全（3）生产（4）运营效率（5）投入（例如养分、种子、能量）（6）价格（7）劳动力。引人注目的是前两项的关键绩效指标都与安全有关。如第八章所讨论的那样，毕竟公司的业绩取决于其所看重的指标。正如大卫所说："如果我们连人员安全和产品质量都不能保证，那么其他事情也就无关紧要了。"[12]

食品安全融入了企业文化和组织结构，贯穿整个工作报告体系。蒂姆·本德尔（Tim Bender）是工程主管，直接向首席运营官罗杰·波斯特（Roger Post）报告工作。在加入空中农场公司之前的15年中，蒂姆曾在康尼格拉①（ConAgra）和阿利兹塔②（ARYZTA）公司中担任过高

---

① 康尼格拉（ConAgra）食品公司是美国最大的食品公司，是财富500强企业之一。——译者注
② 阿利兹塔（ARYZTA）公司是瑞士冷冻食品制造商，也是世界上最大的冷冻面包公司之一。该公司拥有领先的、专业的冷冻面包部门。——译者注

第九章　管控风险：培养用户信任，不只是"快速行动、打破常规"

管职务。这两家公司均为行业引领者。他在空中农场公司的职责之一就是不断考虑安全问题。哪里会滋生细菌？什么会妨碍食品安全？需要制定哪些流程来确保质量？……

每个农场都有一个食品安全主管。工作报告体系中加入了相互制衡的机制；安全经理向质量保证部门汇报，质量保证部门向首席运营官汇报，而不是向农场负责人汇报。大卫知道"在食品安全和效率之间可能会有取舍……因此，我们建立了一个组织结构，可以独立报告食品安全事项，确保公司决策始终围绕所有利益相关者的长远利益"。[13]

空中农场公司意识到它正在创造新的食品生产流程，这一流程并没有可参照的食品安全行业标准。减少风险的最好办法是定期清洁。然而，它最大的成本动因之一就是与清洁有关的劳动力。清洁多少次才够？大卫解释道：

> 我向温室领域的领头羊企业进行了咨询，特别咨询了欧洲相关领域的佼佼者。当我问他们上次清洁设备的时间时，他们的回复都会围绕某个特定的（负面）事件，显然，那次清洁是为了解决该负面事件才着手的。我们决定每年清洁设备25次，虽然不知道这是否正确，但是我们非常确定，这一数字绝对远超应该清洁的次数。[14]

空中农场公司每年清洁25次的数字既不是由政策决定的，也不是由工程主管决定的，它是自下而上形成的。安全小组工作人员建议将清洁工作与采收次数联系起来，采收是他们工作流程中的另一个步骤。农场的种植周期为14天，每年收获25次。大卫说："我们从一个既现实又很保守的高标准出发，去找寻合适的清洁标准。"[15]

尽管空中农场公司在销售和开设工厂方面已经步入正轨，但由于它增加了额外的清洁程序，其对清洁工作的投入使劳动力成本远超预算。大卫认为这是值得的。目前看这个工序要求可能有些过高，但它以后需要扩展应用到许多类型的产品上。毕竟，先将食品投放市场试验效果，而后从中获得经验教训，这是行不通的。

建立一个全面的报告体系，比如食品安全报告体系，可以培养团队的凝聚力、创造动力，并养成习惯。正如查尔斯·杜希格（Charles Duhigg）在他的书《习惯的力量》（*The Power of Habit*）中所解释的那样，这些设计选择对于形成可重复的行为模式大有裨益。最终，这会形成一个良性循环，不仅有助于评估风险和减少风险，而且还有利于组织内部整体的健康发展。[16]

考虑负面的外部因素

有些人认为初创公司必须采取进一步的措施，在科技产品问世之初就主动评估潜在的负面影响。最近未来研究所[①]（The Institute for the Future）与技术和社会解决方案实验室[②]（Technology and Society Solutions Lab）合作，出版了一本指南，为如何规划新产品、避免新产品被错误使用提供方法指导。指南涵盖了八个主要风险载体，包括真相、虚假信息以及对产品上瘾风险提示的相关宣传。指南上这样写道：作为技术专家，我们花费大部分时间专注于如何用技术更好地改变世界，这是再正常不过的事情。但是，在某些方面，辩证地看待问题或许更有用。除了幻想

[①] 未来研究所（The Institute for the Future）是独立的非营利性的研究组织，创办于1968年，现位于帕罗奥多。它在以下领域提供预测服务：工作和日常生活、技术与社会、健康和保健、全球商业趋势、变化的消费市场。——译者注

[②] 技术和社会解决方案实验室（Technology and Society Solutions Lab）是奥米迪亚网络公司成立的机构，旨在帮助最大限度地发挥科技行业对健康社会的贡献。——译者注

第九章 管控风险：培养用户信任，不只是"快速行动、打破常规"

技术如何拯救世界，要是我们还能花些时间担心技术可能、也许、大概将会把一切搞砸，又会是怎样的情况呢？[17]

接着，该手册提供了战术、方法，指导如何从一开始就将道德行为与新兴产品开发结合起来。

想一想，如果脸书采用这种方式将会有何变化。如果脸书的董事会不是坐视不管，而是要求对平台上传播的假新闻数量、创建的假账户数量及平台上回音室谈论的主题归类进行报告总结，尽管外界的批评仍很有可能发生，但公司或许可以避开一些不必要的负面影响。前沿地带的创新型创业者应对风险有周全之策，在法律层面亦是如此。

违法或者立法

最有趣的莫过于前沿地带的创新型创业者与其所在商业生态系统中的处理法律问题的独特方式。书中曾提到过印尼电子商务初创企业布卡拉帕克，该公司的联合创始人兼首席执行官是艾哈迈德·扎基（Achmad Zaky），他对这一点总结得很到位："在许多新兴市场，经济不拘形式，没有任何规则可依。因此，我们也谈不上违反规则。通常情况下，我们会与政府进行公开对话，共同制定规则。"[18]

以美国的优步和前沿地带类似的拼车初创公司为例，在发达市场，优步避开了关于接客地点和司机背景调查的法律；但随后，它接受了调查并被吊销了许可证。[19] 在一个受政府管辖甚至工会发达的行业中，优步的行为被视作不服从监管的扰乱行为。

相比之下，在许多新兴市场，出租车行业并不受监管。一些市场上还存在大量不受监管、没有执照、没有保险、无法追踪和身份不明的出租车。但东南亚的哥拉伯或 Gojet 以及拉丁美洲的 99 公司等初创公司改变了这种状况（优步在许多这种市场中也有业务）。司机注册时必须出示带照片的身份证，并且必须有保险才能加入这些平台。因为每个订单都会被跟踪，如果出了什么问题，也无需担心。但这也无法保证万无一失。例如，印度已经有好几起优步司机绑架女性乘客的报道。[20] 但总体而言，许多观察人士认为，与那些不正规的、无法追踪的叫车服务相比，这已经安全多了。

许多其他企业也面临同样的情况。史克威尔①（Square）公司是金融科技领域最著名的成功案例之一。它创造了一款划时代的产品，该产品允许小商家接受信用卡消费。由于购买购物中心商家使用的销售终端设备非常昂贵，因此史克威尔为小商家提供了一款连接手机的附件，使他们不必再购买昂贵的设备。史克威尔的商家可以使用手机取而代之，通过电子邮件发送收据。在美国，大多数采用史克威尔技术的商家已经是纳过税并受到监管的正规企业，他们只是碰巧不接受信用卡。[21]

与史克威尔类似的企业已经在世界各地涌现，比如墨西哥的科力普②（Clip）、南非的约科③（Yoco）和印度的艾泽坦浦④（Ezetap）公司。对于他们服务的许多商家来说，接受借记卡和信用卡付款代表着他们在正规金融系统内的第一次交易。这些商家可以是街头市场上卖鞋的小贩，是繁忙街道上的手机分销商，或者是墨西哥城、约翰内斯堡或德里的街角小店。实际上，这是它们第一次成为正规企业。

在某些特殊的情况下，前沿地带的创新型创业者必须与政府密切合

---

① 史克威尔（Square）是一家位于加利福尼亚州旧金山的美国金融服务和数字支付公司，创立于 2009 年。——译者注
② 科力普（Clip）是墨西哥的一所支付初创公司，创立于 2012 年，总部位于墨西哥城。该公司开发了一个读卡器应用程序，使用户能接受信用卡、借记卡和代金券付款。——译者注
③ 约科（Yoco）是非洲小企业的销售点支付服务提供商。Yoco 构建工具和服务，帮助小型企业接受信用卡付款并管理他们的日常活动。——译者注
④ 艾泽坦浦（Ezetap）公司是总部位于印度班加罗尔的 SaaS 支付平台。SaaS 支付系统支持商家接收各种数字交易，包括刷卡、在线支付。——译者注

第九章 管控风险：培养用户信任，不只是"快速行动、打破常规"

作。中东领先的风险投资基金贝科资本①（BECO Capital）的优素福·哈马德（Yousef Hammad）分享道："政府高度参与其中。没有政府的许可，私营企业将无法生存。否则，你实际上是和政府竞争。"[22] 优素福所说的是迪拜出租车行业，该行业与政府关系紧密。这意味着优步或卡雷姆公司取代的不仅仅是一个正规或非正规的行业，而是一个政府支持的行业。因此，在既定制度内开展运营不是一种选择，而是前提条件。前沿地带的创新型创业者并不仅使它们所在行业的业务运行更加透明，也希望为新兴产业建立监管。空中农场公司的大卫·罗森伯格明白，他所开创的不仅是一种商业模式，而且是一种全新的城市农业生产行业。因此，对他来说，他所在行业生产出来的食品必须与现有的食品一样好，甚至比它们更好。正如老话所说，"在IBM永远不会担心被解雇"。换句话说，空中农场公司或者其规模较小的竞争对手的任何失误都有可能会失去早期客户的信任，让垂直农业倒退10年。

因此，不论是对顾客的生命安全而言，还是对公司和行业的持续增长而言，健康和安全标准都是至关重要的。大卫解释道："如果你统计有关垂直农业的新闻报道，空中农场公司大约占到一半。作为行业元老和目前市场的头部公司，人们也将我们奉为思想领袖。但是我们越来越多地看到，新闻报道也带来了大量竞争。问题是，许多后起之秀甚至不曾问过我们已经解决哪些风险问题（比如多久清洁一次工厂）。于是，我觉得我有责任将同行组织起来。"[23] 所以，空中农场公司联合发起了食品安全和城市农业联盟，该联盟将领先的垂直农业创新型创业者聚在一起，制定最佳实践标准，并游说政府制定合适的监管制度（在这种情况下，

---

① 贝科资本（BECO Capital）成立于2014年，总部位于迪拜，是一家以技术为重点的风险投资，支持企业家和金融部门筹集资金。该公司帮助小公司在发展的早期阶段获得增长资本和实际操作指导。——译者注

是更严格的监管）。

同样，左拉也参与了全球离网照明协会①（GOGLA）的早期筹建。米佩萨甚至在考虑提供移动货币账户之前，就已经与监管机构进行了接洽。[24] 墨西哥支付公司科力普与监管机构有着密切的联系，它为最近通过的墨西哥金融科技法案提供了咨询服务（该法案定义了创新型创业者在审慎的消费者环境中提供金融产品和服务的方式和地点）。[25] 无论是出于需要，还是为了巧妙地做生意，前沿地带的创新型创业者往往会制定规章制度，推动行业走向正规，从而降低客户以及公司本身的风险。

为什么控制风险很重要

一个翻天覆地的变化正在发生。消费者已不再容忍硅谷对风险近乎无视的态度，他们要求硅谷采取更负责任的方式，看看脸书和推特最近受到的强烈抵制就明白了。用户认为这两家公司让俄罗斯钻了空子，干预了2016年美国大选，并在使用客户数据时不透明。人们越来越多地呼吁大型科技公司减少产品的负面影响，成为更优秀的企业。脸书最近将其座右铭改为"稳定架构，快速行动"，[26] 这也许不是巧合。马克·扎克伯格解释了原因："随着时间的推移，我们意识到，这（打破常规）并没有帮助我们更快地前进，因为我们必须放慢速度来修复产生的漏洞，所以它并没有加快我们的速度。"[27]

硅谷的傲慢在前沿地带没有立足之地，也将在硅谷逐渐失去立锥之地。

---

① 全球离网照明协会（GOGLA）是一个中立、独立、非营利的行业协会，创立于2012年，初衷是为了推动现代能源普及，诞生于世界银行国际金融公司（IFC）的点亮全球项目创立（Lighting Global）。——译者注

第九章 管控风险：培养用户信任，不只是"快速行动、打破常规"

前沿地带的创新型创业者无法对产品或商业风险置之不理，因为它们经常向弱势群体提供基本的产品和服务。它们会仔细评估客户愿意承担的风险类型，建立安全边际，考虑产品的负外部性，并建立企业文化支持上述方法。通常情况下，由于它们正在创建行业，希望将行业正规化，制定适当的监管制度，并与生态系统合作以强化最佳实践。

在 2018 年的最后六个月内，脸书的市值从 6 300 亿美元的高点下跌至 3 800 亿美元，损失近 2 500 亿美元。这在很大程度上是由于剑桥分析公司事件[①]及其他丑闻发生之后，[28] 用户和社会对该平台的信心下降，并对其应对产品风险的态度产生不满。前沿地带的创新型创业者对风险持更谨慎的态度，不仅为硅谷的无视风险提供了一个宝贵的可借鉴教材，也成了我们的学习榜样（堪称一种高利润战略）。

[①] 剑桥分析公司是一所在美国注册的英国企业，它是一所以大数据挖掘和分析为主要业务的私人公司。2018 年 5 月该公司停止所有运营，并在英国和美国申请破产。该公司被指利用社交媒体脸书约 5 000 万人的用户数据，影响英国 2016 年脱欧公投和美国 2016 年大选。——译者注

第十章

重塑金融：
开发新的风险投资模式，应对更为艰难的生态系统

在创新创业领域，最紧密的共生关系也许就是创业者和风险资本家的关系。如果没有风险资本，创业者即使有想法，也无法落地实施。创业者愿意用公司的部分股权换取资金和建议，以加速发展。没有创业者，风险投资就找不到人做创建公司这份苦差事。[1] 然而，这种共生关系也有失衡的时候。

卡洛斯·安特奎拉（Carlos Antequera）曾是一名创业者，后转型做风险投资。他很清楚创业的特点，决心要独辟蹊径。卡洛斯出生在玻利维亚，在美国堪萨斯州学习了计算机科学与数学，毕业后做了软件工程师。拿到工商管理硕士学位后，他在堪萨斯州成立了一家名为耐特开米亚①（Netchemia）的互联网咨询公司。公司主要帮助拉丁美洲企业做网络化和流程数字化。

后来，卡洛斯的一个熟人找他帮堪萨斯州托皮卡学区的特殊教育实现自动化。产品做出来后，其他学区很快听说了这个产品，也来求他帮

---

① 耐特开米亚（Netchemia）位于美国堪萨斯，创立于 2001 年，是一家教育软件开发商。专门研发与美国 12 年教育体制相关的软件，主要以云端平台为基础。——译者注

忙。就这样，他找到了公司合适的定位：为学区搭建人才管理平台，用于招聘、培训与培养教师和行政人员。随后，耐特开米亚逐步发展成为美国行业内的巨头，服务3 500个学区，帮助开发招聘网站、求职者跟踪、员工档案和绩效管理等一系列产品。

卡洛斯在没有传统风险投资的情况下建立了自己的公司。公司自力更生了4年之后，才从天使投资人那里获得了85万美元的种子轮融资。多年后，由于某些业务需要投资，卡洛斯接受了一笔高达650万美元的私募股权投资，基本上跳过了风险投资环节。[2]

回顾这段经历时，卡洛斯总结道：传统的风险投资模式不适合他的公司。虽然耐特开米亚商业模式稳固、发展良好、营收稳定，但它没有潜力，也没有野心要增长一百倍。作为一家抵押品有限的成长型科技企业，耐特开米亚也不适合向银行贷款。

传统的风险投资模式不适合耐特开米亚，也不适合许多类似的公司。卡洛斯解释道，"如果我想让耐特开米亚成为风险投资家的宠儿，就必须打破我已有的市场基础。风险投资家都是投资大市场。我就得放弃小众市场，冒更大的风险，甚至为了更大的想法孤注一掷。但如果去开拓更大的市场，我又没有相应的知识技能。我很可能会失去自己辛辛苦苦建立起来的一切"。[3]

2016年，也就是耐特开米亚成立15年后，卡洛斯将它出售给了一家私募股权公司。下一步，他想为更多像他这样的创业者提供资金支持，他们开创的公司和耐特开米亚类似，传统的硅谷式风险投资并不适合这些公司。

硅谷风险投资模式究竟为何与卡洛斯的理想投资如此不同？为了回答这个问题，我们先来探讨一下硅谷式风险投资有哪些基本原则。

第十章 重塑金融：开发新的风险投资模式，应对更为艰难的生态系统

公海传说

风险投资家是专门投资初创企业的投资人。他们筹集资金，建立资金池，进行三年到四年的投资，帮助初创企业成熟、发展，最后退出。风险投资基金的平均期限是十年。为了维持投资，风险投资公司每完成一笔基金投资，都会募集一笔新的基金。有限合伙人（家族办公室、养老基金、大学捐赠基金、基金会和企业）把自己的资金委托给普通合伙人（风险投资家），普通合伙人再将资金投放出去。风险投资家有一个几乎通用的商业模式，它由费用和利润分配体系构成（俗称"2 & 20"，是风险投资基金的典型费用结构，由管理费用和绩效费用组成，解释见后文）。[4]

当我问学生这种典型模式的起源时，他们都会猜是硅谷。实际上它的起源更早，而且与科技无关。现行的标准利润分配体系起源于19世纪马萨诸塞州新贝德福德（New Bedford）的一个与科技风马牛不相及的行业：捕鲸业。新贝德福德港是众多捕鲸港口之一，它在全球鲸鱼贸易中占据着主导地位。正如《经济学人》所报道，新贝德福德的捕鲸人既"没有发明什么新船，也没有发明什么追踪鲸鱼的新方法，他们只是开创了一种新的商业模式，这种模式可以有效汇集资本和技术工人，而在资本和技术工人的汇集过程中往往蕴含着巨大的风险"。[5] 1859年，全世界共有900艘捕鲸船，其中700艘是美国捕鲸船，其中70%来自新贝德福德。[6]

新贝德福德捕鲸业的运作模式和现代风险投资模式惊人地相似。捕鲸管理人相当于现代的风险投资公司招募投资人，出资购买船只和装备，以此收取一部分收益（可以从船上"带走"一部分东西）。通常，船长（相当于现代创业者）也会把自己的资金投入到远航捕鲸当中，以获得收益分成。船员们的工资完全来自远航捕鲸的收益，和现代创业公司里的

员工拿股票期权类似。远航捕鲸需要很长时间：要所有的船都满载了才会返航，一去经年，而且还有部分船会在海上失踪。[7]

和19世纪中叶的捕鲸业一样，风险投资是一种有风险的投资行为。投给初创公司的每一笔钱都有很大的亏损风险；最近，据旧金山一家著名调研公司预测，硅谷初创企业成为独角兽的可能性还不到1%，70%的公司会创业失败。[8]

潜在回报会抵消风险投资固有的风险。投资初创企业一旦成功，其增长率不会像股市那样只有10%—20%，而是100%、200%，甚至更高。风险投资家通过广泛投资创业项目，以期从少数成功项目中获得巨大的资本回报，这样一来，投资过程中那些失败的项目所带来的累积亏损就显得微不足道了。

这样的投资是非常有利可图的。举两个极端的例子。据传，硅谷风险投资商阿克塞尔（Accel）投资脸书时只花了1 200万美元，而回报则高达90亿美元。[9] 同样，据传红杉资本退出瓦茨爱普（Whats App）时，股票价值高达30亿美元，是其投资额的50多倍。[10] 虽然这两个都是个例，但一定程度上解释了其中的经济学原理。有几项投资获得特别可观的回报就会弥补投资组合中的其他亏损。总的来说，风险投资的回报相当诱人。近10年，风险投资年均回报率在9.6%，近30年的年均回报率接近20%。[11]

然而，风险投资模式也具有其逐利性和特殊性，这反过来又会影响创新产业的表现。基金有十年的时间投资和收取回报，十年是一个时间节点，时间一到，投资人就会退出。风险投资基金结构中有20%的绩效费（创收的20%），所以风险投资基金瞄准那些能获得巨大利润的、在期望时间内最大化资本收益的创业公司。还有2%的管理费用于基金的运营。

显然，这种模式并非放之四海而皆准。

第十章　重塑金融：开发新的风险投资模式，应对更为艰难的生态系统

前沿地带风险投资实况

虽然传统的风险投资模式在全球占主导，但它并不能完美地嫁接到硅谷以外的地方。新兴生态系统中的风险投资家和前沿地带的创新型创业者一样，都面临着独特的挑战。

诚然，缺乏资金是一个主要挑战。硅谷有近1 000家风险投资公司，而非洲54个国家却只有不到90家风险投资公司（平均一个国家还不到两个）。[12]整个拉丁美洲还不到150家。[13]这种资金分布不均的现象也出现在美国：西海岸的风险投资占全美的40%，而整个中西部的风险投资只占0.7%。[14]

更为复杂的是，某些宏观经济条件（如第三章中讨论的因素）也会给前沿地带的投资者带来更大的不确定性，影响他们的投资回报。一国货币下跌30%会对投资回报造成重大的影响。

在前沿地带，投资退出也需要更长时间。硅谷的风险投资家有现成的企业收购生态和稳定的新股发行市场（IPO），而这两者在新兴生态系统却都不具备。[15]从表面上看，缺乏资金、依赖其他投资者、退出困难、宏观经济存在风险等不利因素都给风险投资蒙上了惨淡的阴影。

尽管面临多重挑战，前沿地带的风险投资基金还是展现出了极强的生命力，并发展起具有独特吸引力的商业模式。据投资咨询公司康桥汇世①（Cambridge Associates）估计，在新兴市场上近15年，风险投资和私募股权的平均回报率突破了10%。[16]其他专业指数显示，新兴市场多个年份的回报率都超过了美国。[17]

---

① 康桥汇世（Cambridge Associates）公司是一家总部位于美国的国际顶尖投资咨询公司，在全球拥有8个分支（阿灵顿、北京、波士顿、达拉斯、伦敦、门罗帕克、新加坡、悉尼）和逾1 000名雇员，服务于全球约1 000家客户，主要为他们提供资产配置、投资经理人筛选等多类服务，其中还包括私募基金和风投基金的筛选、评估和尽职调查等。——译者注

前沿地带的投资者之所以能取得这么好的成绩，主要是因为采取了一些策略：构建弹性的投资组合，瞄准全球投资，着眼长远。

投资组合的韧性

前沿地带风险投资组合的风险和收益前景与硅谷截然不同。

风险投资公司靠少数几个投资带动整个基金，因为每个创业想法背后都有多个公司参与竞争，最终只有一家公司能脱颖而出，主导市场并为风险投资公司带来盈利。每个如脸书一样成功的公司背后，都有一个如聚友[①]（Myspace，脸书的竞争对手）一样的竞争对手。业务成功后，初创公司会筹集大量资本，迅速抢占市场份额。图 10-1 所示的幂律曲线就体现了这一范式。与正态分布不同的是，在幂律中，顶尖的几家公司获得巨大的成功，其余公司只有微薄的回报，甚至没有回报。

幂律法则也适用于风险投资。据估计，有一半的风险投资公司在扣除费用后无法回本（零或负收益率），只有 5% 的公司回本超过三倍（相当于十年内 12% 的年化回报率）。也就是说，十年后有一半的风险投资公司，其回报比低息银行存款还要低（风险却高得多）。[18]

然而，即使有一半的公司表现不佳，行业平均回报仍然相当具有吸引力，这是因为回报高度集中在少数几家公司，而且在这些公司内部，少数几笔融资产生了大部分回报。

在前沿地带，这一现象更加微妙，且不那么极端。

[①] 聚友（MySpace，也有人译作"友你友我"）是一个社交网络服务网站，提供人际互动、使用者自定的朋友网络、个人档案页面、部落格、群组、照片、音乐和视讯影片的分享与存放。聚友也提供内部的搜索引擎和内部的电子邮件系统。该网站的总部位于美国加州的圣塔莫尼卡，其母公司总部则位于纽约市。——译者注

第十章　重塑金融：开发新的风险投资模式，应对更为艰难的生态系统

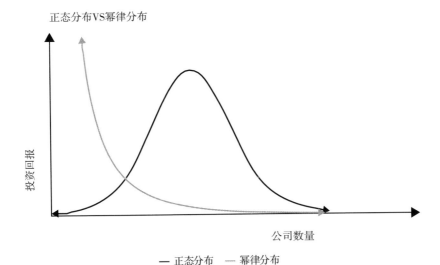

图 10-1　正态分布 vs 幂律分布

诚如大家所见，前沿地带的创新型创业者正在以不同于硅谷同行的方式创办公司。由于抢夺领先位置的竞争对手一般不超过五个，他们虽然仍关注增长，但更关心的是拥有强大的商业模式、重复性的增长，而不是不惜一切代价地攻城略地。做骆驼可能会拖慢大获成功的脚步，但也降低了彻底破产的可能性。事实上，研究表明，前沿地带创业公司的存活率比硅谷的要高。[19] 也就是说，前沿地带的风险投资失败率更低。

失败率低的弊端在于，迄今为止，顶级成功难得一见。在过去的十年里，除了中国之外，没有任何其他地区能够稳定地产出与硅谷一样多的独角兽，或者说与硅谷同等规模的独角兽。在全球范围内，美国拥有一半以上的独角兽，中国拥有四分之一。除了德国、印度、荷兰、俄罗斯、阿联酋和英国之外，还没有其他国家出现过两个或两个以上的独角兽企业退出。整个非洲大陆，直到最近才出现了第一家上市初创公司吉米亚。即使在美国，除了加利福尼亚和纽约之外，绝大多数州都没有独角兽企业。[20]

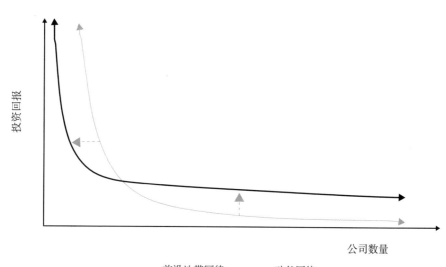

图 10-2　前沿地带幂律 vs 硅谷幂律

关于该问题的学术研究才刚刚开始。早期的数据表明，前沿地带风险投资家培养独角兽的可能性较低，但投资失败的可能性也较低，因为他们投资的是营利型、可持续型公司。前沿地带的风险投资也依靠"特大赢家"，但它的投资组合不同。图 10-2 就很好地体现了这一点。

东南亚风险投资公司亚洲合伙人研究了东南亚风险投资相对于其他资产类别的夏普比率（Sharpe ratio，即给定风险的回报率）。风险投资是所有类别中最具吸引力的，并且值得注意的是，风险调整资本回报率与房地产持平。[21]

为了增强投资组合的韧性，前沿地带的风险投资家还会和其他投资者合作。这种联合投资（syndication）从两方面降低了投资风险：首先，每个基金不需要为单笔融资分配太多资金，这使得小额基金可以实现投资组合的多样化；其次，后续轮融资时，联合投资会确保有更多参与者为基金公司提供帮助。[22] 联合投资也更有可能在估值更高时退出。[23]

在硅谷，联合投资越来越罕见（除了最早期阶段）。风险投资基金的规模延续了上扬态势,很多主要投资人一直都是维持超过10亿美元的筹资规模。[24] 因此,硅谷的投资者往往倾向于开出更大的支票(小支票对10亿美元的基金来说没有什么意义),以换取更多的所有权(以便公司一旦成功,投资者就能获得较大的回报)。这样一来,就很难进行联合投资或允许其他基金的加入。对于研究过硅谷历史的人来说,前沿地带的联合投资可能是旧潮复现。硅谷早期,大多数基金也相互合作。[25]

与生俱来的全球化与多样性

从历史角度上看,风险投资是一种本地性活动。因为要想创投成功,投资者必须对行业痛点、政治和监管格局以及经济动态有深入的了解。这也就是硅谷投资者更喜欢在本地投资的原因。对风险投资基金进行分析后,你会发现:旧金山湾区投资者的投资组合中,有近三分之二都在湾区,80%在西海岸。[26]

前沿地带的风险投资家将"多地并投"融入了公司结构中。和第五章里"生而全球化"的创业公司一样,很多风险投资公司考虑到"投资—退出"这个必然流程,采取了"多地并投"的方式。只投资单一市场的风险投资公司很难立足。前沿地带的初创企业往往跨越多个市场。因此,任何国家出现的创业赢家既有可能是本地人,也有可能是外地人。

此外,创新趋势不再仅是来自硅谷的单向输出,而是沿着全球供应链发展。更复杂的是,在发展中的生态系统里(尤其是对于除巴西、中国、印度等最大的新兴市场之外的,A轮和B轮之后的融资),单个基金的资金已经难以支撑公司继续融资。于是,公司开始跨国寻找资金。生而全球化的创业公司面临着来自世界各地的竞争。相应地,投资者也会进行跨境投资,以便及时捕捉其他地区的趋势,帮助所投的公司成为全球（或至少是地区内）同类中的佼佼者。

国泰创新①（Cathay Innovation）是一家国际公司，在亚洲、非洲、欧洲和北美洲都有办事处。其愿景是创建一个全球平台，分享创新创业趋势，汇集国际大公司，协助所投公司进行跨国扩张。

长期愿景

时间限制（硅谷风险投资的一个特点）会把投资者的思考框定在一段时间范围内，这样会限制初创企业的增长，抑制创业者的需求，也有违有限合伙人的利益，因为后者专注于资本的长期最大化。

由于前沿地带的退出时间更长，时间限制对前沿地带的风险投资家来说是一项重大挑战。我认为应对这一挑战最好的办法是建立常青式基金（ever-green fund）。

常青式基金的投资者无需在一个固定的时间节点前将资本回报返还给有限合伙人，所以他可在利润回笼时进行再投资。总部位于南非的企业集团纳斯帕斯是全球领先的前沿地带投资公司，它就建立了常青式投资结构。

纳斯帕斯的第一笔风险投资对象是腾讯。最初，纳斯帕斯的首席执行官想收购一家中国传媒公司。2001年，纳斯帕斯团队偶然知道了微信（当时很多创业者都用微信进行联系），于是和腾讯谈收购，但谈判最后演变成了纳斯帕斯以3 200万美元收购腾讯近一半的股份。20年后，腾讯的市值突破了5 000亿美元，纳斯帕斯的股份也水涨船高，达到1 000亿美元（过去十年里，纳斯帕斯的市场估值从10亿美元飙升至1 000多

---

① 国泰创新（Cathay Innovation）是一家欧洲早期成长型风险投资公司，网络上也有人译为"凯赛创新"或者"凯辉创新"。——译者注

第十章 重塑金融：开发新的风险投资模式，应对更为艰难的生态系统

亿美元，也是腾讯这笔风险投资的功劳）。[27] 这笔投资可以说是有史以来最成功的风险投资了。[28]

从那以后，纳斯帕斯开始在世界各地投资，扩大了业务范围，在巴西、印度、以色列、荷兰、新加坡和南非等地设立了办事处。[29] 由于不需要在固定的时间节点前将资本回报返还给投资人，所以纳斯帕斯以上市公司的身份长期持有腾讯这样有潜力的初创企业，直至最后成功。

沃斯托兑新兴金融（Vostok Emerging Finance）公司成立于2015年，在全球范围内投资金融服务初创企业。沃斯托克在斯德哥尔摩交易所上市，所以它可以根据需要长期持仓。[30] 作为一支常青式基金，沃斯托克在阶段、投资规模和融资结构上都具有灵活性。沃斯托克已经在世界各地投资了一系列早期和后期公司。[31]

虽然纳斯帕斯和沃斯托克是上市公司，但常青式基金也可以是非上市公司。目前，无论是上市公司还是非上市公司的常青式基金都不常见。因为这种基金不是主流，所以很多有限合伙人不愿意投资常青式基金。[32] 投资者目前正在尝试长期基金（即十年期以上基金）。[33]

尽管常青式基金是"非主流"基金，但它的出现标志着前沿地带融资的一个重要趋势：投资者已经意识到了着眼长远的必要性。

正如投资工具、投资组合构建和基金设计正在发生变化一样，参与者也在发生变化。新的参与者包括企业投资者和影响力投资人。

企业投资者

企业投资者是前沿地带生态发展的主要驱动力。相比之下，在硅谷，大型企业投资者采取的是一种两极化的方式。对许多企业来说，他们最关心的是收购公司。他们看着初创公司成熟，然后收购那些他们认为与

他们的业务协同作用最大，或对他们的长期发展威胁最大的公司。脸书收购瓦茨爱普和照片墙就说明了后一种情况，因为脸书无法复制这两家迅速崛起的社交网络的成功，更不允许它们成功。有些企业投资者更进一步，通过专门的工具（主要是企业风险投资基金CVC）进行投资。尽管企业风险投资基金正在硅谷崛起，但与传统投资者规模相比，还是相形见绌。

在包括中国在内的前沿地带，情况恰好相反。在中国，像百度、阿里巴巴和腾讯（以下简称BAT）这样的科技巨头是初创企业的主要投资人和合作伙伴。和硅谷同行不一样的是，他们不仅以投资或收购公司为目的，而且还利用自己的平台（如腾讯的微信）为生态系统提供强大的分销和支持。BAT已经支持了中国超四分之一的独角兽企业，并与他们建立了伙伴关系。[34]

中国企业投资者也在影响着其他生态系统。蚂蚁金服作为一家快速发展的初创公司（在撰写本书时，它即将以超1 000美元的估值上市，远超硅谷最大的初创公司），专门为新兴市场的金融服务公司筹集了近30亿美元的资金。[35] 据报道，2015年至2017年，腾讯拿出300亿美元的资金，投给了包括色拉布①（Snapchat）、声破天②（Spotify）、特斯拉和优步在内的公司。[36]

在东南亚，企业投资者已经变成了重要的成长型投资者。当下，网约车服务市场吸引了投资公司的注意。位于新加坡的哥拉伯公司和专攻印尼市场的Gojek公司之间正在上演"双雄争霸战"。哥拉伯得到了阿里

---

① 色拉布（Snapchat）是一家美国跨国技术和社交媒体公司，由埃文·斯皮格尔和鲍比·墨菲创立于2011年。——译者注
② 声破天（Spotify），又称思播，声田，是一家在线音乐流服务平台。目前是全球最大的流音乐服务商之一。它和全球四大唱片公司：环球音乐、索尼音乐娱乐、华纳音乐、腾讯音乐娱乐以及其他唱片公司都有合作授权。——译者注

巴巴和软银集团的支持，已经筹集了数十亿美元，Gojek 则得到了腾讯和京东（中国最大的科技电子商务公司）的支持。[37]

当然，企业投资者的崛起不仅仅是一个中国现象。前沿地带最大投资者之一纳斯帕斯也是企业投资者。事实上，世界上最大的风险投资基金也是由企业投资者运营的。2016 年，总部位于日本的软银推出了愿景基金，筹集了近 1 000 亿美元用于投资全球的初创企业。软银最近还为拉丁美洲筹集了 50 亿美元的专项资金。[38]

从 2013 年到 2018 年，企业风险投资基金（CVC）的投资从 100 亿美元增长到 500 多亿美元，增长了五倍。现在，企业风险投资基金的投资参与了所有融资交易的近四分之一（对比 2013 年，只参与了 16%）。[39] 有一千多家大公司拥有企业风险投资基金，其中包括 75 家全球财富 100 强企业，[40] 如赛富时①（Salesforce）、芝麻街②（Sesame Street）等公司。企业风险投资基金越来越国际化：60% 来自北美以外的地区。[41] "前沿地带"的情况告诉我们：全球企业风险投资基金不太像在硅谷做投资或收购的公司，可能会遵循中国和其他地区所倡导的"培育＋合作"模式。

影响力投资的兴起

第八章重点介绍了前沿地带的创新型创业者前沿地带会平衡社会影响和商业成功的优先级。同样，越来越多的企业投资者在发起和扩大影响力投资。事实上，影响力投资是前沿地带创新创业的驱动力。

---

① 赛富时（Salesforce）创立于 1999 年，总部位于美国加州旧金山，主营客户关系管理系统（CRM），主要服务于企业级客户，同时也是云服务的鼻祖。——译者注
② 芝麻街（Sesame Street）是一个非营利性的教育机构，1969 年在美国首次与观众见面。芝麻街以制作新颖、有趣的儿童教育内容为主，并通过电视、广播、书籍、杂志、互动媒体和社区拓展活动进行传播。——译者注

我的前公司奥米迪亚网络是最早的影响力投资基金之一。奥米迪亚网络有一个独特之处，它将公益和传统的有限责任公司风险投资模式相结合。这种结合使得投资团队在向世界各地的创业者提供赠款和投资时保持了很大的灵活性。

奥米迪亚成立时是新兴行业中为数不多的几支影响力投资基金之一。现在，影响力投资的参与者越来越多了。许多基金会和非营利组织对这种模式很感兴趣，因为在这种模式下，资金可以再转化、再投资，并且支持各种的机构。在另一端，规模更大的传统金融机构也在做影响力投资。2017年，世界主流私募股权巨头美国得克萨斯州太平洋投资集团[①]（TPG）创建完成了一个20亿美元的影响力投资基金。[42] 福特基金会[②]（Ford Foundation）最近宣布，它已从其捐赠款中专门拨出10亿美元用于投资与其使命相关的项目。自2007年洛克菲勒基金会[③]在一次会议上提出"影响力投资"一词以来，已有超过2 200亿美元流入了影响力领域。[43]

像多任务型企业一样，在新兴生态系统中，前沿地带的风险投资家越来越多地投资商业模式自带影响力的公司。所有投资者都有责任帮助前沿地带的创新型创业者和企业家创建具有重大意义和变革性影响的企业。

---

① 美国得克萨斯州太平洋投资集团（Texas Pacific Group，简称TPG或"得州太平洋集团"）是美国最大的私人股权投资公司之一，于1992年创立。公司业务主要为公司转型、管理层收购和资本重组提供资金支持，TPG在通过杠杆收购、资本结构调整、分拆、合资以及重组进行的全球股市和私募投资上有着丰富经验。——译者注
② 福特基金会成立于1936年，由福特汽车公司的亨利·福特及其子埃德塞尔·福特拿出部分股票和资产作为基金而建立。1950年基金会与福特汽车分开，在一个独立理事会的管理下运作，从此再没有接受任何捐助，基金会的资金全部来源于原有基金在股票、国债、房地产等各方面的投资所得。——译者注
③ 洛克菲勒基金会（Rockefeller Foundation），又称"洛氏基金会""罗氏基金会"，是美国的一个慈善机构，由标准石油创办人大约翰·戴维森·洛克菲勒、他的儿子小洛克菲勒和纽约州重要的商业和慈善事业高级顾问弗里德利克·泰勒·盖茨在1913年创立，总部位于美国纽约市第五大道420号。基金会的主要历史使命是"提高全世界人类的福利"。——译者注

第十章　重塑金融：开发新的风险投资模式，应对更为艰难的生态系统

挑战传统投资结构

本书中提到的很多前沿地带的创业公司，如 Gojek、格鲁布哈布和钱包管家，都是通过传统的风险投资结构以及企业和影响力投资者进行融资的，这很正常。到目前为止，这种模式仍然是主流选择。

但前沿地带的很多投资者开始尝试新的模式，包括创建新的投资结构，利用人工智能获取资源、做出决策，以及允许用户进行投资。

2016 年，美国中西部风险投资家基思·哈灵顿（Keith Harrington）对传统的风险投资模式越来越失望。在他遇到的公司中，很少有能够获得风险投资支持的。哈灵顿说道："他们是特别好的公司，但他们不适合传统风险投资模式。从各方面看，这些公司增长得都很快，年均增长率超过 20%，但这个速度对于初创公司来说有些慢。他们自力更生，从未筹集过风险资金，并且密切关注现金流和盈利能力。"[44]

风险投资的灵感来自于一个特定的资源产业——捕鲸业。因此，基思·哈灵顿开始从其他行业中寻找灵感。采矿业激发了他的灵感，采矿业依赖的是采矿特许权使用费制度（royalty system）。勘探者从总收益中拿出一部分支付给投资者。投资者和勘探者是"有福同享，有难同当"的：投资者只有在勘探者成功的情况下才能拿到报酬，否则报酬会少很多。

基思与耐特开米亚的卡洛斯·安特奎拉（Carlos Antequera）合作成立了新发展合伙人①（Novel Growth Partners）公司。受采矿业启发，他们提出了一个投资创业公司的替代方案：收入分成。他们购买的是创业公司在特定时间内的一部分收入，而不是公司的股权。

收入分成同时解决了两大问题：漫长的投资期限和无法退出的风险。

---

① 新发展合伙人（Novel Growth Partners）公司成立于 2018 年，位于美国堪萨斯州，为早期软件公司提供灵活的资本解决方案。——译者注

与传统模式不同的是，收入分成提供了有保障的现金流。硅谷风险投资家需要等其他人购买他们的股权，才能获得投资回报，这种情况只有在公司被收购或者上市的时候才有可能发生，所以这种方式有很多的不确定性。但是，收入分成是基于当前收入。对于许多公司来说，未来两年到三年的收入是相对可预测的。投资者可以在约定的时间内退出和获得回报。在这种模式下，由于投资者不买公司的任何股份，所以公司创始人仍然享有公司控制权。

新发展合伙人的第一笔投资是"我的专业"（MyMajors）。这家成立于1964年的公司最近开发了一种基于算法的软件，可以帮助大学生匹配专业。该软件填补了一个至关重要但经常被忽视的空白。正如基思所说，"对大多数高校来说，学生毕业要花六年或更长的时间，因为存在转专业的现象。这对学校和学生来说都是个大问题。高校想提高学生的留存率和毕业率，学生们则希望从教育中获得最大的价值"。[45] "我的专业"可帮助学生尽早了解有前途的专业。

虽然这种新颖的收入分成模式才刚刚出现，但吸引了风险投资业的关注，而且这种关注度会继续激增。目前，美国已有至少8支采用收入分成模式的基金，位于达拉斯、帕克城、多伦多和西雅图等地。显然，这些地方都在硅谷以外。[46]

决策电子化

在硅谷和前沿地带，人工智能在寻找风险投资和做出决策方面正发挥着越来越重要的作用。全球有80多家风险投资公司公开披露了他们的人工智能模型，还有很多公司也可能在私下使用人工智能。[47]

由于前沿地带缺乏可用资金，发展之路更为漫长，评估不同国家的投资机会成本较高，所以数据驱动技术便成了为前沿地带的创新型创业者投资的宝贵工具。

例如，总部位于多伦多的初创公司克莱尔银行①（Clearbanc）主要向初创企业提供收入分成，该公司开创了一个自动化流程，帮助初创公司连接银行账户和社交账户，并提供详细的交易日志。克莱尔银行模式效率高且公正客观，这尤为引人注目：初创企业可以在20分钟内收到一份收入分成表。[48] 与此同时，社会资本②（Social Capital）公司开创了一种叫"资本即服务"（capital as as service）的模式，也叫CaaS。该模式创造了一种算法，可以客观地对公司业绩进行基准评估和预测。如果社会资本公司的算法发现了理想的投资目标，公司就会做出高达25万美元的投资决策。[49]

从历史上看，风险投资决策是一种基于与基金合作伙伴协商的分析艺术，而克莱尔银行和社会资本公司的CaaS模式都是基于算法。算法核实数据，做出融资决策，并提供建议。[50] 这些公司只关注客观数据，去投资一些可能被忽视的创始人。社会资本公司超75项的CaaS投资分布在20个国家，80%的创始人是非白人，30%是女性，这一数据远高于传统行业的数据。[51]

电脑不太可能完全取代人类风险投资家，也不应该取代。毕竟，在创业投资中，融资结构和团队关系等质量因素是至关重要的。华尔街的对冲基金完善了人工智能驱动在交易决策中的使用，在市场上获得了微

---

① 克莱尔银行（Clearbanc）并不是一家银行，它是位于多伦多的一家投资服务商，成立于2015年，为初创企业提供5 000美元至1 000万美元的资金。作为交换将获得用户收益中稳定的收入分成，直到该公司偿还所欠资金，同时还会收取6%的手续费。迄今为止，已为1 000多家公司提供了融资服务。——译者注

② 社会资本（Social Capital）成立于2011年，是一家总部设在加利福尼亚州帕洛阿尔托的风险投资公司。该公司专门从事科技初创公司，提供种子基金、风险投资和私募股权投资，它目前已不再筹集外部资本。——译者注

秒级的优势，但在风险投资中，时间并没有那么紧张，可以进行人为审查。此外，投资者和企业家之间的关系非常重要（我曾经跟学生说，平均来看，风险投资家和创业者之间关系比美国婚姻的寿命还长）。[52] 在前沿地带，尽管人工智能有望成为很有利的工具，但它短期内不太可能取代投资者。

最新的参与者：用户

前沿地带的最新投资者可以说是用户本身。从历史上看，在传统的风险投资中，创业公司的投资者是与用户隔绝的（比如，很少有优步用户持股优步）。在大多数市场里，投资者需要有一定资质（在美国，潜在投资者的薪资必须超过20万美元或拥有超过100万美元的流动资产净值）才能直接合法地投资初创企业。[53] 初创企业的员工或用户很少有能力购买股票（股票期权除外）。很多创始人都在寻找更好的办法，希望用户也能分享到使用量增加所带来的益处。

加密货币领域的创新可能会颠覆人们对以上范式的认知。首次代币发行（ICO）是众筹的一种形式。与首次公开募股不同的是，ICO 投资者不会获得公司股份。而且，与传统的众筹活动不同，投资者并不一定会得到特定产品或体验。相反，ICO 就是出售代币，而代币则可以允许投资者访问创业者正在构建的生态或网络。[54] 可用代币的数量往往是有限的，因此随着网络越来越受欢迎，代币的需求量和价值也随之上涨。

很多人已经预言 ICO 的崛起会彻底改变风险投资生态系统。2017 年，有创业者通过 ICO 筹集了 60 亿美元。[55] 如果你认为这件事完美到近乎虚假，你可能抓住了很关键的一点，当今世界有许多地方对 ICO 的合法性保持怀疑的态度。很多 ICO 是亏损的。令人吃惊的是，据某些估计，第一波 ICO 中，多达 80% 的项目存在弄虚作假的现象。[56] 其中一些诚实的项目往往是很早期的项目，在商业计划还未成形时就积累了巨额资本。[57] 这样的项目大多会以失败收场。近一年来，ICO 行业已大幅放缓，监管机构也开始打击它。[58] 早期 ICO 可能会被清算。

ICO 只是众筹这个大趋势中的一部分。像"启动器"①（Kickstarter）和"来资助我"②（GoFundMe）这样的平台为世界各地的创业者提供了非稀释性资金③，同时也证明了其产品具有市场需求。仅在美国，375 个众筹平台就筹集了超 170 亿美元。[59] 截至 2019 年年中，中国的众筹资金达到了美国的 8 倍。[60] 最近的监管措施，包括美国出台的《就业法案》④，将为个人投资初创企业创造更便利的条件。众筹模式允许来自任何地方的企业家获得资本。

就像影响力投资者和企业的崛起一样，个人投资初创企业的崛起也值得关注。假以时日，它将有助于解决资本不足的问题。

风险投资早期发展的经验

前沿地带的风险投资还处在起步阶段。本书所提到的大多数创新型创业者都依赖传统风险投资，某种程度上是因为这是他们唯一可用的

---

① "启动器"（Kickstarter）公司于 2009 年 4 月在美国纽约成立，是一个专为具有创意方案的企业筹资的众筹网站平台。2015 年 9 月 22 日启动器公司宣布重新改组为"公益公司"。创始人称不追求将公司出售或上市。——译者注
② "来资助我"（GoFundMe）创立于 2010 年，总部位于美国加州红木城，是世界上最大的筹款平台，帮助个人、事业和慈善机构快速有效地筹集资金。从 2010 年到 2020 年初，人们在该平台上共筹集了超过 90 亿美元的资金，有超过 1.2 亿名捐赠者向该平台的集资者捐款。——译者注
③ 非稀释性资金（nondilutive capital）即不需要用所有权交换的资金。——译者注
④ 美国在 2012 年通过《就业法案》为创业企业进行股权众筹敞开大门，在开放小企业融资限制、解除公开招股限制的同时，也要求每一个股权众筹者每年通过股权众筹的最高金额不能超过 100 万元。——译者注

资金。

找到适合当地生态系统的解决方案至关重要。在第十一章中，我会提到埃里克·赫斯曼（Erik Hersman）这个人，他是布雷克①（BRCK）和乌沙希迪②（Ushahidi）的创始人，这两家公司都是肯尼亚的知名初创公司。正如埃里克所说："你要确保不会本末倒置。现在很多初创企业依靠硅谷获得融资，于是他们故意把故事脚本往有利于融资的方向上设计。"[61]

创业战略不应主观上受制于特定地理位置的风险投资体系，而该体系本身就来自一个被遗忘已久的行业。硅谷对当前的风险投资模式采取了"如果没坏，就不要去修"的态度。但是，越来越多的情况是，出问题的地方才是我们真正需要创新的地方。前沿地带的风险投资家本身也是企业家和创新型创业者，正在根据其投资对象的需求重塑风险投资模式。

有一点是肯定的：下一个行业标准肯定不会来自公海的捕鲸船，而是来自前沿地带的海岸上。

---

① 布雷克（BRCK）是一家位于肯尼亚的美国独资初创公司，该公司构建了一种自供电的移动WiFi设备，该设备可以将人们连接到基础设施较差的世界各地的互联网。——译者注
② 乌沙希迪（Ushahidi）在斯瓦希里语里为"证词"或"证人"的意思，最初是一个网站。该网站通过电子邮件和短信收集暴力的第一手报道。然后，这些众包信息被放置到谷歌地图上。——译者注

第十一章
奠定基础：
赋能下一代企业家

在前沿地带，企业运营是建设前沿初创公司的最大挑战，尤其是当一个公司成为该地区的开拓者时，运营尤其不易。正如你所看到的，与硅谷同行相比，前沿地带的创新型创业者处于更加复杂的生态系统，正在解决更棘手的问题。

最优秀的前沿地带的创新型创业者引领后继者完成一个个史无前例的壮举：他们为未来创新生态系统奠定基石，开启生态系统的发展路径。他们当中有一小部分在生态系统发展的早期就达到一定规模并及时抽身退出，他们对该系统产生了巨大的影响，为下一代企业家扫清了道路，并向他们伸出了援助之手。我们可以将他们视为所在生态系统的"长兄长姐"们。

拉丁美洲的"长兄长姐"们

赫尔南·卡扎（Hernan Kazah）是一个典型的"老大哥"。他在布宜诺斯艾利斯长大，大学毕业后的第一份工作是在宝洁公司[①]（Procter &

[①] 宝洁公司（Procter & Gamble，简称P&G）总部位于美国俄亥俄州辛辛那堤市。2008年，宝洁公司是世界上市值第6大公司，世界上利润排名第14的公司。它同时是财富500强中第10大最受赞誉的公司。——译者注

Gamble）做品牌管理。1997年，赫尔南被斯坦福大学商学院录取。很快，他便一腔热情投入到科技领域，并且十分珍惜塑造全新的全球生态系统的机会。但他并没有留在硅谷，而是与商学院的同学马科斯·加尔佩林（Marcos Galperin）合作，后者想为拉丁美洲建立一个电子商务平台。这是个大胆的想法，因为当时该地区的互联网普及率只有3%，而且南美大陆上还没有一家风险投资公司。[1]

他们在1999年推出了美客多[①]（MercadoLibre）平台。这个过程并不顺利，公司所在的商业生态系统充满困难和对立情绪。由于一些投资者既担心易贝[②]（eBay）等美国公司可能蚕食南美市场，又担心很多本地资金雄厚的对手加入竞争，他们一度完全失去了信心，纷纷要求赫尔南和马科斯关闭公司，把所剩无几的资金还给他们。于是这两人不得不为公司的生死存亡而战，说服投资者相信他们的战略。

最终，赫尔南和马科斯用事实反驳了反对者的声音。现在"美客多"是拉丁美洲领先的电子商务公司，在全球电商公司排名中位列前十，拥有近2 800万客户，超过900万网络销售商（数以万计的销售商将该平台作为主要的收入来源），产品交易量达1.81亿件。[2] 该公司于2007年在纳斯达克上市，也是第一家在此上市的拉丁美洲公司，目前公司市值超过290亿美元。[3]

在首次公开募股后，赫尔南将管理职责移交给了公司的后起之秀。但他并没有退休，而是选择扶持下一代企业家，帮助他们解决自己曾遇到的一些问题。他与"美客多"的前首席财务官尼古拉斯·谢卡西

---

① 美客多（MercadoLibre）平台成立于1999年，是拉丁美洲领先的电子商务技术公司，该公司深耕拉美市场21年，发展至今，在拉丁美洲的地位犹如中国的淘宝。——译者注
② 易贝（eBay）是一个可让全球民众在网上买卖物品的线上拍卖及购物网站，于1995年9月4日由皮埃尔·奥米迪亚以"拍卖网"的名称创立于加利福尼亚州圣荷塞。人们可以在易贝上出售商品。——译者注

（Nicolas Szekasy）合作，创立了卡士泽克风险投资公司。赫尔南希望为下一代企业家提供指导、人脉、支持和鼓励，当然还包括最初创业时难以获得的资金。卡士泽克风险投资公司最初只用个人资金进行投资，但随后接受了外部资本。它最近的第四支基金的规模超过了6亿美元。[4] 该公司实施了一系列投资项目，包括本书中提到的顶尖前沿地带的创新创业公司，如纽班克、钱包管家和博士医疗公司。[5] 他们当中许多公司都有社会视角，在一定程度上专注于回馈整个社会。

除了在卡士泽克的工作外，赫尔南·卡扎还在拉丁美洲私募股权和风险投资协会（简称LAVCA）担任董事会成员，并与他人共同创立了阿根廷私人投资协会（简称ARCAP）。他的影响力并不仅仅局限于参与生态系统建设组织，他对生态系统的影响非常深远。他和马科斯指导了几十位企业家，例如，格洛班特公司的创始人对两人赞誉有加，认为正是这两个人激励他们将经验继续传递给下一代创业者。[6]

就像哥哥姐姐经常面临父母的无情阻挠一样，新生生态系统中的第一代创业者往往发现成功之路十分艰难。但他们锐意进取，开创了通往成功的生态系统和环境，并且扫除障碍，惠及弟弟妹妹。就像赫尔南在拉丁美洲所做的那样，前进途中，哥哥姐姐们也会回头看看身后，积极地帮助弟弟妹妹。几个具有开创精神的兄弟姐妹可以使一切大为改观。在拉丁美洲，来自三家公司的哥哥姐姐们，都与当地80%的初创企业息息相关，[7] 这其中就有赫尔南和马科斯。

一砖一瓦，夯实基础

当然，生态系统建设并不仅仅是那些成功企业家肩负的责任，也不依赖长兄长姐充当催化剂。所有前沿地带的创新型创业者都是生态系统的建筑师，他们正在使用一切可用的工具来打造持久的事业。

他们使用的工具包括：推广创业文化，提高容忍失败的能力，教授创业相关的技能，创建实际合作空间，提供与业务扩张同步的指导和资金支持，建立行业组织，参与制定地方法规。当然，还有建立非常成功的企业。让我们从企业文化的一个典型特征入手，依次探究它们。

麦斯卡尔酒[①]和失败

六个朋友边喝一瓶麦斯卡尔酒，边聊天，我们的故事就开始了（像所有故事的开场那样）。当谈及墨西哥创业文化对失败的反感时，所有人都认为，这种情绪阻碍了该国尚在萌芽中的创业的进一步发展，而对普遍存在的、令人崩溃的失败经历，他们都选择避而不谈。虽然这些准企业家们都向往成功，但他们不知道如何成功，甚至会对创业可能遭遇失败而产生恐惧，因此他们迟迟未做出行动。在座的每个人都曾走过这段心路历程，而且很多人心态都跟他们类似。众所周知前沿地带往往不容许失败。

这群人对墨西哥的创业情况并不陌生。例如佩佩·维拉托罗（Pepe Villatoro），他在恰帕斯州出生和长大，那是墨西哥最贫穷的地区之一，但他后来创办了一系列初创公司，包括一家杂志社和一个联合办公空间。他受聘在墨西哥创办了 WeWork，后来这里成为 WeWork 发展最快的市场之一。在每个创业阶段，他都经历了许多失败。

让我们回到故事开头提到的墨西哥酒吧，佩佩和他的朋友们决定把一切都说出来。或许是喝了麦斯卡尔酒的缘故，也可能是在公开场合讨论失败的宣泄效果，每个人在聊天结束后，都感觉能更轻松地面对创业

[①] 麦斯卡尔酒（Mezcal）是龙舌兰酒的一种，主要产于墨西哥南部的瓦哈卡州。——译者注

第十一章 奠定基础：赋能下一代企业家

风险了。每个人都意识到，他们所分享的失败经历并没有那么糟糕。多年以后，他们在其他方面都取得了成功。离开酒吧后，他们会充满干劲地构想下一家公司，于是这群人开始每月聚会一次，开诚布公地讨论风险和失败。

这个想法迅速传播开来，于是"搞砸之夜"（"Fuckup Nights"，简称 FUN）就兴办起来了。佩佩和他的朋友们创建了一个平台，目的是让其他创业群体中的伙伴也可以像他们一样，分享个人创业或失败的经历，借此创造一种接受风险和失败的文化。在接下来的几年里，谁也没有料到，"搞砸之夜"成了一个全球性平台，企业家们可以在这里分享他们的失败故事，反思他们所学到的东西，从而帮助他人汲取教训，避免同样的错误。换言之，"搞砸之夜"是通过分享他人失败的教训，来拯救失败的项目和初创公司。

佩佩成为该组织的首席执行官，并着手为其建章立制。他成立了一家网络咨询公司，并发布了声明。后来，公司成立了"搞砸研究所"（Failure Institude），收集和挖掘城市中创业失败的数据，根据地点、行业和创业类型跟踪失败率，并计算创业群体复原力的发展趋势。[8] 最近"搞砸之夜"公司推出了学术专场，以消除对教育体系中失败的偏见，并与200 多家企业合作，帮助改变他们的文化和思维模式。[9]

目前，已有 90 个国家的 330 多个城市举办过"搞砸之夜"活动，超过一万人向一百多万人讲述了他们的故事。[10] 它已经成为著名的分散式创业社会运动。

就像佩佩和他的朋友们一样，前沿地带的创新型创业者塑造了对风险的文化认知。他们还可能影响法规的出台（如惩罚性破产法），降低失败的实际成本。随着时间的推移，这些创业者可以培育一种文化，这种文化将创业视为可靠的职业，在企业家扩大规模、承担风险时予以支持，使他们全身心投入到创业中去。

当然，接受和庆祝失败也是硅谷久负盛名的传统，但这只是建立创业文化的一部分。

指导创业

在许多前沿市场，建立创业文化往往需要指导人们如何创业，使其明白为何创业是一条可行的职业道路。在极端情况下，还需要引入创业（entrepreneurship）这一概念本身。

杰弗里·西（Geoffrey See）是一位创新者、企业家和风险投资家，他建立了朝鲜交流中心①（Choson Exchange），用以提升当地的创业能力。在过去的九年里，杰弗里组织了讲习班，有针对性地讲授商业知识、经济政策和法律等方面的培训课程。当然，考虑到朝鲜的具体情况，朝鲜交流中心的业务范围比较窄。它对朝鲜的新兴市场体系开展了重要培训，这个体系中的主要成员是从事贸易活动和经营小企业的家庭。对有抱负的创业者来说，另一个选择是与国有企业合作开展业务。这些企业是"有私人投资者参与的国有企业"。通常情况下，企业家拥有经营自主权，并根据企业对业务的贡献大小，与其挂靠的国有企业分享其收益的30%至70%。[11]

朝鲜交流中心重点培训年轻的企业家，并且已经培训了数百名男性和女性创业者。杰弗里还为创立朝鲜第一家初创企业孵化器做出了贡献。他与朝鲜国家科学院（DPRK's State Academy of Sciences，简称SAS）合作，吸引了2万多名有兴趣将自己的想法商业化的研究人员。杰弗里的

---

① 朝鲜交流中心（Choson Exchange）是由耶鲁毕业生新加坡人杰弗里·西（Geoffrey See）于2009年创立，致力于帮助朝鲜在商业、法律以及经济政策方面的发展。——译者注

第十一章 奠定基础：赋能下一代企业家

事业中包含一个宝贵的文化交流要素：讲习班的教师都是来自世界各地的志愿者。[12]

在杰弗里看来，朝鲜的创业文化需求不同于世界上其他地方。他解释道，"在许多市场，创业的风险压倒了创业的美好愿景。矛盾的是，在朝鲜，企业会有一定顾虑，在过去他们会把收益所得迅速变现，而不是再投资于企业增长"。[13] 因此，朝鲜交流中心的一项重要工作就是大胆尝试去影响政策和立法，促使建立更稳定的商业环境，更好地保护财产权。通过课程和学生交换项目，他正在慢慢地帮助朝鲜建立一个创业群体。

在世界其他地方，另有一些组织致力于在新兴生态系统中建立创业文化，例如"创业周末"①（Startup Weekend）[现在是科技之星②（Techstars）的一部分，专注于新兴生态系统的加速器]，它的活动范围遍及玻利维亚、马达加斯加、蒙古，乃至突尼斯。"创业周末"通过组织周末活动来揭开创业之旅的神秘面纱。在 54 个小时的时间里，这个项目让那些正在考虑创业的"准创新型创业者"沉浸在创业世界中。该活动承诺让参与者有机会"体验创业过程中经历的高潮、低谷、乐趣和压力"，并把一群独特的导师、顾问和生态系统成员聚集在一起，作为模拟创业环境的一部分。[14] 到目前为止，"创业周末"已经为 150 个国家的 20 多万名准创业者组织了近 3 000 场活动。

一些前沿地带的创新型创业者希望为潜在创始人提供一个启动平台和安全网络。亚西尔·巴希尔（Yasser Bashir）是巴基斯坦一家成功的科

---

① "创业周末"（Startup Weekend）旨在全世界范围内通过举行活动来教育、帮助创业者，支持社区建设，以及培养未来领袖。其任务和职责在于向创业者们传递世界最先进的关于创业的经验教育。其宗旨与在世界范围内广泛存在的创业实验室相一致，实现创业"0"到"1"的突破。——译者注

② 科技之星（Techstars）是一家美国种子加速器，于 2006 年在科罗拉多州的博尔德市成立。截至 2019 年，该公司已接受了 1 600 多家公司参与其项目，总市值为 182 亿美元。——译者注

技公司阿碧软件①（Arbisoft）的创始人，他在公司内部帮助员工孵化初创公司。亚西尔允许潜在创业者（通常是他的员工）成为公司的"驻场企业家"，在公司仍可领取工资。如果成功了，新的创业想法会衍生成一家独立的公司，阿碧公司就会获得新公司的股权。如果失败了，"未来创始人"仍可在公司内部另找一份工作。亚西尔已经成功孵化了五家公司。[15]萨瓦瑞②（Savaree）是一家面向当地生态系统的网约车初创公司，它在阿碧公司内部孵化了18个月，随后该公司独立出来，并最终被迪拜的网约车平台卡雷姆收购。[16]

揭开创业的奥秘、教授创业技能、孵化创业公司都有助于创业文化的成长和繁荣，但许多地区都苦于缺乏关键的教育基础设施。

传授技能，获得培训机会

正如前几章曾提到的，前沿地带最大的资源缺口之一是缺乏训练有素、经验丰富的人才。未来的企业家和员工，都会因为在当地缺乏学习必要技能、获得经验的机会而受到影响。

于是弗雷德·斯瓦尼克尔（Fred Swaniker）创立了公司——非洲领导力集团（African Leadership Group）。弗雷德正在为非洲培养下一代创业带头人。

弗雷德曾这样向我描述现代非洲政治领导力的发展进程："第一波是那些在20世纪50年代和60年代勇敢地领导非洲摆脱了殖民主义的领导人。第二波是在战争、腐败和缺乏治理的情况下产生的独裁者。许多国

---

① 阿碧软件（Arbisoft）公司是一家屡获殊荣的软件开发公司，在全球拥有4个分点，超过10年来一直为 edX 等客户制作优秀的软件。——译者注
② 萨瓦瑞公司（Savaree）成立于2014年，总部位于巴基斯坦的拉合尔，主营出租车服务。——译者注

家见证了第三代领导力的崛起,他们更负责任,实施民主治理,稳定了整个地区的政权。"弗雷德认为非洲第四波领导力即将来到。在这一波领导力浪潮中,下一代非洲年轻人将通过创业来解决复杂的经济、社会和治理难题。[17] 他们还将建立重要制度来推动社会和经济的融合与繁荣发展。[18]

这一愿景面临一个重要挑战:第四波领导人学习和接受培训的机会有限。未来十年,将有超过1.2亿非洲人寻求进入非洲大陆的劳动力市场,他们肯定要寻找重要的竞争机会。[19]

一个主要的瓶颈是大学的教育能力。为了培养新生代青年领袖,弗雷德创办了非洲领导力大学(简称ALU)。

弗雷德对教育和领导力发展领域并不陌生。他出生在加纳,童年是在政治动荡时期度过的,他和家人过着颠沛流离的生活,先是逃到冈比亚,然后又逃到了博茨瓦纳。他的母亲也是一名企业家,在那里建了一所小学。在弗雷德18岁时就担任了这所学校的校长,而当时他才刚刚高中毕业。[20]

大约15年前,也就是2004年,弗雷德在斯坦福大学获得工商管理硕士学位后,他希望能在非洲大陆创建一所首屈一指的高中,于是他创办了非洲领导力学院(简称ALA)。这个竞争激烈的两年制项目每年只招收250名学生。大约85%的学生几乎是免费入学的,学费来自捐助者提供的可免还贷款。贷款协议规定,学生必须在完成大学学业后返回非洲工作至少十年;否则,他们必须全额偿还总共约6万美元的学费。[21] 到目前为止,已经有来自46个非洲国家的983名学生从非洲领导力学院毕业。[22] 这些毕业生会继续在世界顶尖大学学习,其中也有许多人已经回到非洲,帮助当地解决难民营、创业融资和小学教育等难题。[23] 此外,弗雷德还建立了非洲领导力网络,借此将非洲有影响力的领导人联系起来。[24]

非洲领导力大学是他迄今为止最大胆的尝试。它并不是一所传统意义上的大学。首先，学校里的课程旨在培养市场所需的特定"21 世纪技能"（领导力、创业思维、定量推理、批判性思维和沟通等技能）。学习采取项目驱动和学生主导模式；其次，在非洲领导力大学，学生不需要选择专业，而是从非洲和世界面临的 14 个"重大挑战和机遇"中选择一项任务，范围包括国家治理、医疗保健、城市化和野生动物保护。

弗雷德还与龙头企业合作开发和定制课程，以保证非洲领导力大学毕业生的就业能力。[25] 例如，非洲领导力大学设有保险学院，与瑞士再保险公司①（Swiss Reinsurance）、非洲再保险公司②（Africa Reinsurance）、安联集团③（Allianz SE）和美国利宝互助保险集团④（Liberty Mutual）等合作，使学生在校期间为将来能在合作伙伴开启职业生涯做好准备。[26] 同样，非洲领导力大学的计算机科学课程将技术技能与领导力相结合，这样学生不仅可以练习编程，还可以培养开发推广新产品所需的创业思维。[27]

到目前为止，非洲领导力大学已经筹集到了 8 000 万美元，并在毛里求斯和卢旺达设有分校。[28] 弗雷德看到了南南⑤（South-South）知识交流的机会，并希望将学校扩张到在印度和巴西。如果他成功了，他将在培养非洲和其他地区的第四代领导人方面产生重要影响。

---

① 瑞士再保险公司（Swiss Reinsurance）于 1863 年在瑞士苏黎世创立，是一家领先的再保险、保险和其他保险型风险转移方式的批量业务提供商。公司在全球 25 个国家都有业务，在 2016 年《福布斯》杂志"世界领先公司 2 000"排名中名列第 118 位。——译者注

② 非洲再保险公司（Africa Reinsurance）总部在尼日利亚，服务非洲大陆 37 年，公司 94% 的业务都在非洲。——译者注

③ 安联集团（Allianz SE）于 1890 年在德国柏林成立，已有 130 年的悠久历史。它是欧洲最大的保险公司，亦是全球最大的保险和资产管理集团之一，世界 500 强公司之一。——译者注

④ 美国利宝互助保险集团（Liberty Mutual）是一家多险种的国际保险公司集团，创建于 1912 年，总部设在美国马萨诸塞州的波士顿，是美国第三大财险保险公司，被公认为"全球职业健康与安全服务研究的领导者"。——译者注

⑤ 因为发展中国家的位置大多位于南半球和北半球的南部分，因而发展中国家之间被称为"南南"。

第十一章 奠定基础：赋能下一代企业家

当初出茅庐的创业者利用所有机会并开始创业后，生态系统的下一个挑战是帮助他们找到志同道合的彼此。

创建文化交流与合作的实际空间

2010年，肯尼亚技术生态系统的先驱者之一埃里克·赫斯曼（Erik Hersman）发现了一个问题：肯尼亚企业家、技术专家和投资者群体互不联系。但埃里克相信拉近彼此的距离可以增强力量，改善沟通，创建社区，这一想法促使他在2010年成立了爱哈博①（iHub）。

爱哈博是位于内罗毕市中心的一个联合办公空间，向创业者、程序员、投资者以及其他对技术领域感兴趣的人敞开大门。自成立以来，已有170多家公司在这里壮大并建立了联系，现在号称已有1.6万名会员。爱哈博还为其成员提供一系列服务，包括创新咨询服务和测试实验室（以便创业者可以在各种类型的手机上测试他们的应用程序）。它还拥有一个研究中心和许多希望与生态系统建立联系的企业合作伙伴。[29] 此外，爱哈博每月举办20多场活动，以满足初创企业和技术领域不同阶段的个性需求。[30]

爱哈博为蓬勃发展的创业运动提供聚集的场所，推动了肯尼亚创业生态系统的发展。此后，它也激励了其他地区的人们效仿它的成功经验。[31] 埃里克还牵头做了其他项目，其中包括创立了一家名为布雷克的公司，目标是增加非洲互联网用户的接入量。

创业群体联系紧密可以帮助解决另一个关键问题：找到联合创始人。

---

① 爱哈博（iHub）是肯尼亚首都内罗毕技术社区的一个创新中心和黑客空间，是技术人员、投资者、年轻企业家、设计师、研究人员和程序员的枢纽，也是非洲的先驱技术中心。——译者注

"创业者优先"[①]（Entrepreneur First，简称 EF）是一家致力于解决这一问题的创新型初创公司和人才投资机构，其首席执行官马特·克利福德（Matt Clifford）解释了公司理念："在硅谷，传统观点认为，你不能与陌生人一起创业。在许多生态系统中，由于人际关系网的密度很低，有才华的人很难在自己的人脉中找到合适的联合创始人。我们想改变这种局面。我们降低了与陌生人一起创业的门槛，但也降低了停止合作的门槛。"[32] EF 侧重于前沿地带，在班加尔、柏林、香港、伦敦、巴黎和新加坡都设有分支机构。

在创业的早期阶段，EF 鼓励创业者与许多人合作，并快速确定相一致的工作方式，这一过程很像闪电式约会。如果事情没有成功，没关系，继续进行下一个想法。数据表明，EF 做到了。在其创立的八年中，它已经成立了 200 多家公司，总价值超过了 15 亿美元。[33]

拉近彼此距离的一个关键优势就是，有机会从其他正在经历类似挑战的人那里征求意见；它还可以促成培养创业文化的另一个关键因素：导师制。

师徒齐头并进

人们常说需要举全村之力养育一个孩子。同样的道理也适用于初创公司：导师群体的强大与否直接影响创业的成败。一项对班加罗尔创业生态系统的分析发现，顶尖创新型创业者的指导可以使创业成功的概率加倍。[34]

[①] "创业者优先"（Entrepreneur First，简称 EF）是英国创业服务提供商，总部位于伦敦，创立于 2011 年。公司致力于吸引高技术个人，为其牵线搭桥，打造科技创企，公司可为技术精英找到联合创始人并提供强化课程，凡是被其课程接受的人，可以拿到按月发放的生活奖金、前种子轮融资、一张工作桌和专人指导，完成课程之后，公司将会给提供更多资金。——译者注

第十一章 奠定基础：赋能下一代企业家

在阿根廷，针对受过指导的创业者进行了类似分析，结果显示，他们的收入和就业增长速度分别是同龄人的近3倍和16倍。导师制也会自我反哺：受过指导的创业者，再去指导别人的可能性是其他人的8倍。[35]

在硅谷，导师制是以递进的方式进行的，就像一个阶梯：创业者接受上一层级成功企业家的指导，如果创业者获得了成功，则可指导处于下几个层级的后辈。然而，在许多新兴的生态系统中，这个阶梯上的导师还不够多。现有的成功创始人队伍也远没有那么强大，在某些情况下，甚至没有成功人士可做导师。

因此，前沿地带的创新型创业者往往一边建立自己的公司，一边慷慨地支持其他公司。他们成为新成立的初创公司的天使投资人和顾问，同时仍然扩大自己公司的规模。以本·格里森为例（第二章介绍过他），几乎在他刚开始创办"钱包管家"的同时，他就开始投资其他企业，并给他们提供建议。埃里克·赫斯曼也是这样，他在经营初创公司布雷克时，也在积极地向东非生态系统投资。

一项研究试图解释纽约科技生态系统腾飞的原因，也发现了类似的现象。超过四分之一的纽约初创公司联合创始人也是其他公司的天使投资者。而且由于大多数创业者都会将全部身家投资于自己的企业，并进行大幅减薪，所以创业者投资几乎占了整个生态系统天使投资总额的一半，这是多么惊人的数字啊。[36]

有些前沿地带的创新型创业者把满足创业者的辅导需求作为唯一宗旨。奋进公司是最擅长解决这一问题的公司之一。奋进公司由琳达·罗滕伯格（Linda Rottenberg）和彼得·凯尔纳（Peter Kellner）创立，致力于寻找领先的创业者（通常是在那些处于扩张初期的公司里），并给他们匹配当地市场中的优秀商业导师，在其扩张规模阶段提供支持。该公司成立了地方分公司，从当地商界筹集资金。公司总部则进行信息管理和共享，专门研究特定行业,并帮助从全球范围内筛选创业者。奋进公司的模式是寄希望于创造一个良性循环:用成功的经验激励新企业家加入其行列并吸引资本,从而回馈下一代创业者和导师,在生态系统层面促进创业。

自奋进公司成立22年以来,已经先后资助了1 900位创业者(共有6.5万名申请人),它取得了令人羡慕的成就:公司的年收入超过200亿美元,创造了300多万个就业机会。[37]虽然奋进公司的根基显然是在新兴市场,并且已经从拉丁美洲开始,扩展到了非洲、亚洲和中东地区,但现在它也正把它的模式带到发达市场,包括欧洲和美国的早期创业生态系统。

制定标准,创立规则

前沿地带的创新型创业者往往需要建立协作机构,让自己和新竞争对手在谈判桌上及整个行业中都拥有发言权。在某些地方,这看起来像一个行业协会,例如,由空中农场公司联合发起的食品安全和城市农业联盟。另一个类似组织是全球离网照明协会,其成员包括左拉、菲尼克斯、滴照明和米科帕公司。该组织在离网能源领域的使命是"建立可持续的市场,向发展中国家尽可能多的家庭、企业和群体提供优质、实惠的产品和服务"。[38]

协作机构也可以以标准制定机构、游说组织和其他直接参与的形式,就行业监管方式直接向政策制定者建言献策。科力普公司的首席执行官兼联合创始人阿道夫·巴巴茨(Adolfo Babatz)与墨西哥政府合作,制定了新的金融科技法。同样,尼日利亚领先的移动支付公司帕加①(Paga)的创始人兼首席执行官塔约·奥维奥苏(Tayo Oviosu),也积极

---

① 帕加(Paga)于2009年在尼日利亚成立,并于2011年公开推出。帕加是一个移动支付平台,允许用户通过移动设备进行电子转账和支付。——译者注

第十一章 奠定基础：赋能下一代企业家

参与了尼日利亚央行在移动银行和普惠金融监管方面的工作。当生态系统不习惯与初创公司合作，甚至对他们怀有敌意时，这些不同的协作机构就起到了至关重要的作用。

显然，前沿地带的创新型创业者正在积极致力于解决生态系统的构建方式问题，并尝试从多个不同角度来处理这个问题。每一份贡献都是整体的必要组成部分。这样说来，一个企业家创立企业并大获成功，可能是为当地生态系统所做的最有影响力的事情之一了。

中东的"长兄长姐"们

早在20世纪80年代，法迪·甘杜尔（Fadi Ghandour）就有了创建中东的联邦快递的目标。他与人共同创建了中东快递公司安迈世（Aramex），到了20世纪90年代，它已成为为客户提供一站式服务的公司，同时也是该地区最好的本土快递和货运服务供应商。1997年，安迈世是第一家（除以色列外）在纳斯达克上市的中东公司。如今，安迈世在65个国家拥有600多家分公司，雇用了15 000多名员工。该公司已是全球综合物流和运输方案设计方面的龙头企业。[39]

但安迈世只是法迪对区域生态系统众多贡献中的一个序曲。

马克图布[①]（Maktoob）是中东第一家成功的技术初创公司，也是法迪最著名的投资。起初它只是安迈世公司首次公开募股时的一个小插曲。1997年，当该公司上市时，银行家们发现了一笔看似与公司核心业务无关的小额投资，且被投资对象是亏损实体。于是银行家们建议在首次公

---

① 马克图布（Maktoob）是一家阿拉伯互联网服务公司，该公司成立于约旦安曼，公司起初是一家阿拉伯文/英文的电子邮件服务提供商。在阿拉伯语中"Maktoob"的意思是"信"、"写"或"命运"。2009年它成为雅虎在中东和北非地区的官方分支机构。——译者注

开募股前将其出售,但法迪决定自己购买股份。⁴⁰

这个附属机构当然就是马克图布,它是一种早期的网络邮件服务(类似于微软电子邮件Hotmail),并且在提供阿拉伯语支持方面独具特色。马克图布是由萨米·图坎(Samih Toukan)和胡萨姆·霍里(Hussam Khoury)与安迈世公司一道创立的网站开发公司,并在法迪的指导下迅速发展。2009年,雅虎以1.64亿美元收购了该公司,成为该地区当时最大的一笔收购项目。⁴¹

令人惊奇的是,同样的故事再次上演了。马克图布内部有一个名为苏克①(Souq)的小项目,这是一个期望成为该地区亚马逊的在线拍卖网站。⁴² 后来这个项目演变成了一家公司,并根据该地区的情况调整了经营模式,开发了替代支付方式、建立内部物流,实施多市场运营策略。2017年,它以5.8亿美元的价格出售给亚马逊,目前在七个国家开展业务,为超过1.35亿的客户提供服务。⁴³

法迪、萨米和胡萨姆都利用自己早期创业的成功经验,以独特的方式支持其生态系统发展。法迪已成为下一代初创企业的投资者和导师。为与创业者合作,他还创办了瓦姆达资本②(Wamda Capital)公司。萨米是绿洲500③(Oasis500)的创始投资者,也是区域投资者,他与胡萨姆一起投资了贾巴尔④(Jabbar)公司。奋进公司研究了马克图布的直接影响,发现20多家公司获得过马克图布创始人的指导,获得了该公司的直

---

① 苏克(Souq)于2006年创建,总部位于迪拜,是中东地区最大的电子商务平台,被称为"中东亚马逊",后被亚马逊收购。——译者注
② 瓦姆达资本公司(Wamda Capital)是一家中东和北非地区领先的风险投资公司,投资于杰出的企业家,打造该地区最有前途的高增长科技业务。——译者注
③ 绿洲500(Oasis500)是中东和北非地区一个种子基金和加速器,约旦最大的初创企业孵化器自2010年成立以来,已经向154家技术和创意初创公司投资了865万美元,从第三方投资者那里筹集了超过6 000万美元,促进了该地区创业生态系统的发展。——译者注
④ 贾巴尔(Jabbar)是技术投资公司,是在2009年阿拉伯社交网络马克图布被雅虎收购后成立的。贾巴尔投资的第一个项目,就是雅虎没有收购的苏克。——译者注

接投资，或者是由该公司前员工创立。公司的间接影响更为广泛。马克图布只是个开始。

法迪的另一项投资是当地的网约车龙头公司卡雷姆。2019 年，优步以 30 亿美元的价格收购了该公司，这是中东地区有史以来（除以色列外）退市最成功的初创企业。[44] 此次并购是该地区的一个分水岭。正如卢米亚资本[①]（Lumia Capital）投资人、奈克斯特通信公司[②]（Nextel Communications）的联合创始人克里斯·罗杰斯（Chris Rogers）所解释的那样，"卡雷姆是该地区的第一家独角兽公司，现在又是第一家以数十亿美元退市的公司，这是最大的一笔收购，价格超过其规模的五倍……卡雷姆的退出肯定会激励该地区的顶尖人才更积极地创业。我们已经看到昔日的卡雷姆创业者正在打造下一代令人兴奋的区域性初创公司"。[45] 预计这种前所未有的退市所产生的直接和间接影响将会对该地区意义深远。[46]

成功引发指数式的连环成功

像法迪和赫尔南这样的"老大哥"们，为下一代创新型创业者提供了技能、人脉、信誉和资本，让他们能够创办自己的企业。通过规模化公司的退市，"老大哥"们就足以实现上述目标，甚至正如在本章开篇所探讨的那样，他们在主动参与生态系统建设计划之前就已经做到这一点了。

他们成功创办的企业充当了非正式的创业学校，如马克图布、美客多和卡雷姆。奋进公司研究了初创公司创造的就业机会，发现在任何特

---

① 卢米亚资本（Lumia Capital）是一家风险投资公司，位于美国旧金山，成立于 2011 年，主要投资科技、数字媒体和基础设施类公司。——译者注
② 奈克斯特通信公司（Nextel Communications）是一家无线服务运营商，是斯普林特公司的全资附属公司。公司总部设在美国弗吉尼亚州雷斯顿。在 2005 年，它与斯普林特公司合并时，在美国拥有超过 2 000 万用户，并排在前 200 名市场的第 198 位。——译者注

定地区，都是极少数的创业公司推动了大部分的就业增长。例如，在内罗毕，从2008年到2018年，只有8家公司的雇员人数超过了100人（在650多家本地技术公司中，这一比例不到1%）。[47] 这8家初创公司提供的就业岗位占总数的40%以上，其募集的风险资本占全国总额的三分之二以上。同样，在班加罗尔，印孚瑟斯公司①（Infosys）的学员们已经创立并扩大了200多家公司。[48] "长兄长姐"们扩大了公司的规模，这些公司也成了新一代创业者的学校（和信誉标志）。

此外，通常在大型企业退市时，企业员工会因抛售股票期权而获得大量资金。这笔资金足够他们创立或投资下一代初创公司。弗利普卡特②（Flipkart）被沃尔玛收购后，有100多名员工成了百万富翁。他们当中很多会加入新一代天使投资人的行列。[49]

通常，"长兄长姐"们自己也会成为下一代企业家中的成员。全球网络组织的研究表明，新兴市场的创业者比西海岸的同行创办的公司多25%。[50] 超过80%的新兴市场创业者在未来两年有创办新公司的意向，[51] 例如在第五章提到的印度和阿联酋企业家迪维扬克·图拉希亚（Divyank Turakhia），他在十八岁之前就创办了第一家企业，后来又创办了另外三家，并以每家2亿到10亿美元不等的价格出售。[52] 安德烈·斯特里特（André Street）在14岁时创建了他的第一家公司，后来又创办并出售了另外五家公司。他新近成功创办的是巴西的支付处理公司"石头支付"③

---

① 印孚瑟斯公司（Infosys）是一家总部在印度班加罗尔的信息技术跨国公司。2017年，印孚瑟斯是仅次于塔塔资讯服务的印度第二大IT公司，收入在全球上市公司中排名第596，在超过30个国家提供商业咨询、信息技术及外包服务。——译者注

② 弗利普卡特（Flipkart）是一家注册于新加坡、总部位于印度班加罗尔的电子商务公司，成立于2007年。除去销售图书之外，它也生产自己品牌的笔记本电脑、USB等。常被称为印度版"京东"。——译者注

③ 石头支付（Stone Pagamentos）公司是巴西的一家金融科技公司，位于圣保罗，是巴西第四大支付处理商。创立于2012年，主要从事支付处理和金融服务，为在线零售商和实体商提供电子商务和POS服务。2019年，该公司占巴西支付市场份额的7%。——译者注

（Stone Pagamentos），该公司近期成功在纳斯达克上市，市值超过80亿美元。所有这些都是在他35岁之前完成的。[53]

不出所料，"长兄长姐"们在硅谷的崛起中也起了至关重要的作用：包括照片墙（Instagram）、帕兰提尔、WhatsApp和优兔油管（YouTube）在内的2 000多家公司都与八个创始人有关联。这八个人早在1957年就联合创立了飞兆半导体①（Fairchild Semiconductor）公司。[54]令人吃惊的是，飞兆半导体公司仿佛是硅谷的"零号病人"，70%的旧金山湾区公共科技公司都与它有某种联系。[55]

最近，由前贝宝公司员工和联合创始人组成的13人团队成为了硅谷的一股推动力量。这个所谓的"贝宝黑帮"包括埃隆·马斯克（SpaceX、特斯拉、太阳城和无聊钻探等公司的创始人）、彼得·泰尔（贝宝的联合创始人，后来创立帕兰提尔）、杰里米·斯托佩尔曼（点评网②（Yelp）的联合创始人］、雷德·霍夫曼［贝宝的首席运营官，后来成为领英（LinkedIn）的创始人］、拉塞尔·西蒙斯（贝宝的软件设计师，后来成为点评网的联合创始人）等。[56]到目前为止，贝宝黑帮的资产总额已超300亿美元。[57]

如今，硅谷享受的是机器般的自我延续。然而，在前沿地带，每一个新的"老大哥"企业都起着催化作用，推动前沿地带的生态系统不断加速发展。

---

① 飞兆半导体（Fairchild Semiconductor）公司俗称"仙童半导体"，是美国的一家半导体设计与制造公司，总部设在桑尼维尔。曾经开发了世界上第一款商用集成电路（略微领先于美国德州仪器公司）。当前半导体行业的重要公司英特尔、AMD等的创始人都来自此公司。飞兆半导体公司在硅谷的发展史上占有重要的位置。
② 点评网（Yelp）创立于2004年，总部位于加利福尼亚州旧金山市，是美国最大的在线点评网站，囊括各地餐馆、购物中心、酒店、旅游等领域的商户，用户可以在网站上给商户打分、提交评论和交流购物体验。——译者注

乘数效应[①]

当然，法迪、赫尔南和其他"长兄长姐"都不只是创办了成功的公司，然后就退休这么简单。正如你所看到的，他们作为文化载体、资本提供者、导师、顾问和倡导者，在不断发展的生态系统中发挥着领导作用。

"长兄长姐"们的努力往往会产生复合效益，对生态系统的影响巨大。奋进公司将这种现象称为"乘数效应"。[58] 随着成功的"长兄长姐"的队伍不断壮大，他们就能扶持更多的新一代创业者，随后新一代创业者也会继续帮助下一代。每一代人就这样自上而下地发展下去。

触及拐点

很难预测哪些公司会成功扩大规模。正如赫尔南曾经告诉我的，在建立美客多的过程中，大部分公司都会面临着失败。但是，仍然有一部分创新型创业者会成功，他们也将继续激励下一代创业者，并给予大力支持，为其铺平道路等。以此类推，下一代创业者人数往往成倍增长。

以中国为例，当 2010 年第一家独角兽企业达到一定规模后，又花了五年时间才出现第五家独角兽公司。而就在此之后的第二年，数量猛增至 21 家。如图 11-1 所示，在印度、英国和拉丁美洲创办了同样数量的独角兽企业之后，也出现了类似的情形。[59]

纵观世界各地的初创企业生态系统，每当三到五个龙头企业退市后，便会出现一个拐点，这个数字似乎是一个临界值，拐点的出现也取决于市场的规模（较大的市场的拐点似乎出现得比较晚）。由于大多数现有数

[①] 乘数效应（Multiplier Effect）是一种宏观的经济效应，也是一种宏观经济控制手段，是指经济活动中某一变量的增减所引起的经济总量变化的连锁反应程度。——译者注

据只关注估值超过 10 亿美元的公司,所以图 11-2 描绘的是每个地区从第一家独角兽企业出现后的独角兽企业的数量。[60]

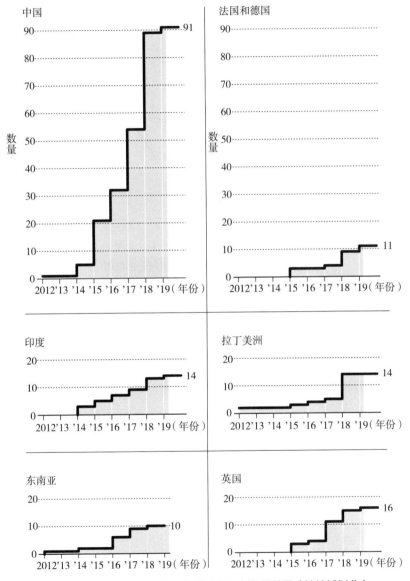

图 11-1 累计价值超过 10 亿美元的初创公司数量(按地域划分)

注:截至 2019 年第一季度,基于公开可用的数据。

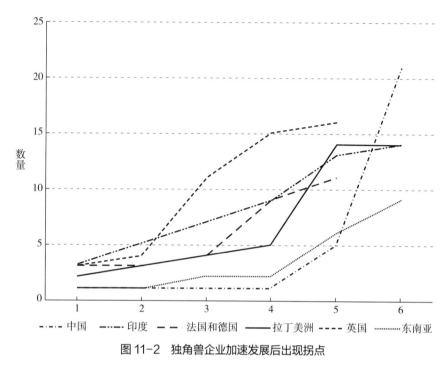

图 11-2　独角兽企业加速发展后出现拐点

注：截至出版时，中国总数超过 100。鉴于长期的历史性成功，拉丁美洲开始的时间较晚。

在一些新兴生态系统我们也开始看到类似的拐点。

虽然我不能确定这种现象出现的确切原因，但我有三个假设。第一，当取得某个关键性成功时，它很容易被认为是一个例外。正如丹尼尔·迪因斯（Daniel Dines）所提到的，尤帕斯有时会被误认为是罗马尼亚生态系统的一种异常现象。在某个特定生态系统中，当成功多次出现时，才能增加榜样的相关性和重要性。

第二，正如你我们将在第十二章中探讨的，建立人脉才能汇聚资本和人的力量。龙头企业影响力的增加并不是线性的，而是指数性的：一旦到达临界点，就会建立起更多的人际关系。

第三个假设涉及人力资本。正如杰利视觉公司的首席执行官阿曼达·兰纳特（Amanda Lannert）解释道："因为我们最近有许多成功的案例，芝加哥的生态系统正在迅速变化。打算搬去芝加哥工作的人员必须盘算万一失败的后果。如果那里成功的科技公司很多，风险就会更低。因此，水涨船高。"[61] 随着越来越多的创新型创业者成功扩大规模，他们对整个行业的影响也越来越大。

一起打好基础

前沿地带的创新型创业者积极发挥作用，直接奠定生态系统的基石。这包括通过"搞砸之夜"和爱哈博等活动为创业文化奠定基础，通过朝鲜交流中心和创业周末等项目培养未来企业家。这也意味着像非洲领导力大学一样，通过项目提供技能培训，像赫尔南和奋进公司那样指导和扶持下一代，以及通过全球离网照明协会和食品安全和城市农业联盟这样的行业组织搭建生态系统的基础架构。前沿地带的创新型创业者还在发展自己的企业的同时，通过美客多、马克图布和卡雷姆等非正式创业学校来培育下一代企业家。

正如你所看到的，少数几个前沿地带的创新型创业者扮演着"长兄长姐"的角色，具有极大影响力。这些企业家成为下一代创业者的榜样，他们规模化的企业培养了新一代的创业领头羊。这些"长兄长姐"还经常作为投资人、导师和支持者积极地回馈社会和下一代创业者。

但是，如果没有家人、朋友、老师和好心人等更广泛群体的大力支持，"长兄长姐"们（不论是不是一种比喻说法）也不会成功。同样，在帮助企业家和生态系统取得成功方面，生态系统的参与者可以发挥更广泛的作用。第十二章为所有生态系统参与者提供了具体建议，包括员工、公司、慈善机构、政府人员等。

第十二章
举全村之力：
我们还能做些什么

发展创业生态系统是世界各国的当务之急。政策制定者希望刺激本土创新，拉动就业。企业希望借力高新技术，革新传统工艺，同时回馈当地生态系统。社会服务和慈善机构希望利用创新的解决方案，来解决看似棘手的难题。

正如第十一章所述，前沿地带的创新型创业者处于建设其生态系统的最前沿，但他们不能孤军奋战。政府、本地企业领袖、投资家、社会部门和其他生态系统成员都应该贡献自己的力量。

本章将详细介绍如何为前沿地带的创新型创业者提供支持。在开始之前，我们先来回顾一下当前创新生态发展有哪些好的思路。

生态系统发展理论

传统的创业生态系统发展理论分为三类：投入驱动模式、网络驱动模式和创业者驱动模式。我们来逐一分解。

投入驱动理论

投入驱动模式重点关注创业生态系统成功的条件。例如，世界银行营商环境排行榜重点展示政策环境及其对创业简易度、便利度的影响。其他排行榜展示的指标更多、更全面。例如，经济合作与发展组织（OECD）创业生态系统诊断工具包含 57 个单独指标，包括债务资本的可及性、电信和基础设施的可及性、税收优惠、本地毕业率等。[1]

与之类似，需求集聚模式（the agglomeration of demand model）指的是行业发展之后会产生规模效应，促使专业化需求的增长，最终形成规模经济。这一理论认为，像专注于创业的律师、风险投资家和了解股票期权的专业税务会计师等资源更有可能存在于规模较大的行业：生态系统可以承担由日益专业化的资源、劳动力、基础设施和知识所产生的固定分摊成本。[2]

虽然投入模式列出了特定条件的重要性，衡量了现行生态的活力，但它还是无法解释推动生态系统迅猛增长的魔力所在。正如迈普奎斯①（MapQuest）公司联合创始人、科技之星全球生态系统创建者克里斯·海维利（Chris Heivly）所说："如果建设生态系统和找到合适的原料一样简单，大家不早就成功了吗？问题是，秘密武器根本就不存在。"[3] 所以说，投入驱动模型无法回答为什么有些生态系统可以进入良性循环，而有些却不能的问题。[4]

网络驱动理论

第二种思想流派探讨了网络的作用，可以解释这种良性循环。科技创业者们非常了解网络经济。网络的价值会随着使用人数的增加而增加；

---

① 迈普奎斯（MapQuest）公司是美国在线子公司，是仅次于谷歌的第二大互联网地图服务商，致力于提供让用户自己创建地图的服务。——译者注

如果脸书只有一个用户，它会一文不值。哈佛商学院教授迈克尔·波特（Michael Porter）提出了一个关于网络驱动的区域创业优势理论。他认为，当供应商、政府和相互竞争的企业等多方交织在一起时有助于形成优势集群，创新产业就会蓬勃发展，继而随着时间的推移演化成创新生态系统。[5]

其他人认为，网络的价值还在于促使人们在生态系统内横向分享思想、先进经验和策略的能力。在《区域优势：硅谷和128号公路的文化和竞争》(Regional Advantage: Culture and Competition in Silicon Valley and Route 128) 这本书中，作者安娜利·萨克森宁（AnnaLee Saxenian）对硅谷的崛起做出了解释。30年前，没有人知道硅谷和波士顿128号公路哪一个会成为美国最大的创新创业生态系统。当时，它们规模相似，同样毗邻顶尖学府，拥有大量人才资源。萨克森宁认为，硅谷成功的关键在于它将横向网络效应与讲求透明度的文化结合在一起。

与波士顿不同，硅谷的文化促进了各级组织和组织之间的信息共享。因此，它形成了以广泛的信息共享为特色的、紧密的横向社交网络。旧金山的另外一个优势是相对宽松的雇用关系（例如，雇佣合同中没有竞业禁止条款），人员更容易在不同公司之间进行流动，最优方法也更容易在整个生态系统中得到传播。结果就是，硅谷的公司之间的壁垒更易被打破（相比之下，波士顿的信息是自上而下传播的），因此网络效应更强。所以，人们加入硅谷网络的价值更高，于是它便从这场双雄争霸中胜出了。[6]

有些人则专注于研究由地理和文化集聚而形成的网络。理查德·佛罗里达（Richard Florida）在他的《创新阶层》(The Creative Class)一书中表达，创新源自创造力，而创造力主要源自工程师、学者和艺术家。创新型创业者希望和那些包容新思想、喜欢拓展创意和艺术边界的人生活在一起。这些人也喜欢靠近彼此。随着越来越多志同道合的人聚集到一起并开始贡献自己的技能和价值（就如上面提到的宽容和开放度），当地网络的价值也会随之增加；一旦某个地区的网络价值达到临界值，它就会获得长期竞争优势。[7]

网络驱动模式成功揭示了为什么有些创业生态系统可以经久不衰，为什么有些地区的优势会日益巩固。然而，与投入驱动型模式一样，创建好单个网络节点或奠定好网络基础并不能解释网络形成的方式或原因。神奇之处在于启动这个网络，就相当于激活了人与公司之间的连接组织。

创业者驱动模式

第三种理论探索了这种神奇的启动效应。在《雨林》(The Rainforest)一书中，作者维克多·黄（Victor Hwang）和雷格·霍洛维特（Greg Horowitt）将创业生态系统称为"复杂有机体的产物"。传统的政策制定者关注生态系统的发展，就像后工业时代的管理者建造工厂一样，而黄和霍罗维特认为创业生态系统是有机发展的，不能被计划。[8]建立生态系统的关键在于培育正确的文化，让创业者能够发展和塑造生态系统。

最近，风险投资家布拉德·菲尔德（Brad Feld）在他的书《创业园：创业生态系统构建指南》(Startup Communities: Building an Entrepreneurial Ecosystem in your City)中提出了巨石理论（Boulder Thesis）。该理论的基本原则是，创业者必须在创业社区起领导作用。政府、学术界、企业、投资人等外部参与者无法单独启动创业生态系统。菲尔德认为，创业社区的企业领导人必须长期投身于社区所在地的建设。与此同时，社区必须是包容和友好的。生态系统的边界应该是多通道的，允许公司和个人进出。应该鼓励实验和尝试，支持好想法，快速清除障碍。最后，菲尔德写道，创业社区必须用持续的活动吸引创业者参与进来。[9]本书的第

第十二章 举全村之力：我们还能做些什么

十一章便详述了这一点，介绍了创业者们，尤其是"长兄长姐"们，如何利用多种方式创建并启动生态系统。

但是，创业者无法在真空中独自建设生态系统，其他人也发挥着关键作用，从确保基本投入（最能减轻企业家负担的必要投入和网络先决条件）到采取更巧妙的方法来支持新兴生态系统中的创业者。这些方法包括培育跨界融合的机会、促进获得金融资本和人力资本的机会，以及投资于有利于创业者的基础设施和监管。

本章植根于迄今为止所涵盖的前沿地带创新创业的经验，基于现有生态系统发展理论，希望能够为所有前沿生态建设者提供战略建议。

基本投入

投入驱动理论认为某些要素对稳固生态系统十分必要，这是对的。本书已经提到了许多前沿地带的创新型创业者所面临的截然不同的宏观经济、货币或政治挑战。

虽然本书不讨论经济建议，但宏观经济的不确定性（例如，通货膨胀、经济增长等）无疑会降低创业者承担风险的意愿和能力；货币贬值会加大融资难度；政治动荡会使"生而全球化"等策略更加难以施行。营商环境也很重要，世界银行的营商环境排行榜就是一个例子。如果环境中充斥着腐败、垄断和因垄断而形成的不公平竞争，那么这实际上是在对创新施加负面影响。[10]

法律体系也有可能刺激重大创新。对创业不友好的破产法（例如，规定创业失败后，创始人需继续背负债务）会打消创业者的积极性。同样，灵活的劳工法可以激励创业者试验新模式，并在必要时进行调整。如果所雇的人员永远固定，那么创业者便很难调整方向。[11]

正如第六、七章所述，人力资本是创业的核心投入。因此，生态系统参与者的首要任务是资助小学、中学和大学。

想要建立生态系统的政府和监管部门首先应该保证基本投入，不要求十全十美，但创业生态系统需要达到一定的基线才能繁荣发展。巴西面临通胀、高利率和动荡的政治环境，但其金融科技生态却在全球领先。印度贫困率、通货膨胀率高，但却将班加罗尔成功打造为全球科技的强大引擎。任何国家都能提供足够的稳定性，采取正确的监管措施来支持创新创业。

当然，除了保障最基本的稳定或教育标准之外，政府监管者和其他生态系统参与者应该作出更多、更大的贡献。

帮助创业者以全球视角思考和行动

诚如大家所见，在全球互联的环境中，具有国际背景的创业者正在创建迄今为止最令人兴奋的公司。

生态系统的建设者可以切实有效地助推这些"生而全球化"的趋势。

培育跨界融合的机遇

为跨界融合创造环境是一个很容易着手的突破口。

跨界融合首先要靠教育，应鼓励当地学生参加交换项目，去国外实习或工作，与其他地区的同龄人建立有意义的链接，接触不同的文化。研究发现，GDP 增长与国际教育率之间存在相关性。[12] 2001 年至 2017 年，中国的 GDP 增长率为 9%，中国在美的本科留学生增长率接近 20%。而同期的越南，GDP 增长率是 6.5%，出国留学人数增长率超过 15%。[13]

反之亦然，缺乏跨界融合可能会阻碍创新。日本的 GDP 增长持续放缓，近几年一直徘徊在每年不到1%的增长率，日本在技术创新方面的领先地位式微。[14] 日本交换生的数量也有所下降，这可能不是巧合（虽然有一些巧合因素）。2004年，日本留学生达8万多名，2018年下降了近40%，只略高于5万。[15]

政府也可以通过引进交换生和企业家的方式促进跨界融合。像创业智利（Start-Up Chile）和创业巴西（Start-Up Brazil）这样的项目鼓励来自世界各地的企业家到当地创业，将跨界融合制度化。创业智利为初创企业提供10万美元的资金、免费的办公场所和其他很多津贴。[16]

投资者也可以支持跨界融合。拉丁美洲两大头部基金——卡什泽克（Kaszek）和蒙纳西子①（Monashees），已经在其投资组合中将跨界融合制度化。卡什泽克出资在斯坦福大学商学院设立了一个为期一周的专有领导力和创新项目，向教授和行业专家介绍它所投资的公司。蒙纳西子公司每年组织一次参观其他生态系统的旅行，到目前为止，他们已经带领他们投资的创业者参观了中国、以色列等地的创业生态系统。

非营利组织也很适合支持这种知识互通。"为美国创业"②（Venture for America，简称VFA）正在想办法弥合美国中部与东西海岸之间的鸿沟。"为美国创业"借鉴"为美国而教"（Teach for America）的模式，将刚毕业的大学生安置到包括匹兹堡、伯明翰和圣路易斯在内的14个城市的创业公司里。该项目每年从几千份申请中选出200人，竞争非常激烈。参与过该项目的校友超过30%的人都创立了自己的公司，其中许多都在他们的安置城市。[17] C100是一个会员制非营利性组织，它在加拿大优秀创业者和硅谷等地的导师、资本和建议中间建立了联系纽带，从而将加拿

---

① 蒙纳西子（Monashees）成立于2005年10月，是巴西最大的风险投资公司。——译者注
② "为美国创业"（Venture for America，简称VFA）是创立于2011年的一家非营利性公司，旨在通过动员下一代企业家并为其提供创业所需的技能与资源，从而在美国的城市中创造工作机会。——译者注

大的技术生态系统和硅谷链接起来。[18]

跨界融合不仅限于跨国的知识共享，还包括跨行业、跨部门的经验共享。公司管理轮岗制是年轻毕业生尝试多重角色、接触多个部门的绝佳机会。同样，政府奖学金也有双重好处，不仅可以给政府注入新鲜的外部思维，还能让学生对政府的运作方式有新的认识。

支持移民

如大家所见，移民是全球创新和创业的驱动力。在美国大多数独角兽企业中，至少有一名创始人是移民，移民占创业人员的四分之一。[19]

毫无疑问，美国在移民问题上改变立场就是搬起石头砸自己的脚。要想维持硅谷创新创业的良性循环，吸纳合格的移民企业家或创业团队成员对于快速增长的初创公司来说至为重要。世界各地很多合格且训练有素的高管都考虑搬到硅谷创业，通常这些现成的企业家很容易吸引资本，创造就业机会。美国收紧移民政策，就是在把这些人往更容易拿到企业家签证的国家推。

看看天使汇①（AngelList）就会发现美国有超过一万多个公开招聘岗位。然而，这些招人的公司中，只有大约10%有聘用移民的资金实力。[20]美国阻碍移民，就是在阻碍这些公司的发展，进而阻碍未来的就业机会（以及增值税税收）。

政府应该为创业者来美国创业提供便利。美国应恢复企业家签证计划，该计划曾规定获得10万美元政府拨款或25万美元风险资本的企业家可在美国停留30个月，并可延期。[21]许多国家都成功实施了类似计划，

---

① 天使汇（AngelList）是全球最有影响力的股权众筹网站，美国领先创业公司平台，是连接种子期初创企业与天使投资人的线上融资平台，自创立以来已有超过2 000家初创企业获得投资，有将近40家初创企业被收购。——译者注

使企业家顺利进入本国创业并取得成功。这项政策反过来又刺激了行业的发展。[22]

生态系统的其他参与者也可以为移民提供助力。创业无忧（Unshackled Ventures）就是一个典型的例子。创业无忧成立于2014年，是一家专门为外国创业者服务的早期风险投资公司。创业无忧有着独特的风险投资孵化模式，最开始就对创业者进行投资，为其提供完整的移民和就业服务，协助其加入投资人和客户人脉网络。[23] 迄今为止，创业无忧已经给来自六个大洲，二十个国家的创业者进行了三十多次投资。[24]

实际上，美国的人口和印度、中国等人口大国相比相形见绌。只需要几年，在印度班加罗尔从事科技工作的人数将超过硅谷，中国在这方面早已与美国平起平坐。2018年，中国产生了37家独角兽，紧逼美国的55家。中国在风险资本投资方面已经超过了美国。[25] 美国的卓异论①以及硅谷的主导地位都得益于移民，只有吸引世界各地最优秀的人才，美国的竞争力才能长盛不衰。

我建议世界各国把移民企业家当作有竞争力的宝贵资产，尽全力去吸引人才，否则就会被别国捷足先登。有一年，在硅谷高速101主路上有一个广告牌，上面写着申请美国"H-1B签证太麻烦？来加拿大吧！"[26] 他们还真有可能会去。

创造全球跳板

无论是生而全球化的创业公司还是去中心化的创业公司，都不是以一种固定的方式扩张的。它们会战略性地选择人脉广泛、人才济济的中

---

① 美国卓异论（American exceptionalism），又译"美国卓异主义""美国优越主义""美国例外主义""美式例外主义"等，是一种理论与意识形态，认为美国是个独特的国家，与其他国家完全不同，具有其他国家不可比拟的优势。——译者注

心做跳板。反过来，战略决策者可以把市场打造成跳板，从而增强吸引力。

伦敦之所以受到金融科技创业公司的青睐，是因为后者可以借助伦敦向欧洲扩张。伦敦中央银行对创新持开放态度，伦敦的监管政策与欧洲匹配，创业公司可以借此"打通"整个欧洲大陆。因此，伦敦出现了风险资本和创业公司集聚的现象。虽然伦敦在金融服务方面呈现出区域专业化，这也没什么坏处（见后文详述）。当然，随着英国退出欧盟，封闭自我并和欧洲隔离开来，这些优势和专业化正在消失。

东南亚创新中心新加坡也是一个跳板。尽管新加坡人口只有6亿，占东南亚总人口不到1%，但它却是东南亚十大独角兽中四个独角兽的跳板。[27] 这在一定程度上是因为新加坡与东南亚联系紧密。作为全球领先的航空公司之一，新加坡航空公司在新加坡和东南亚其他地区之间建立了实实在在的连接。新加坡还有强大的法治和学术体系，为本地创业者提供支持。新加坡移民政策宽松，吸引了全球各地的人才。根据创业公司基因组2017年发布的"全球生态系统排名报告"，新加坡已经超过硅谷，成为创业人才的首选之地。[28] 新加坡政府还致力于加强与全球创业者的联系，推出了全球创新联盟①（简称GIA），帮助创业者与曼谷、北京、东京、慕尼黑、巴黎和旧金山等中心建立联系。[29]

同样，迪拜也将自身定位成中东的跳板。阿联酋是阿拉伯世界超40%初创公司的创业基地。近五年，中东地区60个被收购的公司中，大多数都是总部位于迪拜的公司。[30]

可以利用政策打造有吸引力的居住场所，吸引有创意的创业者安居

---

① 全球创新联盟（Global Innovation Alliance，简称GIA，是由新加坡企业发展局（ESG）和新加坡经济发展局（EDB）联合倡议开发的。该平台旨在加强新加坡企业与国际间的合作，支持企业在科技和技术领域的创新并对接企业的海外市场需求。——译者注

此地。创新型创业者通常可以任意选择居住地点。能够吸引此类创业者的要素包括自由价值观、经济住房和其他文化元素的集中。[31]

随着分布式模型的兴起，生态系统的建设者也可以对此建立相应支持措施。爱沙尼亚政府将这种做法发挥到了极致。世界各地的人都可以通过爱沙尼亚的电子居住证计划获得电子居民身份证，并可以访问其数字商业环境。这样做的好处是创业者可以不受地点限制，在世界任何地方创建一家欧盟公司，注册并接受在线支付，还可接入 165 个国家的全球电子居民网络。[32]

人力资本

人力资本是创业公司的命脉，也是最大挑战。你会发现，人力资本是生态系统建设者可以发挥作用的关键领域。奥巴马麾下前商务部长佩妮·普利兹克（Penny Pritzker，现为芝加哥科技生态建设组织 P33 的联合创始人）曾经告诉我："要支持一个创新生态系统，就需要深入关注一个包容性的本地人才管道。开展跨公司、跨资本的深度合作，同时注重培训和实施导师制，这些是成功的关键。"[33]

在很多新兴生态系统中，第一波创业者往往是移民或归国人员，他们引进全球知识和实践经验，注入本地生态系统。随着本地的生态系统越来越成熟，创业者进入该生态变得更加容易。不论是为了在初创公司找工作，还是为了创办自己的公司，为了将接力棒传下去，本地人才必须获得受教育、受培训的机会。

在这方面，生态系统建设者有大量的机会可以支持前沿地带的创新型创业者。首先要支持和适当资助当地的学校，包括大学课程，继而延展到正规教育以外的教育。

生态系统参与者可以为专业组织提供支持，如非洲领导力大学或本地编程训练营。如果学费有困难，可以探索采用补贴的方式。豪泰公司有一项补贴培训计划，用以寻找尼日利亚被埋没的优秀人才。生态系统参与者有机会为整个技术行业组织更多的培训。

像奋进公司这样的导师项目可以帮助创业者获得他们所需的资源。其他公司也可以提供帮助。例如瑞波沃克斯①（Rippleworks）基金会〔由加密货币初创公司瑞波（Ripple）、克里斯·拉森（Chris Larsen）和道格·盖伦（Doug Galen）共同创办〕，可以根据某些全球初创公司和社交企业的需求，帮他们匹配全球专家。例如，当客户服务成为左拉公司的痛点时，该基金会为它匹配了专家。[34] 道格（Doug）告诉我说，"许多资金方和组织正在努力通过创新教育和提高员工技能等方式提高人才库的质量和规模，但这个过程需要多年的时间。这时候，我们就需要帮社会创业者解决他们当前最紧迫的问题。能力建设就填补了这一空白。这种需求是直接的、巨大的，有很多了不起的组织正在弥补这个人才缺口"。[35]

缺乏多样性是科技行业的一个普遍问题，在许多新兴市场，这个问题尤为棘手。秀铺菲和豪泰等前沿地带的创新型创业公司已经提供了很好的解决方案。我认为政府、企业和非营利组织都有机会，也有义务为人才管道提供更广泛的支持，并为女性和其他弱势群体提供更多的机会。

资本与经济学

骆驼能够在恶劣的环境中生存，也可以在没有水和食物的情况下连

---

① 瑞波沃克斯（Rippleworks）于2015年创立，总部位于旧金山，是一家支持社会企业的非营利组织，为企业家发展业务提供实际支持，包括资金和专家建议。美国的商业杂志《快速公司》将其评为2020年增长最快的非营利组织之一。——译者注

第十二章 举全村之力：我们还能做些什么

续工作好几天，但骆驼从根本上有食物才能存活。整个生态系统都可以为"骆驼"提供"食物"。但是，"食物"要适度，不能过量。

你已经看到，很多生态系统都急需资金。投资者有机会支持新兴的生态系统。例如，剩余地区崛起之旅（Rise of the Rest tour）和复兴城市之旅（Comeback Cities tour）等非营利性活动都是投资者发起的，有助于提升人们对美国中西部地区创业生态系统、创业机会的认知。

风险投资家可以把战略重点投向资本匮乏的生态系统，就像驱动资本①（Drive Capital）在美国中西部或卡什泽克在拉丁美洲所做的那样。他们还应该继续尝试新的投资结构、新的投资模式（如收入股、常青基金等）。有限合伙人（风险投资基金的投资者）应该支持这些创新。

政府也应该发挥作用。事实上，许多生态系统最早的融资模式都可追溯到政府对风险投资的支持。在以色列，亚泽马（Yozma）项目是风险投资行业早期发展的一大推动力。在希伯来语中，亚泽马的意思是"主动性"——这恰如其分地表现了以色列风险投资行业所取得的成就。以色列政府提供了 8 000 万美元，购买了 10 个新风险投资基金 40% 的股份，以帮助创业公司起步并走向市场。其余的，正如他们所说，都成了历史。风险投资从 20 世纪 90 年代的 5 800 万美元增加到现在的 33 亿美元，飙升了 6 倍。[36] 同样，早在 1958 年的美国，小企业投资公司②（简称 SBIC）就开始向无法通过传统方式获得资本的高风险小企业提供债务和股权了。[37]

基金会和多边机构是有待充分利用的资金来源。基金会应该将部分

---

① 驱动资本（Drive Capital）成立于 2013 年，是一家主要投资创新技术、医疗健康和消费者服务等领域的投资机构。——译者注
② 小企业投资公司（the Small Business Investment Corporation，简称 SBIC）是根据 1958 年《联邦小企业投资法》（Federal Small Business Investment Act），在联邦小企业管理局（Small Business Administration）登记并受其管理的投资公司。——译者注

捐赠资金用于支持前沿地带的创业者或投资者。影响力投资是一个特别有效的渠道。

同样，企业也有能力投资和支持全球创业公司，腾讯、阿里巴巴和纳斯珀斯等公司已经证明了这一点。在美国，企业的资产负债表上有超过1.9万亿美元的现金流。只需释放其中的一小部分投资于当地社区就能带来巨大改变。[38]

当然，骆驼不能一直靠小水坑生存。同样，在资本匮乏的环境里，用资本来解决问题听起来非常有诱惑力。的确，没有任何创业者会说钱太多了，花不完。虽然缺乏资本可能是瓶颈，但缺乏资本似乎不是制约因素。[39] 相反，关键挑战在于找到可持续的商业模式。骆驼模式的优势在于它关注可持续性和韧性。

给生态系统注入太多资金，可能会削弱骆驼型企业的有效性及其成功概率。因此，生态系统建设者必须仔细地分析问题，按照阶段、行业和地理位置来准确定位差距，制定有针对性的解决方案。最后，干预措施应该是短期的，而不是永久性的。干预措施应该帮助启动良性循环，然后优雅地退出。虽然应该长期支持，但不应该永远支持。以色列的亚泽马项目就有一个内置的退出时间表。

提供合适的基础设施

前沿地带的创新型创业者致力于创造市场。市场参与者可以通过提供适当的监管和基础设施来支持他们。

灵活监管

生态系统建设者有机会为创新型创业者提供一个有吸引力的监管环

境。监管者的本能是分析每一种可能性,并预先制定规则。在创新创业领域,企业将如何发展是无法预知的。闭关自守只会抑制创造力,更加平衡、宽容的监管才是强大的加速器。

在这方面,新加坡、马来西亚和英国央行的沙盒机制值得参考。金融科技行业是受到高度监管的,很难在这个行业里开展实验,沙盒机制就可以帮助解决这个问题。监管者允许初创公司在限定的环境内、在可接受的特定风险水平下运营。监管者承诺不会对初创公司进行过度监管,而是任其发展。到了双方约定的时间后,监管者再和初创公司坐在一起研究结果并评估风险,并不进行提前监管。[40]

国家可以通过政策手段,将自己打造成具有吸引力的创新沙盒。例如,卢旺达创造了很好的营商环境,腐败很少,而且把支持企业家作为重点工作来抓。卢旺达的生态吸引了全球创业公司进入其中,包括泽普兰①(Zipline)在内的很多创业公司都选择在卢旺达推出新产品,进行实验。同样,卢旺达也是巴比伦医疗的第一个非洲市场。

支持生态系统基础设施建设

创业者是在创造全新的行业,必须同时开创多种商业模式。例如,左拉有研发部门、融资部门、分销平台和制造团队,钱包管家有银行互联、信用评分、个人财务管理应用(PFM)和贷款产品。有时候,这种做法是战略性的,是一个体现差异化的点(例如,苹果建立自己的商店来控制分销体验)。然而,前沿地带的创新型创业者往往需要建设无差别的水平基础设施。

生态系统参与者可以建设这种水平基础设施。在印度,政府资助的

---

① 泽普兰(Zipline)成立于 2011 年,是一家专注于开发无人机并利用无人机运送用于拯救生命的医疗用品的美国初创公司。——译者注

通用身份识别项目艾德哈①（Aadhaar）正在进行一项现场实验。艾德哈是由南丹·尼勒卡尼（Nandan Nilekani）（印孚瑟斯联合创始人、班加罗尔生态系统中的重要人物）在政府部门任职期间创办的。艾德哈为13亿印度居民提供了一个统一的、基于生物信息的数字身份识别平台，便于居民领取政府福利、开立银行账户、申请电话卡和出示身份信息。[41] 艾德哈平台为生态系统提供了宝贵的功能性基础设施。印度婚恋网（Matrimony.com）的案例研究显示，身份识别基础设施至关重要。当时，婚恋网创始人穆鲁贾维尔·贾纳基拉曼（Murugavel Janakiraman）不得不制定一个成本高昂的定制解决方案。艾德哈让身份验证变得像插件一样简单。印度软件产品行业圆桌会议②（简称 iSPIRT）的技术专家正在帮印度政府构建印度堆栈③（India Stack），它可以利用艾德哈插件，更加便宜地推出数字化、无纸化、无现金化的新服务。[42] 南丹对这一愿景进行了解释：

> 印度堆栈的目标是创造数字公共产品。最先推出的是艾德哈，通过它可进行身份识别。随后，印度国家支付公司④（National Payments

---

① 艾德哈（Aadhaar）在北印度语中的意思是"基础"。2009 年，印度政府开始推动该计划，旨在将生物识别信息纳入每个人的公民身份。该计划通过一个中央数据库存储每个居民的生物识别信息（包括指纹、虹膜扫描和照片），匹配每个人的基本人口统计信息，以及一串由 12 位数字构成的唯一身份证明编号。——译者注
② "印度软件产品行业圆桌会议"（Indian Software Product Industry Round Table, 简称 iSPIRT）成立于 2013 年，由印度 30 家软件企业自发组建，目的在于企业彼此合作研发创新产品并提升印度在全球软件市场的形象，目前被看作是印度软件产品行业的智囊团，也是领导印度堆栈的志愿者组织。——译者注
③ 印度堆栈（India Stack）是基于印度数字 ID 程序艾德哈建立的强大的开放式可编程功能集，力求解决印度在无状态、无纸化和无现金服务交付方面的难题。——译者注
④ 印度国家支付公司（National Payments Corporation of India, 简称 NPCI）成立于 2008 年，是一家在印度经营零售支付和结算系统的组织，该组织由一个主要银行财团所有，并由印度中央银行印度储备银行推动。——译者注

Corporation of India）推出了联合支付接口①（简称 UPI），这是一个成功的可互操作支付网络。下一步是数据授权，即将数据交到用户手中，供他们自己使用。我们的愿景是，在这些基础设施的支持下，奇迹可以发生。人们可以重新构想各种产品和服务。[43]

企业、基金会和政府也可以支持生态系统基础设施建设。在人力资本方面，为了社会公益，地方政府和有些企业支持豪泰公司创建包容性求职项目。如果能在全国范围内这样做，将会非常高效地帮助创业公司找到国内最优秀的人才，扩大平等机会。

生态系统支持原则

很多生态系统建设者请我对如何支持他们的生态系统出谋划策。但制定创业生态战略绝非易事，它需要你对当地的优势、动态以及发挥作用的各方关系有深刻的了解。这也是为什么我不愿意提供标准化建议，而是会提出几个指导性原则的原因。

确保创业者的中心地位

创业公司的最佳实践经验是要以客户为中心。生态系统的建设也应该如此。在生态系统建设中，客户就是创业者。虽然为其他客户开发特定行业，创造就业机会，解决社会目标，这些事情很重要，但更重要的是，为创业者提供帮助，打造创业生态良性循环。

---

① 联合支付接口（Unified Payments Interface，简称UPI）由印度国家支付公司在2016年推出，意在降低现金交易比例。UPI 可以为 200 家加入该网络的银行以及谷歌支付等支付处理器实现数字支付和点对点转账。简单来说，UPI 类似于个人数字钱包，可以用来存取和转移银行账户的资金。——译者注

从世界各地生态建设者的采访中,我了解到决定成败的关键因素之一是以企业家为中心。如果是外部参与者,而不是企业家自己决定生态系统需要什么,就会出现不正当激励,从而导致结果欠佳。据奋进公司对内罗毕生态系统的分析报告称,捐赠者、开发性金融机构(DFI)和企业提供了大量外部资金。[44] 内罗毕每 30 个初创企业中就有一个捐赠者资助的孵化器。正如报告所说,"捐赠者开始资助以技术为导向的创业计划,这使得原本提供个人小额贷款和教育服务的当地组织也开始改头换面,推出创业支持计划"。[45] 这种情况造成了生产率较低的微型企业和创业战略进行优化的目标,是满足捐赠者,而不是创造伟大的企业。

尽管起步艰难,肯尼亚创业者在建设生态系统方面取得了长足的进步。然而和班加罗尔的生态系统相比,内罗毕只有 1% 的公司发展到了足以雇用 100 人以上的程度,这个数字只是班加罗尔的六分之一。[46]

风险投资也是如此。20 世纪 90 年代末,加拿大政府支持了劳工基金(一种税收补贴的投资基金)。根据监管法令,这些基金在资本投资的类型和方式上受到限制。[47] 果然,哈佛商学院教授乔西·勒尼(Josh Lerner)发现,和其他资产相比,劳工基金表现不佳,而且比传统风险投资的失败率更高。劳工基金不过是在企图把资本投到创业者不需要的地方。

最终,创新生态建设应该以创业者为中心,并由创业者领导。布拉德·菲尔德的巨石理论和考夫曼基金会(Kauffman Foundation)的经验数据都支持了这一观点。[48]

也要关注巨大成功

许多生态系统的建造者,都倾向于在创业初期就支持创业者,看到越来越多的新创业公司成功,看到它们申请的专利越来越多。但是这些数字只与成功的创业活动相关联，它并不是初创企业要扩大规模的信号，而扩大规模才是生态系统成功的关键标志之一。

考夫曼基金会发布了一份报告，该报告用 4 个指标及 12 个度量值来衡量创业生态系统。第一个指标是密度，该指标衡量每 1 000 人中的新企业和年轻企业的数量，新企业和年轻企业中的就业比例，以及行业密度，尤其是在高科技行业；第二个指标是流动性，它衡量人口流动、劳动力市场再分配和高增长企业；第三个指标是连接性，它衡量项目连接性、分拆率和交易撮合者网络；第四个指标是多样性，它衡量多种经济分工、流动性和移民数量。[49]

我建议再增加第五个指标：已经成功扩大规模并退出的后期创业者数量（重点关注第十一章提到的"长兄长姐"们）。研究表明，在企业比较多的行业里，排名前三的公司可以影响超过 60% 的生态系统。在布宜诺斯艾利斯，这一比例超过 80%。[50] 正如你所看到的，那些成功扩大规模的初创企业可以启动生态建设的良性循环。

着眼长远

冰冻三尺，非一日之寒。创业生态系统也是如此，硅谷花了 40 多年才变成硅谷，以色列的成功源于 20 年前的亚泽马项目。

生态系统建设者要着眼长远。生态系统的建设时长超过选举周期或大多数企业 CEO、基金会 CEO 的任期。接力棒至少需要传几代人才能成功。

协作

生态系统建设不应该是孤立的，它需要整个社区的合作。像奋进集团、搞砸之夜和非洲领导力大学这样的解决方案需要与更大的创业者群体合作，同时也需要和公司、私营企业和非营利组织合作。非洲领导力大学和学生未来的雇主合作，寻找学生身上的技能差距，开设专门课程，为他们创造实习和培训的机会。非洲领导力大学和慈善家合作，资助其早期项目，并与一系列投资公司和风险投资家合作扩大规模。同样，奋进的魅力之一在于它与当地商界领袖有着深度合作，后者为项目提供资金并指导了初创企业。

创新与冒险

可惜，生态系统建设没有模板。生态系统建设必然是摸着石头过河，必须冒险和尝试不同的创意，尝试新的方法。不是每次尝试都能开花结果。

实际上，情况是这样的：更小、更自然的活动威力更大。有人成功，有人失败，但是快速实验对于找到成功模型来说，至关重要。

最重要的是忠于自己

在前沿地带建设生态系统与在硅谷和世界其他地方是不一样的。因此，请记住莎士比亚的话："忠于你自己。"

世界各地的很多创业生态都有一个"硅X"的绰号。纽约有硅巷，犹他州有硅平原，肯尼亚有硅草原。这是一种错误的带有贬义的比较。硅草原泛指撒哈拉以南的所有非洲生态系统，用一个最初的印第安词汇来描述一个自然生态系统，这个生态系统当然不能代表整个次大陆。[51] 生产硅谷的复制品并不是一个有意义的目标。成功的全球生态系统应该充分利用当地优势，成为与众不同的生态系统，当然也终将会是卓尔不群的。

第十二章 举全村之力：我们还能做些什么

从历史角度看，技术一直被视为一个几乎完全独立于其他行业的垂直行业。行业分金融服务、医疗保健、工业和技术等。在技术方面，硅谷主导着市场，就像纽约州主导金融业，魁北克省主导枫糖浆一样。

今天，技术是横向的，每个公司和每个行业都有自己的技术，区域专长也必须在当地生态系统建设中发挥关键作用。伦敦已经成为金融科技的全球领导者（就目前而言）。俄亥俄州哥伦布已经成为美国中西部蓬勃发展的创新中心，专门从事农业和制造业。

世界各地的创新生态系统将培育各种类型的创业公司，有的做医疗保健（和其他可能的细分市场），有的着力于重工业机器人技术。当地生态系统的优势会催生出专门的行业。

当你想要助力当地生态系统时，你要知道前沿地带的创新型创业者各不相同。每一个创业公司都在独特的环境中运行，其环境由政治经济、宏观经济和行业内的个人生态系统所决定。任何生态系统都必然包括更广阔的行业环境和更多的专业知识。

所以不要叫它硅草原，叫它肯尼亚吧！

第十三章
前沿地带：
未来的希望

2018年4月10日，美国参议院传唤马克·扎克伯格参加第二天的听证会。他当时被问了一连串问题，主要问他在剑桥分析丑闻事件之后，脸书该如何发挥作用。他把准备好的答案写在面前的一张纸上，并且事先做了精心的排练。

其中一个答案涉及拆分脸书的问题。虽然他实际上没有被问到这种问题，但他事先准备好了一套说辞，强调了当今世界的状况。他在笔记本上这样写道："拆分脸书？脸书是美国科技公司的关键资产，拆分脸书只会增强中国公司的实力。"[1]

脸书最担心的不是它的美国竞争对手，比如推特、领英和色拉布；对它来说，真正的竞争来自国际上的对手。脸书拥有令人羡慕的23亿月活跃用户，[2]然而，微信紧随其后，拥有11亿用户，并且还在快速增长。[3]在全球最大的20家科技公司中，有8家是中国的公司，而十年前只有3家公司来自中国。[4]

五个启示

技术革新已经是全球大势所趋。

现在,家喻户晓的科技公司来自世界各地:声田①(Spotify)来自瑞典,位智②(Waze)来自以色列,阿里巴巴来自中国。在20年前,20世纪90年代科技泡沫最严重的时期,硅谷是创新创业的首选之地。在很多方面,它也算是唯一的创新之地。但现在情况已经发生了很大的变化。在20世纪90年代,全球95%以上的风险投资都在美国,但现在这个数字却变成了50%。[5] 这种转变只会继续下去,越来越多的创新将来自四面八方。

随着世界创新中心从硅谷转向前沿地带,传统规则便不再适用。最优秀的企业家正在制定自己的路线,引领我们向更具创造性、可持续性、全球性、影响力和更全面的创新愿景前进。

我希望这本书能给你带来五个关键启示。

一、创新是全球性的

我们所有的先进创新经验都集中在一个单一的时间和地点,即今天的硅谷,并且是集中在特定类型的业务上。长期以来,在推动创新和创建初创公司生态系统方面,硅谷规则手册一直是我们唯一的参照。但硅谷的规则手册很少适用于世界其他地方,而世界其他地方也不再会尝试削足适履。

硅谷的规则手册本身并没有错。恰恰相反,它在硅谷的效果非常好。

---

① 声田(Sportify)也被译为"声破天""斯波蒂菲",是全球最大的正版流音乐服务商,2008年10月在瑞典首都斯德哥尔摩正式上线。——译者注
② 位智(Waze)是一个基于GPS的导航移动软件应用程序,由以色列公司开发,已经由谷歌于2013年收购。——译者注

但它仅适用于硅谷正在开发的产品类型（轻资产应用）、商业目标（不惜一切代价实现增长）以及可利用的生态系统和基础设施（一个富裕且发达的创新环境）。

相比之下，世界上的其他地方，我称之为"前沿地带"，则是规模庞大、范围广泛、变化多样的。这里的生态系统缺乏创业活力和集中度，这里的市场也面临着宏观经济不稳定和政治风险。这就是为什么在前沿地区创建初创公司与硅谷迥然不同，也是为什么生吞活剥硅谷方法会导致灾难性后果的原因。只关注增长的模式将会使企业因缺乏资本而陷入困顿，因货币风险遭受意外打击，或彻底毁于其他各种挑战。

没有深入理解其基本假设就复制和粘贴硅谷的方法，这种做法既鲁莽又无知，成功的前沿地带的创新型创业者甚至连试都不会去试。

二、一种新的创新模式出现了

基于世界各地创业者的经验教训，前沿地带开发并适应了一种新的创新创业模式。

前沿地带的创新型创业者以各种有意义的方式重新定义了什么是最佳创新实践。他们创造产业而不是颠覆产业，专注于解决生态系统中的痛点，并开发面向大众市场的产品。他们利用创新技术和商业方法解决了系统性的社会问题，譬如创造街道地址，提供新型金融服务和医疗保健方案。

他们往往必须构建垂直堆栈和水平堆栈。这项任务会使创新者在前沿地带开展业务时面临更加复杂的困难，成功之路更加艰辛，但也会带来竞争优势。也就是说，前沿地带的创新型创业者不会不惜代价地追求增长。面对风险更高的宏观环境，他们会侧重企业发展的韧性。与独角兽兄弟相比，前沿地带的创新型创业者打造的骆驼型企业的首要特征就是具有可持续性和韧性。

前沿地带的创新型创业者通常是移民或归国人员,他们从各种渠道汲取灵感,个人丰富的生活经历也对他们大有助益。他们经常从一开始就建立了全球化的公司,从而从分散的区域市场中拼接出巨大的发展机遇。他们从世界各地挖掘最优秀的人才,建立一流的团队。

前沿地带的创新型创业者优先考虑公司对社会和经济发展的重大影响。虽然并非所有社会企业都是初创公司,但大多数前沿地带的初创企业都是社会企业。

也许是因为前沿地带的创新型创业者了解他们的产品可能产生的影响,所以他们周密地防控客户和公司面临的风险,而不仅仅是关注快速行动、打破常规。所以,与硅谷同行相比,前沿创新者的公司往往会瞄准更具影响力的行业。

与此同时,前沿地带的投资者开始在融资方面进行创新。主要参与者正在开拓新的模式,例如设置常青基金、确定收入分成结构、采用计算机决策和用户投资等方式。

最后,前沿地带的创新型创业者是生态系统的建设者。在发展初创企业的同时,他们积极塑造企业文化,为后来者提供指导,建立生态系统基础设施,培养人才。有些初创公司极大地促进了生态系统的加速发展,并形成了良性循环。

三、这是战术,不是规则

总的来说,这些经验教训汇集成一种战术,不仅适用于前沿地带,也适用于世界各地的企业家。但是,不能把它们视作程式化的成功秘诀:如果做到 A、B 和 C,结果就一定会是 Z。相反,战术是系列战略的集合,无论面临什么挑战,有抱负的企业家都可以从中汲取可用之策,将成功概率最大化。你应该充分运用自己的判断力，根据特定情况确定可行的战略，并且忽略其他无关因素。

环境是关键因素。在巴西这样的地方，由于当地市场庞大，与邻国的文化也各不相同，因此初创公司采取侧重国内业务的策略往往是合理的。相比之下，在美国的邻国乌拉圭，初创公司从一开始就要考虑进行区域性或全球性发展。拥有丰富风险投资生态系统的国家和当地初创企业依赖创新方法来争取风险融资的可能性较小，他们就可以遵循原来的硅谷方法。多伦多或上海这样的城市拥有深厚的技术和管理人才市场，对他们来说，建设一流团队的经验固然重要，但可能不那么紧迫。

这些策略相互交叉，相互加强。因为从一开始就缺乏大部分基础设施和生态系统，通常创建产业就需要建立起完整堆栈。创业者往往是多任务型选手，社会影响力成为他们企业的组成要素之一。骆驼型企业从创立之日起就面向全球市场并建立完整堆栈，以多种强化的商业模式来发展韧性。有时候，这些趋势会向不同的方向发展。例如，采用分布式策略就可以避免在本地建立一流团队。

硅谷的方法也不应该被完全抛弃。如果想了解以客户为中心的产品开发、创意设计思维和产品演化，硅谷仍然是最佳场所之一。

相对优势是前沿地带创新的全部意义所在。虽然前沿地带获得的经验教训很容易应用到不同的生态系统，但是其他生态系统的创新者沿用某种方法时，也会感到别扭和困难重重。这很正常。就像只通过观察莫奈的一朵睡莲很难理解印象派艺术运动，但退后一步，从整体上考虑这些趋势是很重要的。总而言之，前沿地带的创新型创业者的新战术与硅谷经典法则相比，前者提供了更扎实、更先进、更灵活的创业方法。

四、不要复制硅谷

为了建立充满活力的前沿地带的创业生态系统,所有参与者,包括决策者、监管机构、基金会、投资者和大公司,都要发挥作用。要做到这一点,他们不应该期望着去复制硅谷,而是应该支持以前沿地带战术为依据的创新型创业者,在本书所探讨的策略启发下,选择行动路线。

例如,支持跨界创新计划有助于连接不同的生态系统。改善当地的教育机构、支持移民和投资培训项目都可以维持和发展当地的人才生态系统。培育适当的法律和监管体系也会鼓励创新和创业。提供水平基础设施可以为初创公司提供支持层,以降低他们的成本和风险。担负起启动资本生态系统的责任,并与创新型创业者合作,可以创造一个良性循环。

五、硅谷需要变革

前沿地带的创新型创业者正在根据需要制定自己的战术,使他们的公司能在不良的条件下生存和发展。

经典的硅谷公司在经济繁荣时期会蓬勃发展,但这样的时光绝不会永远持续下去。2008 年 10 月,领先的风险投资公司红杉资本与其投资组合公司分享了一份题为"愿美好时光安息"(RIP Good Times)的报告,报告预示了金融危机的到来。其结论之一是,首席执行官应该优先考虑公司发展的可持续性和韧性。[6]

过去十年见证了历史上最长的牛市之一,资本充沛,人们满怀乐观。后期公司的估值飙升,保持私人化的时间更长,并且为了追求增长不惜一切代价。而与此同时,湾区的极端经济不平等和无家可归现象正在攀升,科技公司也越来越多地因为不道德行为而受到抨击。而且,很简单,他们不再像过去那样去推动创新的极限。

许多最好的初创公司都是经济低迷时期建立起来的，比如亚马逊和奈飞。[7] 有一种理论认为，在这个时期人们手里能花的钱更少，企业家就看到了创建更高效的公司的机会（一些原本可以就业的人被迫创业）。[8] 在当前的欢欣鼓舞中，硅谷早已忘记了这一点。为了牢记经验教训、学习新模式，我们可以看看前沿地带及其创新型创业者开创的战术。它为硅谷提供了一个机会，让它可以反思什么是有效的，并在为时未晚前考虑自身应如何发展，才能在接下来的发展中更具可持续性。

所有的周期都有始有终，总有一天风险投资会再次枯竭。就像在2001年和2008年的危机之后一样，只有最强大的企业才能幸存下来。这可能会提醒我们，沙漠骆驼毕竟是一个比独角兽存在更长久、更合适的吉祥物。

未来的希望在前沿地带

现在，世界上几乎每个国家都有创业社区。尽管硅谷在未来几年仍可能是初创公司和创新领域的领导者，但在优秀实践方面，其垄断优势将被打破。

世界各地的生态系统处于不同的发展阶段。在新兴市场，大多数生态系统都处于起步阶段。在美国以前的制造业城镇，它们可能正在走向衰落或艰难地尝试重新崛起。最好的生态系统会利用来自世界各地的经验教训，并根据当地市场的技能、资产和需求状况进行建设。

良性循环已经在一些市场中运行起来。成功的创业公司已经培养出大量的导师、天使投资人和训练有素的创新者。但对于大多数前沿地带生态系统来说，想要飞轮转动起来，光靠等是远远不够的。

鲁迪亚德·吉卜林（Rudyard Kipling）曾经写道："哦，东方是东方,西方是西方,两者永远不会相遇。"与之不同,创新正在全球转移。东方和西方有很多东西需要相互学习、相互协作,而且现在就应该抓住机遇,因为这确实是一个难得的巨大机遇。

尽管美国仍然掌握着全球一半的风险资本,但一波改革的新浪潮正在滚滚而来,而且将会波及世界各地。[9] 新兴市场和发展中市场人口总计超过64亿人,约占世界人口的85%,这个数字甚至不包括较发达国家的前沿地带。[10]

只要看看中国,就能了解到创新生态系统启动后的发展状况,也就能知道当今创新生态系统在全球范围内启动后的影响。在十年的时间里,中国发展成为世界第二大科技生态系统,可以说,在医疗保健和交通运输等经济领域的技术层面,它比硅谷更加多元化。[11] 班加罗尔、芝加哥、圣保罗、新加坡和世界许多其他地方都在成为创新龙头。在全球范围内,有近500个生态系统正在促成初创企业的诞生。想象一下,如果资金问题变得普通,获取门槛更低,湾区之外会发生什么。

随着所有这些硅谷外的企业家走上创新的前沿,一场巨变即将来临。为了取得成功,他们不断颠覆和重构硅谷的规则,为新行业制定新战术,创新能力超过了其他所有人。我们都应该考虑从他们的战术中借鉴经验,以便能跟上世界发展大势,保持住世界创新中心的地位。

致 谢

俗话说得好:"独行快,但众行远。"这本书的问世,得益于那些与我一起奔跑的人。他们或与我并肩奔跑,或跑在前面引路,是他们坚定的支持,推动我跨越终点线。

感谢我的妻子谢伊·罗文·拉扎罗(Shea Loewen Lazarow)。是因为她我才开始创作这本书,也是因为她,我才能完成这本书。在漫长的写作过程中,她一直陪伴着我,为我打气,支持我,帮我拓展思路,为我做编辑工作。很显然,如果没有她,这本书是不可能完成的。

感谢我的家人,感谢他们给予我强大而持久的支持。感谢我的母亲,她在我很小的时候就教会我如何组织自己的思路,也是她教会我用三段式来回答每个问题。感谢我的兄弟和父亲对这本书的编写以及我所有其他工作的支持。我家庭的其他成员也非常支持我,包括我的叔叔保罗,他自始至终都给我提供宝贵的意见。我还要特别感谢我的岳父岳母,他们照顾了我和我的家人。在这里,还要感谢韦恩·罗文(Wayne Loewen),他是第一个阅读我手稿的审稿人。

这本书能顺利完成,我的研究团队功不可没。玛雅·洛里(Maya Lorey)是一位非常出色的思想伙伴,她推动了我去思考许多重要话题，包括优秀初创公司的影响力和多元化的力量等。尼哈尔·尼拉坎蒂（Nihar Neelakanti）是分布式组织和营销战略方面的重要合作伙伴。我还要感谢麦克斯韦尔·哈里森（Maxwell Harrison）、茱莉亚·特恩布尔（Julia Turnbull）、鲁希尔·普拉卡什（Rushil Prakash）、朱莉·福永（Julie Fukunaga）、佩奇·普雷斯顿（Paige Preston）和桑迪·林（Sandy Lin），他们为我的研究提供了重要的帮助。

我的经纪人卡罗尔·佛朗哥（Carol Franco）给了我这个机会，她不知疲倦地工作，找到了哈佛商业评论出版社（Harvard Business Review Press）出版这本书的原版，为这本书找到了一个很好的归宿。卡罗尔和她的丈夫肯特·莱恩贝克（Kent Lineback）一直都是这个项目的顾问，我对此感激不尽。

哈佛商业评论出版社的整个团队非常出色，我与他们合作非常愉快。首先要感谢我的编辑杰夫·基霍（Jeff Kehoe），我经常寻求他的建议，他对这本书的理念、探讨问题的框架以及对这本书的市场定位给出了非常有价值的建议。感谢阿利辛·扎尔（Alicyn Zall）在编辑方面的支持，感谢斯蒂芬尼·芬克斯（Stephani Finks）为这本书做的精美封面，感谢艾丽卡·海尔曼（Erika Heilman）负责了这本书的市场推广，感谢梅琳达·梅利诺（Melinda Merino）在发行策略上的建议，感谢艾莉森·彼得（Allison Peter）在写作过程中的指导，感谢贝特西·哈丁格（Betsy Hardinger）和凯伦·帕尔默（Karen Palmer）的编辑工作。同时也感谢出版社其他成员的宝贵支持。

这本书的很多关键思想都是在无数的朋友和同事帮助下得以形成的。最早的一些理论由我与明德大学蒙特雷国际研究学院（Middlebury Institute for International Studies）的合作教授施宇伟[①]（Yuwei Shi）一起

---

① 施宇伟（YUwei Shi）可能并不是准确姓名，根据拼音音译。——译者注

致 谢

形成的，当时在备课期间，我们一起处理了全球创业材料匮乏的问题。尼克·纳什（Nick Nash）与我在多个项目上合作过，包括考夫曼管理承诺（风险投资行业的行为准则）。他是一位出色的智囊团伙伴，他的公司亚洲合伙人也给我提供了宝贵的研究成果。感谢克里斯·施罗德（Chris Schroder），他是全球企业界的前辈，也是很擅长讲故事的创业先驱，感谢他定期为本书和出版流程提供建议，他是首批阅读该手稿的人之一，也感谢他对手稿进行的深入研究。还要感谢布拉德·菲尔德（Brad Feld）和整个奋进团队在创业生态系统开发方面的思想引领。最后，向奥斯汀·阿伦斯伯格（Austin Arensberg）、伊曼纽尔·斯马迪贾（Emmanuel Smadja）和马克·梅拉斯（Mark Meras）致敬，一直以来他们都与我一起讨论，进行头脑风暴，给我提供战略参考。

许多人抽出宝贵时间阅读了这本书的全部和部分手稿，并都提供了有价值的观点。在此特别感谢杰伊·哈里斯（Jay Harris）、基思·戴维斯（Keith Davies）、汤姆·巴里（Tom Barry）、克里斯·比什科（Chris Bishko）、马克·帕尔默（Mark Palmer）、桑杰·瓦格尔（Sanjay Wagle）和亚历克斯·巴基尔（Alex Bakir）。

许多人与我分享了他们的想法，或者把我介绍给其他有故事的人，他们的故事可供我学习和讲述。这些人包括阿里·哈希米（Ali Hashmi）、博·塞尔（Beau Seil）、比尔·德雷珀（Bill Draper）、凯瑟琳·切尼（Catherine Cheney）、克里斯·希恩（Chris Sheehan）、克里斯·叶（Chris Yeh）、考特尼格丁（Courtney Guertin）、丹·阿里利（Dan Ariely）、埃托雷·利尔（Ettore Leale）、贾斯帕·马尔科纳森（Jasper Malcolmson）、凯特·康纳利（Kate Connally）、罗布·拉尔卡（Rob Lalka）、艾德西姆内特（Ed Simnett）、大卫·德尔塞尔（David del Ser）、马利斯·卡拉罗（Maelis Carraro）、尼科·克莱因（Niko Klein）、帕特里克·麦肯纳

（Patrick McKenna）、桑格·德尔（Sangu Delle）、希尔·莫诺特（Sheel Mohnot）、拉斯·西格尔曼（Russ Siegelman）和黄正（Zheng Huang）。也要感谢我的整个考夫曼研究生班，特别是希德·莫菲亚（Sid Mofya）、达尔顿·赖特（Dalthon Wright）、杰里米·雅普（Jeremy Yap）和丹·阿贝隆（Dan Abelon）。

我必须感谢奥米迪亚网络的同事们在我成长过程中的积极影响，特别是阿朱那·科斯塔（Arjuna Costa），他邀请我加入他的团队，让我沉浸在一个全球创新的世界中，为此我将永远心存感激。奥米迪亚网络的其他同事在这个过程中也给我提供了关键建议，这包括蒂尔曼·埃尔贝克（Tilman Ehrbeck）、珍妮·约翰斯顿（Jenny Johnston）、阿纳米特拉·德布（Anamitra Deb）、彼得·拉布利（Peter Rabley）和许多其他同事。我在国泰创新的同事也帮助我打开了视野，了解了欧洲和中国的生态系统，在此我必须向丹尼斯·班瑞尔（Denis Barrier）、蔡明波①（Mingpo Cai）和西蒙·吴（Simon Wu）表示感谢。

在此也感谢布雷肯·鲍尔奖，感谢麦肯锡公司和英国《金融时报》的团队，尤其是多米尼克·巴顿（Dominic Barton）和安德鲁·希尔（Andrew Hill）。你们的奖励是这个项目的催化剂，否则这个项目可能会让人望而生畏。布雷肯·鲍尔社区的很多人在这个项目的整个过程中提供了关键的支持，特别是我的朋友斯科特·哈特利（Scott Hartley）、艾琳·孙（Irene Sun）和梅赫兰·古尔（Mehran Gul）。

在这本书编写过程中，我共采访了超过250名的企业家、投资者和生态系统建设者。遗憾的是，我只能在文章中介绍一小部分人。感谢你们每个人的宝贵时间和真知灼见，你们是这本书的中坚力量。

---

① 蔡明波（MingBo Cai）可能并不是准确名字，根据拼音音译。——译者注

最后，感谢所有前沿地带的创新型创业者——竞技场上的勇士们。谢谢你们所做的一切，谢谢你们通过一次次创新改变了世界，也感谢你们激励我们去追寻更远大的梦想。

注 释

绪 言

1. "Off-Grid Solar Market Trends Report 2018" (Washington, DC: International Finance Corporation), January 2018.
2. Ilya A. Strebulaev and Will Gornall, "How Much Does Venture Capital Drive the U.S. Economy?" Stanford Graduate School of Business, October 21, 2015, https://www.gsb.stanford.edu/insights/how-much-does-venture-capital-drive-us-economy.
3. Tim Kane, "The Importance of Startups in Job Creation and Job Destruction," Kauffman Foundation Research Series, July 2010, https://www.kauffman.org/what-we-do/research/firm-formation-and-growth-series/the-importance-of-startups-in-job-creation-and-job-destruction.
4. Keith Collister, "Harvard's Josh Lerner Asks Why Bother with Venture Capital?" Jamaica Observer, September 12, 2014, http://www.jamaicaobserver.com/business/Harvard-s-Josh-Lerner-asks-why-bother-with-venture-capital-_17535881.
5. Enrique Dans, "Hey! We Live in the Age of Innovation: Who Needs Rules?" Forbes, December 6, 2017, https://www.forbes.com/sites/enriquedans/2017/12/06/hey-we-live-in-the-age-of-innovation-who-needs-rules/#2538c451246c.
6. George Avalos, "'Immense Growth' Makes the Bay Area the World's 19th-Largest Economy, If It Were a Nation," Mercury News, July 10, 2018, https://www.mercurynews.com/2018/07/10/immense-growth-makes-bay-area-worlds-19th-largest-economy-google-facebook-apple-adobe/.
7. "San Francisco Bay Area Startups," 2019, https://angel.co/san-francisco-bay-area; and Mark Muro and Jacob Whiton, "Tech Is (Still) Concentrating in the Bay Area: An Update on America's Winner-Take-Most Economic Phenomenon," Brookings Institu-tion, December 17, 2018, https://www.brookings.edu/blog/the-avenue/2018/12/17/tech-is-still-concentrating-in-the-bay-area-an-update-on-americas-winner-take-most-economic-phenomenon/.

8. Adam Satariano, "The World's First Ambassador to the Tech Industry," New York Times, September 3, 2019, https://www.nytimes.com/2019/09/03/technology/denmark-tech-ambassador.html.
9. Leigh Buchanan, "Study: U.S. Businesses No Longer Dominate in Venture Capital Funding," Inc., October 5, 2018, https://www.inc.com/leigh-buchanan/american-businesses-no-longer-dominate-venture-capital.html.
10. "Number of Mobile Subscribers Worldwide Hits 5 Billion," GMSA Newsroom, June 13, 2017, https://www.gsma.com/newsroom/press-release/number-mobile-subscribers-worldwide-hits-5-billion/.
11. "Number of Worldwide Social Network Users from 2010 to 2021 (in Billions)," Statista, 2019, https://www.statista.com/statistics/278414/number-of-worldwide-social-network-users/.
12. Richard Florida and Ian Hathaway, "Rise of the Global Startup City: Startup Revolution Report," Center for American Entrepreneurship, 2019, http://startupsusa.org/global-startup-cities/.
13. Lise He, "How Many Startups Are There in China?" Quora, November 27, 2018, https://www.quora.com/How-many-startups-are-there-in-China.
14. "Global Startup Ecosystem Report 2017," Startup Genome, April 2018, https://startupgenome.com/all-reports.
15. "How Many Startups Are There?" Get2Growth, http://get2growth.com/how-many-startups/.
16. "Global Startup Ecosystem Report 2017," Startup Genome, https://startupgenome.com/all-reports.
17. Anne S. Habiby and Deirdre M. Coyle Jr., "The High-Intensity Entrepreneur," Harvard Business Review, September 2010, https://hbr.org/2010/09/the-high-intensity-entrepreneur.
18. "The Global Unicorn Club: Current Private Companies Valued at $1B+," CB Insights, 2019, https://www.cbinsights.com/research-unicorn-companies.
19. Mansoor Iqbal, "Uber Revenue and Usage Statistics (2018) [2019]," Business of Apps, February 2019 [updated May 10, 2019], http://www.businessofapps.com/data/uber-statistics/; Trefis.com, "Number of Rides Uber Gave Worldwide from 2016 to 2019 (in Billions)," Statista, 2019, https://www.statista.com/statistics/946298/uber-ridership-worldwide/; Jane Zhang, "Didi by the Numbers: Ride-Hailing Firm Covered More Miles in 2018 Than 5 Earth-to-Neptune Round-Trips," South China Morning Post, Janu-ary 23, 2019, https://www.scmp.com/tech/start-ups/article/2181542/didi-numbers-ride-hailing-firm-covered-more-miles-2018-5-earth; Xinhua, "DiDi completes 7.43b Rides in 2017," ChinaDaily.com, September 2018, http://www.chinadaily.com.cn/a/201801/09/WS5a541c98a31008cf16da5e76.html; Fanny Potkin, "Indonesia's Go-Jek Close to Profits in All Segments, Except Transport: CEO," Reuters, August 2018, https://www.reuters.com/article/us-indonesia-gojek-interview/

indonesias-go-jek-close-to-profits-in-all-segments-except-transport-ceo-idUSKBN1L20SI; Marina Pasquali, "Key Fig-ures on Taxi and Car Sharing App 99 in Brazil as of 2018," Statista, 2019, https://www.statista.com/statistics/882180/brazil-key-figures-taxi-car-sharing-app-99/; and Robin Wauters, "Cabify Hits 13 Million Customers Globally, Raises $160 Million from Rakuten and Others at $1.4 Billion Valuation," techeu, January 22, 2018, https://tech.eu/brief/cabify-hits-13-million-customers-globally-raises-160-million-rakuten-others-1-4-billion-valuation/.

20. J. Clement, "Number of PayPal's Total Active Registered User Accounts from 1st Quarter 2010 to 4th Quarter 2018 (in Millions)," Statista, July 26, 2019, https://www.statista.com/statistics/218493/paypals-total-active-registered-accounts-from-2010/; and Trefis, "Is Paytm Worth $20 Billion?" Forbes, December 2018, https://www.forbes.com/sites/greatspeculations/2018/12/03/is-paytm-worth-20-billion/#3327d9834439.

21. Olivia Solon, "Tech's Terrible Year: How the World Turned on Silicon Valley in 2017," Observer, December 23, 2017, https://www.theguardian.com/technology/2017/dec/22/tech-year-in-review-2017.

22. Susan Wu, "It's Time for Innovators to Take Responsibility for Their Creations,"Wired, December 25, 2017, https://www.wired.com/story/its-time-for-innovators-to-take-responsibility-for-their-creations.

23. Daniel Weisfield, "Peter Thiel at Yale: We Wanted Flying Cars, Instead We Got 140 Characters," Yale School of Management, April 27, 2013, https://som.yale.edu/blog/peter-thiel-at-yale-we-wanted-flying-cars-instead-we-got-140-characters.

24. Biz Carson, "Silicon Valley Startups Are Obsessed with Developing Tech to Replace Their Moms" May 10, 2015, https://www.businessinsider.com/san-francisco-tech-startups-replacing-mom-2015-5; Ray Fisman and Tim Sullivan, "The Internet of 'Stuff Your Mom Won't Do for You Anymore,'" hbr.org, July 26, 2016, https://hbr.org/2016/07/the-internet-of-stuff-your-mom-wont-do-for-you-anymore; Emily Chang, Brotopia: Break-ing Up the Boys' Club of Silicon Valley (New York: Portfolio, 2018).

25. "List of Automobile Manufacturers in Michigan," Wikipedia, May 2019, https://en.wikipedia.org/wiki/List_of_automobile_manufacturers_of_Michigan.

26. Glenn Counts, Steve Ronson, and Kurt Spenser, "Detroit: The New Motor City," Ethics of Development in a Global Environment (EDGE), July 1999, https://web.stanford.edu/class/e297c/poverty_prejudice/citypoverty/hdetroit.htm.

27. General Motors, "General Motors Production By Plant," https://media.gm.com/content/dam/Media/gmcom/investor/2012/Production-by-Plant-December-2012-NA.pdf.

28. Michelle Robertson, "So Many People Are Leaving the Bay Area, a U-Haul Short-age Is Jacking Up Prices," SFGATE, February 15, 2018, https://www.sfgate.com/expensive-san-francisco/article/U-Haul-San-Francisco-Bay-Area-prices-shortage-12617855.php.

29. "Off-Grid Solar Market Trends Report 2018"; James Chen, "What Are Fron-tier Markets?" Investopedia, March 26, 2018 [updated October 15, 2019], https://www.investopedia.com/terms/f/frontier-market.asp; and Early Growth Financial Services, "What Is Frontier Tech?" 2018, https://earlygrowthfinancialservices.com/what-is-frontier-tech/.
30. Brad Feld, Startup Communities: Building an Entrepreneurial Ecosystem in Your City(Hoboken, NJ: Wiley, 2012).
31. Deal Sunny, "Entrepreneurship Infographic: 46 Facts Every Entrepreneur Needs To Know About," 2015, https://www.dealsunny.com/blog/entrepreneurship-infographic.
32. Rhett Morris and Lili Török, "Fostering Productive Entrepreneurship Commu-nities," Endeavor Insight, October 2018, https://endeavor.org/content/uploads/2015/06/Fostering-Productive-Entrepreneurship-Communities.pdf.
33. Fabio Sergio, "The Human Side of Inclusion," MasterCard Center for Inclusive Growth, January 20, 2015, https://mastercardcenter.org/insights/human-side-inclusion/.
34. American University, "New Study Reveals the Worldwide Reach of Social Entre-preneurship," Science X Network, June 1, 2016, https://phys.org/news/2016-06-reveals-worldwide-social-entrepreneurship.html; and Jay Boulkin, "Social Enterprise: Statistics from Around The World," Social Good Stuff, 2017, http://socialgoodstuff.com/2016/08/statistics-from-around-the-world/.
35. "Startup Activity Swings Upward for Third Consecutive Year," Kauffman Foun-dation, May 8, 2017, https://www.kauffman.org/newsroom/2017/05/startup-activity-swings-upward-for-third-consecutive-year-annual-kauffman-index-reports.

第一章

1. 作者对蒂博·德雷森的访谈，2017年11月30日。
2. Marissa Drouillard, "Addressing Voids: How Digital Start-Ups in Kenya Create Market Infrastructure," Digital Kenya, 2018, http://digitalkenyabook.com/.
3. Caitlin F. Dolkart, "Nairobi by Numbers: The Emergency Facts," Flare Emergency Services by Capsule, December 13, 2017, http://blog.capsule.co.ke/faqs/.
4. 作者对蒂博·德雷森的访谈，2017年。
5. Marissa Drouillard, "Conversation #4: Finding the Right Problem to Solve," in Bitange Ndemo and Tim Weiss, eds., Digital Kenya: An Entrepreneurial Revolution in the Making (London: Palgrave Macmillan, 2017).
6. "OkHi Launches Mobile App for Businesses to Share Their Locations with Clients," aptantech, December 22, 2017, http://aptantech.com/2017/12/okhi-launches-mobile-app-for-businesses-to-share-their-locations-with-clients/.
7. 索伦特是一种很受欢迎的膳食替代饮料，深受一些软件工程师追捧，他们通常为提高效率而喝这种饮料。

8. Bruce Broussard and John Sculley, "It's Time to Disrupt the $3 Trillion Healthcare Industry," Forbes, November 29, 2016, https://www.forbes.com/sites/sciencebiz/2016/11/16/its-time-to-disrupt-the-3-trillion-healthcare-industry/#72d4fdd718b3; Meeri Kim, "Silicon Valley's Attempt to Disrupt Education," Learning & Development blog, November 11, 2016, http://bold.expert/silicon-valleys-attempt-to-disrupt-education/; Maya Kosoff, "The 'WTF' Plan to Disrupt Politics Is Everything That's Wrong with Silicon Valley," Vanity Fair, July 5, 2017, https://www.vanityfair.com/news/2017/07/the-wtf-plan-to-disrupt-politics-is-everything-thats-wrong-with-silicon-valley'; and Eric He, "How Silicon Valley Is In-venting the Future of Cars," July 28, 2017, http://www.paloaltoonline.com/news/2017/07/28/how-silicon-valley-is-inventing-the-future-of-cars.

9. Chance Barnett, "The Disruption of Venture Capital," startupgrind, June 27, 2016, https://medium.com/startup-grind/the-disruption-of-venture-capital-df32c8916f9b; Dan Primack, "A Disruptor Shakes Up Angel Investing," Fortune, November 13, 2014, http://fortune.com/2014/11/13/angellist-ceo-naval-ravikant-disruptor/; and Jurica Dujmovic, "Startup Accelerators Are Aiming to Disrupt These Industries," MarketWatch, June 22, 2017, http://www.marketwatch.com/story/startup-accelerators-are-aiming-to-disrupt-these-industries-2017-06-22.

10. "Proof of Concept," Season 1, Episode 7, Silicon Valley, directed by Mike Judge, written by Mike Judge, John Altschuler, Dave Krinsky, and Clay Tarver, June 2014, HBO.

11. Clayton M. Christensen, Michael E. Raynor, and Rory McDonald, "What Is Disruptive Innovation?" Harvard Business Review, December 2015, hbr.org/2015/12/what-is-disruptive-innovation.

12. Clayton M. Christensen, The Innovator's Dilemma: When New Technologies Cause Great Firms to Fail (Boston: Harvard Business Review Press, 2016).

13. Jill Lepore, "The Disruption Machine: What the Gospel of Innovation Gets Wrong," New Yorker, June 23, 2014, http://www.newyorker.com/magazine/2014/06/23/the-disruption-machine.

14. 为了分析这一点，我和同事首先确定了哪些是最大的新兴市场初创企业。即，根据业内消息，这些企业与领先投资人合作，是规模扩张最快或融资最多的企业。硅谷的样本集则是基于公开的独角兽名单。

15. 首先，在硅谷，颠覆的定义越来越多地被扩展、引申和改造，用来指代任何创新或现有行业衰退的情形。人们也可以扩展我对创造者的定义，或对其进行重新定义。在这里，我一直侧重于创造正规的产品或服务来解决急需解决的痛点问题。在很大程度上，这一定义将非正规经济排除在外，虽然它占据了新兴市场经济的巨大份额。

此外，我着眼于新市场的创建或非正规市场的正规化，并排除了那些现已有的正规市场但运转极度不良的情况。例如，布里奇国际学院是一家初创公司，管理着一个遍布东非的低成本私立学校网络；它的产品更好，更便宜，并在某些情况下可能改变人生，但根据我的这套定义，该公司不会被归类为创造者。

其次，即使在最后确定上述定义之后，将从事创新创业的人描述为"创造者"或"颠覆者"仍然更像是艺术，而不是科学。有人可能会说，我认为是飞车公司（Fetchr）是创造者（本书将在下文探讨该初创企业，目前正在中东创建一个最后一英里的配送供应链），不是在创造一个新的行业，而只是在颠覆一个支离破碎的、非正规的、分散的、未能满足电子商务需求的行业。

相反，有人可能会争辩说，被排除在创造者名单之外的威沃克（WeWork）已经建立了一个全新的商业地产类别（而不是颠覆现有的管理空间）。对于某些细分市场来说，某个公司可以算是某些市场的创造者，而成为其他市场的颠覆者［例如，优步通过多人拼车（UberPool）形式开展共享出租车业务，可以说在美国创建了一个新的交通市场，但它正在以与汽车租赁公司签订合同（UberX）的方式颠覆出租车行业］。参见克里斯滕森、雷诺和麦克唐纳《什么是颠覆性创新？》

16. Asli Demirgüç-Kunt, Leora Klapper, Dorothe Singer, Saniya Ansar, and Jake Hess, "The Global Findex Database World Bank," http://bit.ly/3a5TOzX.

17. Lisa Johnson, "Four Crucial Insights for the Future of Financial Inclusion," Accion, July 25, 2018, https://www.accion.org/4-crucial-insights-future-financial-inclusion.

18. James Manyika, Susan Lund, Marc Singer, Olivia White, and Chris Berry, "Digital Finance for All: Powering Inclusive Growth in Emerging Economies," McKinsey Global Institute, September 2016, https://mck.co/2TqAQOq.

19. Nick Hughes and Susie Lonie, "M-PESA: Mobile Money for the 'Unbanked' Turning Cellphones into 24-Hour Tellers in Kenya," Innovations: Technology, Governance, Globalization 2, no. 1-2 (2007), doi:10.1162/itgg.2007.2.1-2.63.

20. Safaricom Limited, "Celebrating 10 Years of Changing Lives," 2017, https://www.safaricom.co.ke/mpesa_timeline/.

21. Joshua Masinde, "Kenya's M-PESA Platform Is So Successful Regulators Worry It Could Disrupt the Economy," Quartz Africa, December 28, 2016, https://qz.com/873525/safaricoms-m-pesa-has-kenyas-government-worried-what-happens-in-the-event-of-a-crash/.

22. Francesco Pasti, "State of the Industry Report of Mobile Money," GSMA, 2018, https://www.gsma.com/mobilefordevelopment/wp-content/uploads/2019/02/2018-State-of-the-Industry-Report-on-Mobile-Money.pdf; and Hughes and Lonie, "M-PESA: Mobile Money for the 'Unbanked.'"

23. Tavneet Suri and William Jack, "The Long-Run Poverty and Gender Impacts of Mobile Money," Science, December 9, 2016, science.sciencemag.org/content/354/6317/1288.full.

24. Hughes and Lonie, "M-PESA: Mobile Money for the 'Unbanked'"; and "State of the Industry Report on Mobile Money," GSMA, 2018, https://www.gsma.com/r/state-of-the-industry-report/.

25. Bitange Ndemo, "Inside a Policymaker's Mind: An Entrepreneurial Approach to Policy

Development and Implementation," in Digital Kenya: An Entrepreneurial Revolution in the Making, eds. Bitange Ndemo and Tim Weiss (London: Palgrave Macmillan, 2017), 356.

26. William Boulding and Markus Christen, "First-Mover Disadvantage," Harvard Business Review, October 2001, https://hbr.org/2001/10/first-mover-disadvantage. 研究人员对 350 多家消费者企业和 850 家工业企业进行了调查。他们确定，先发者通常都有销售优势，但却面临着长期的成本劣势。

27. Fernando Suarez and Gianvito Lanzolla, "The Half-Truth of First-Mover Advantage," Harvard Business Review, August 2014, https://hbr.org/2005/04/the-half-truth-of-first-mover-advantage.

28. Hughes and Lonie, "M-PESA: Mobile Money for the 'Unbanked.'"

29. Ndemo, "Inside a Policymaker's Mind."

30. Peter Thiel and Blake Masters, Zero to One: Notes on Startups, or How to Build the Future (London: Virgin Books, 2015).

31. 同上。

32. Peter Thiel, "Competition Is for Losers," Wall Street Journal, September 12, 2014, https://www.wsj.com/articles/peter-thiel-competition-is-for-losers-1410535536.

33. "Tanzania's Mobile Money Revolution," Consultative Group to Assist the Poor (CGAP), March 2015, http://www.cgap.org/research/infographic/tanzanias-mobile-money-revolution.

34. Ryan Craggs, "Where Uber Is Banned Around the World," Condé Nast Traveler, April 20, 2017, https://www.cntraveler.com/story/where-uber-is-banned-around-the-world.

35. "Safaricom Bets Future on Mobile Payments Mpesa," Financial Times, May 3, 2019, https://www.ft.com/content/5eba36aa-6d7b-11e9-80c7-60ee53e6681d?shareType=nongift.

36. 当然，数据隐私和合理使用个人数据是重点考虑因素。这是该领域一个发展变化很快的话题，有待迅速制定标准。我认为，如果负责任地实施这些模式，有助于增加经济实惠的金融服务，对那些以前未能享受此类服务人来说，有利无害。

37. "OkHi Launches Mobile App for Businesses to Share Their Locations with Clients," aptantech, December 22, 2017, http://aptantech.com/2017/12/okhi-launches-mobile-app-for-businesses-to-share-their-locations-with-client.

第二章

1. 如果透支额度高，这些利率可能就会低估信贷的成本。"Bank Lending Rate," Trading Economics, 2019, https://tradingeconomics.com/country-list/bank-lending-rate.

2. 同上。

3. Neil Patel, "How Mint Grew to 1.5 Million Users and Sold for $170 Million in Just 2 Years," Neil Patel Blog, https://neilpatel.com/blog/how-mint-grew/.

4. "Credit and Loan Reporting Systems in Brazil," Western Hemisphere Credit and Loan Reporting Initiative, Centre For Latin American Monetary Studies, March 2005, http://www.

whcri.org/PDF/report_brazil.pdf.
5. 作者对本·格里森的访谈，2018年8月3日。
6. 同上。
7. 作者对伊南科·巴尔西的访谈，2018年11月3日。
8. "Our Achievements," Jumia Group, 2019, https://group.jumia.com/.
9. 作者对戴维·贝莱斯的访谈，2018年7月24日。
10. "Nubank Valuation Jumps to $10 Billion on $400 Million Mega Round," Finextra, July 29, 2019, https://www.finextra.com/newsarticle/34174/nubank-valuation-jumps-to-10-billion-on-400-million-mega-round.
11. 作者对本·格里森的访谈，2018年8月3日。
12. 作者对萨伊德·纳什夫的访谈，2018年9月26日。
13. "List of Fetcher's 3 Funding Rounds from 8 Investors," Crunchbase, 2019, https://www.crunchbase.com/search/funding_rounds/field/organizations/num_funding _rounds/scout-technologies.
14. Marco Kusumawijaya, "Jakarta at 30 Million: My City Is Choking and Sinking—It Needs a New Plan B," Guardian, November 21, 2016, https://www.theguardian.com/cities/2016/nov/21/jakarta-indonesia-30-million-sinking-future; "Urban Expansion in East Asia—Indonesia," World Bank, January 26, 2015, http://www.worldbank.org/en/news/feature/2015/01/26/urban-expansion-in-east-asia-indonesia; "Jakarta Population 2018," populationof2018.com, 2019, http://populationof2018.com/jakarta-population-2018.html; and Resty Woro Yuniar, "End of the Road for Southeast Asia's Bike Taxis?" South China Morning Post, October 1, 2017, http://www.scmp.com/week-asia/politics/article/2112922/end-road-indonesias-motorbikes.
15. Safrin La Batu, "Police Want Brakes Put on Car Ownership," Jakarta Post, Febru-ary 15, 2016, http://www.thejakartapost.com/news/2016/02/15/police-want-brakes-put-car-ownership.html
16. Nick Van Mead, "The World's Worst Traffic: Can Jakarta Find an Alternative to the Car?" Guardian, November 26, 2017, https://www.theguardian.com/cities/2016/nov/23/world-worst-traffic-jakarta-alternative.
17. 作者对纳迪姆·马卡里姆的访谈，2018年8月5日。
18. "Nadiem Makarim on 'High Flyers,'" Bloomberg, December 20, 2017, https://www.bloomberg.com/news/videos/2017-12-20/full-show-nadiem-makarim-on-high-flyers-10-14-video; and Ambika Chopra, "From Call Centre to the Country's First Unicorn: How Go-Jek Is Becoming a Way of Living in Indonesia," Inc42 Media, December 03, 2016, https://inc42.com/indonesia/indonesian-startup-ecosystem-go-jek/.
19. "Nadiem Makarim on 'High Flyers,'" Bloomberg.
20. Avantika Chilkoti, "Opening the Throttle in Indonesia," Financial Times, Decem-ber 22,

2015, https://www.ft.com/content/d774419c-8a0f-11e5-9f8c-a8d619fa707c.
21. 作者对纳迪姆·马卡里姆的访谈，2018年8月5日。
22. Madeleine Karlsson, Gaia Penteriani, Helen Croxson, Alexandra Stanek, Robin Miller, Darshana Pema, and Fadzai Chitiyo, "Accelerating Affordable Smartphone Ownership in Emerging Markets," GSMA, July 2017, p. 17, https://www.gsma.com/mobilefordevelopment/wp-content/uploads/2017/07/accelerating-affordable-smartphone-ownership-emerging-markets-2017.pdf.
23. 作为产品或服务，添加支付功能可以视为垂直堆栈的集成。然而，随着纳迪姆·马卡里姆对该平台的构建，金融服务提供的范围远不止支付，能提供的还有储蓄和贷款产品。因此，将此视为水平堆栈的一部分或许更加恰当。
24. "Number of Monthly Active WeChat Users from 4th Quarter 2011 to 2nd Quarter 2019 (in Millions)," Statista, 2019, https://www.statista.com/statistics/255778/number-of-active-wechat-messenger-accounts/; and Xinhua, "China's Alipay Now Has over 900m Users Worldwide," China Daily, November 2018, http://www.chinadaily.com.cn/a/201811/30/WS5c00a1d3a310eff30328c073.html.
25. Judith Balea, "Go-Jek Buys 3 Fintech Firms to Conquer Indonesia Payments," Tech in Asia, December 14, 2017, https://www.techinasia.com/go-jek-acquisition-kartuku-mapan-midtrans.
26. 作者对纳迪姆·马卡里姆的访谈，2018年。
27. "Go-Jek Acquires Three Indonesian Fintech Startups," Digital News Asia, Decem-ber 15, 2017, https://www.digitalnewsasia.com/business/indonesia's-go-jek-acquires-three-local-fintech-startups.
28. "Gojek," Crunchbase, 2019, https://www.crunchbase.com/organization/go-jek #section-overview.
29. 作者对纳迪姆·马卡里姆的访谈，2018年。
30. 作者对维杰伊·舍卡尔·夏尔马的访谈，2019年9月17日；and "Paytm Valuation Rose 25% to $15 Billion in Latest Round, Says Vijay Shekhar Sharma," Business Today, August 22, 2019, https://www.businesstoday.in/current/corporate/paytm-valuation-rose-25-pc-to-usd-15-billion/story/374415.html.
31. Mohit Mittal, "WeChat—The One App That Rules Them All," Harvard Business School Digital Initiative, October 18, 2019, https://digital.hbs.edu/innovation-disruption/wechat%E2%80%8A-%E2%80%8Athe-one-app-rules/.
32. Dennis Schaal, "Oral History of Online Travel: Ctrip's Different Path to China's Consumers," Skift, June 6, 2016, https://skift.com/2016/06/06/oral-history-of-online-travel-ctrips-different-path-to-chinas-consumers/.
33. "Ctrip.com International, Ltd. (CTRP)," Yahoo Finance, 2019, https://finance.yahoo.com/quote/CTRP/; and "Most Innovative Companies: Ctrip," Fast Company, 2019, https://www.

fastcompany.com/company/ctrip. Marc Andreessen, "Why Software Is Eating the World," Wall Street Journal, August 20, 2011, https://on.wsj.com/3aa0ZHm.

34. Marc Andreessen, "Why Software Is Eating the World," Wall Street Journal, August 20, 2011, https://on.wsj.com/3aa0ZHm.

第三章

1. Friday Phiri, "Zoona—Innovative Mobile Finance," CTA, June 9, 2017, http://spore.cta.int/en/dossiers/article/zoona-innovative-mobile-fi nance.html (accessed March 1, 2018).
2. Graham Van der Made, "Zoona Raises $15-million in Series B Funding Round, 4Di Capital On-Board," Ventureburn, August 18, 2016, http://ventureburn.com/2016/08/zoona-raises-15-million-series-b-funding-round-4di-capital-board/.
3. "The Causes and Consequences of China's Market Crash," Economist, August 24, 2015, https://www.economist.com/news/business-and-finance/21662092-china-sneezing-rest-world-rightly-nervous-causes-and-consequences-chinas.
4. Grieve Chelwa, "The Charts behind Zambia's Struggling Economy and a Contro-versial IMF Loan," Quartz Africa, November 23, 2015, https://qz.com/557335/the-charts-behind-zambias-flailing-economy-and-a-controversial-imf-loan/.
5. "XE Currency Charts: USD to ZMW," XE, nd [updated frequently], http://www.xe.com/currencycharts/?from=USD&to=ZMW&view=5Y.
6. Cromwell Schubarth, "These 500 Startups' Pitches Stood Out on Day Dave McClure Dressed as a Unicorn," Silicon Valley Tech Flash, August 12, 2015, http://bit.ly/35V9CSu.
7. Aileen Lee, "Welcome to the Unicorn Club: Learning from Billion-Dollar Start-ups," TechCrunch, November 2, 2013, https://techcrunch.com/2013/11/02/welcome-to-the-unicorn-club/.
8. 同上。
9. Lora Kolodny, "One of Tech's Most Successful Investors Says Silicon Valley's Uni-corns Need to 'Grow Up,'" CNBC, November 17, 2017, https://www.cnbc.com/2017/11/17/bill-gurley-unicorns-need-to-grow-up.html.
10. Sarah Frier and Eric Newcomer, "The Fuzzy, Insane Math That's Creating So Many Billion-Dollar Tech Companies," Bloomberg, March 17, 2015, https://www.bloomberg.com/news/articles/2015-03-17/the-fuzzy-insane-math-that-s-creating-so-many-billion-dollar-tech-companies; and "$1B+ Market Map: The World's 326 Unicorn Com-panies in One Infographic," CB Insights, March 14, 2019 [updated periodically], https://www.cbinsights.com/research/unicorn-startup-market-map/.
11. 哈卡是一种传统的战争呐喊和舞蹈，描述了部落历史人物和事件，被视为来自毛利人的挑战。每次开赛前国家队会表演哈卡，舞蹈动作包括跺脚、用手拍身体、以及瞪眼、吐舌等扮鬼脸动作。开始时通常会大声呼喝："Ka mate! Ka mate! Ka ora! Ka

ora!",意思是:"我死了!我死了!我活了!我还活着!"哈卡舞还在全国各地的葬礼、婚礼、某些学校的表演和庆祝活动中表演。"

12. Paul Graham, "Startup = Growth," Paulgraham .com, September 2012, http://www.paulgraham.com/growth .html.
13. Paul Graham, "Wealth," Paulgraham .com, May 2014, http://paulgraham.com/wealth.html.
14. Reid Hoffman and Chris Yeh, Blitzscaling: The Lightning-Fast Path to Building Mas-sively Valuable Companies (New York: Currency, 2018), p. 27.
15. Kevin Muldoon, "The Top Ten Resilient Animals on Earth," Kevinmuldoon .com, May 9, 2013, https://www.kevinmuldoon.com/resilient-animals-earth/.
16. "Magic Leap: Funding Rounds," Crunchbase, https://www.crunchbase.com/search/funding _rounds/fi eld/organizations/funding _total/magic-leap; and Jona-than Shieber, "Magic Leap Is Real and It's a Janky Marvel," October 9, 2018, https://techcrunch.com/2018/10/09/magic-leap-is-real-and-its-a-janky-marvel/.
17. Joshua Franklin and Diptendu Lahiri, "Ride-Hailing Firm Lyft Launches IPO Road Show in Uber's Shadow," Reuters, March 18, 2019, https://reut.rs/2NncUrm; Lyft, Inc., Form S-1 Registration Statement, nd, http://bit.ly/36Vuz0W; and Faiz Siddiqui, "Uber Reports a $1 Billion Loss in First Quarterly Earnings after IPO," Washington Post, May 30, 2019, https://wapo.st/2FPnvqX.
18. Erin Griffi th, "More Start-Ups Have an Unfamiliar Message for Venture Capital-ists: Get Lost," New York Times, January 11, 2019, https://www.nytimes.com/2019/01/11/technology/start-ups-rejecting-venture-capital.html.
19. "全球最佳创投人榜单"是由福布斯和数据机构 TrueBridge 主导的行业交易排行榜,对交易量最高的交易员进行排名。(具体可见 https://www.forbes.com/midas/); and "King Midas and His Touch," Greeka, accessed November 9, 2019 https://www.greeka.com/greece-myths/king-midas/.
20. Alexandra Ludka, "Meet the New Facebook Millionaires," ABC News, May 16, 2012, https://abcnews.go.com/Technology/facebook-millionaires/story?id=15499090.
21. Julie Bort, "Twitter's IPO Created 1,600 New Millionaires and a $2.2 Billion Tax Bill, Analyst Says," Business Insider, November 11, 2013, http://www.businessinsider.com/twitter-ipo-created-1600-millionaires-2013-11.
22. Eric Kutcher, Olivia Nottebohm, and Kara Sprague, "Grow Fast or Die Slow," McKinsey & Company, April 2014, https://www.mckinsey.com/industries/high-tech/our-insights/grow-fast-or-die-slow.
23. Griffi th, "More Start-Ups Have an Unfamiliar Message for Venture Capitalists: Get Lost."
24. Yoree Koh and Rolfe Winkler, "Venture Capitalist Sounds Alarm on Startup Investing," Wall Street Journal, September 15, 2014, https://www.wsj.com/articles/venture-capitalist-sounds-alarm-on-silicon-valley-risk-1410740054.

25. "Venture Pulse Q417," KPMG Enterprise, January 16, 2018, https://assets.kpmg.com/content/dam/kpmg/xx/pdf/2018/01/venture-pulse-report-q4-17.pdf.
26. Brazil's population is estimated to be about 209 million for 2017: $575 million/209 million = $2.75/per capita; and $8.5 billion/4.7 million Silicon Valley area residents = $1,809.
27. "PitchBook—NVCA Venture Monitor," pitchbook .com, April 9, 2018, https://pitchbook.com/news/reports/1q-2018-pitchbook-nvca-venture-monitor.
28. Edward J. Egan, Anne Dayton, and Diana Carranza, "The Top 100 U.S. Startup Cities in 2016," James A. Baker Institute for Public Policy of Rice University, December 2017, https://www.bakerinstitute.org/media/files/files/38132e23/mcnair-pub-rankinguscities-122117.pdf.
29. "Startup Burn Accelerates After Series A Funding," CB Insights, November 7, 2014, https://www.cbinsights.com/research/days-between-funding-rounds/.
30. "PitchBook—NVCA Venture Monitor." The US West Coast represents 60 percent of deal value (investments) and 40 percent of deal amount. The rest of the United States is the opposite. A similar dynamic is playing out in emerging markets.
31. Endeavor, Endeavor OPEN survey results, 2018.
32. "Global Restructuring & Insolvency Guide 2016," Baker McKenzie, 2016, p. 236, http://bit.ly/3a5Ug17.
33. James B. Stewart, "A Fearless Culture Fuels U.S. Tech Giants," New York Times, June 18, 2015, https://www.nytimes.com/2015/06/19/ business/the-american-way-of-tech-and-europes .html.
34. 作者迈克·埃文斯的访谈，2019年2月21日。
35. Connie Loizos, "A Quick Look at How Series A and Seed Rounds Have Ballooned in Recent Years, Fueled by Top Investors," April 25, 2019, https://techcrunch.com/2019/04/25/a-quick-look-at-how-fast-series-a-and-seed-rounds-have-ballooned-in-recent-years-fueled-by-top-investors/.
36. "Overview: Door Dash," Crunchbase, 2019, https://www.crunchbase.com/organization/doordash.
37. 作者对迈克·埃文斯的访谈，2019年。
38. "Grubhub Reports Record Fourth-Quarter Results," Grubhub, February 8, 2018, https://investors .grubhub.com/investors/press-releases/press-release-details/2018/Grubhub-Reports-Record-Fourth-Quarter-Results/default .aspx.
39. "Grubhub Stock Profile," Google Finance, as of August 9, 2019, http://bit.ly/3adaB3R.
40. 作者对迈克·埃文斯的访谈，2019年。
41. 作者对与莫妮卡·布兰德·恩格尔的面对面访谈，2019年5月9日。
42. "2018 Chicago VC Ecosystem," Chicago Venture Summit, 2018, https://files.pitchbook.com/website/files/pdf/2018 _Chicago _Venture _Ecosystem _AHH .pdf.
43. Neil Patel, "90% of Startups Fail: Here's What You Need to Know About the 10%," Forbes,

January 16, 2015, https://www.forbes.com/sites/neilpatel/2015/01/16/90-of-startups-will-fail-heres-what-you-need-to-know-about-the-10/#60caed7b6679; and Erin Griffith, "Why Startups Fail, According to Their Founders," Fortune, September 25, 2014, http://fortune.com/2014/09/25/why-startups-fail-according-to-their-founders/.

44. Anne S. Habiby and Deirdre M. Coyle Jr., "The High-Intensity Entrepreneur," Harvard Business Review, September 2010, https://hbr.org/2010/09/the-high-intensity-entrepreneur.
45. 作者对特洛伊·亨尼科夫的访谈，2019 年 5 月 12 日。
46. 作者对杰森·弗里德的访谈，2019 年 4 月 10 日。
47. "State of Salaries Report," Hired, 2018, https://hired.com/state-of-salaries-2018; and "Compensation Research," PayScale, nd, https://www.payscale.com/data.
48. Maya Kosoff, "The Era of Silicon Valley Giving Away Free Stuff Is Coming to an End," Vanity Fair, May 18, 2016, https://www.vanityfair.com/news/2016/05/the-era-of-silicon-valley-giving-away-free-stuff-is-coming-to-an-end.
49. Sarah Kessler, "Meal-Kit Customers Dine and Dash," Fast Company, October 20, 2016, https://www.fastcompany.com/3064792/meal-kit-customers-dine-and-dash.
50. Kosoff, "The Era of Silicon Valley Giving Away Free Stuff Is Coming to an End."
51. David Mehegan, "Dan Ariely: Learning to Ward Off Those Bad Decisions," New York Times, March 2018, https://www.nytimes.com/2008/03/19/health/19iht-ariel.1.11252785.html.
52. 作者对迈克·埃文斯的访谈，2019 年。
53. 作者对基思·戴维斯的访谈，2018 年 10 月 25 日。
54. 作者对瑞安·史密斯的访谈，2019 年 3 月 27 日。
55. "Overview of Qualtrics," Crunchbase, 2019, https://www.crunchbase.com/organization/qualtrics #section-overview.
56. Tim O'Reilly, "The Fundamental Problem with Silicon Valley's Favorite Growth Strategy," Quartz, February 5, 2019, https://qz.com/1540608/the-problem-with-silicon-valleys-obsession-with-blitzscaling-growth/.
57. Hiten Shah, "How an Anti-Growth Mentality Helped Basecamp Grow to Over 2 Million Customers," FYI, 2019, https://usefyi.com/basecamp-history/.
58. Author interview with Keith Davies, 2018.
    作者对基思·戴维斯的访谈，2018 年。
59. Omidyar Network [Arjuna Costa], "This Investor Shares How to Weather a Crisis and Come Out Stronger," Omidyar Network Blog, October 14, 2016, https://www.omidyar.com/blog/investor-shares-how-weather-crisis-and-come-out-stronger.
60. 作者对苏杰·泰尔的访谈，2018 年 12 月 10 日。
61. James de Villiers, "Meet the 24-Year-Old American Prodigy Set to Disrupt SA's Used Car Industry—Within the Next Two Years," Business Insider South Africa, July 1, 2018, https://

www.businessinsider.co.za/24-year-old-sujay-tyle-largest-second-hand-car-dealer-south-africa-naspers-frontier-car-group-2018-6.

62. "Frontier Car Group," Crunchbase, https://www.crunchbase.com/organization/frontier-cars-group #section-overview.

63. 作者对艾拉·古德温的访谈，2018 年 12 月 19 日。

64. Tarun Khanna and Krishna G. Palepu, "Why Focused Strategies May Be Wrong for Emerging Markets," Harvard Business Review, July–August 1997, https://hbr .org/1997/07/why-focused-strategies-may-be-wrong-for-emerging-markets.

65. 同上。

66. Eskor John, "Developing Strategies to Harness the Power of Parallel Entrepre-neurship in Africa," in Bitange Ndemo and Tim Weiss, eds., Digital Kenya: An Entrepre-neurial Revolution in the Making (London: Palgrave Macmillan, 2017).

67. Internal analysis of leading startups across Sub-Saharan Africa, India, Latin America, and Silicon Valley.

68. Dana Olsen, "US Venture Capital Activity So Far This Year in 15 Charts," Pitch-Book, July 18, 2018, https://pitchbook.com/news/articles/us-venture-capital-activity-so-far-this-year-in-15-charts.

69. 作者对瑞安·史密斯的访谈，2019 年。

70. 作者对阿克马德·扎基的访谈，2019 年 6 月 18 日。

71. 作者对迈克·埃文斯的访谈，2019 年。

72. Paul Martino "It's Not You, It's the Post-Seed Gap," TechCrunch, December 13, 2016, https://techcrunch.com/2016/12/13/its-not-you-its-the-post-seed-gap/.

73. https://www.zebrasunite.com/.

第四章

1. "Steve Jobs: Biography," Biography.com, April 27, 2017 [updated August 21, 2019], https://www.biography.com/business-figure/steve-jobs; Darren Marble, "Jeff Bezos Quit His Job at 30 to Launch Amazon—Here Are the 3 Simple Strategies He Used to Do It," Inc., March 27, 2018, https://www.inc.com/darren-marble/jeff-bezos-quit-his-job-at-30-to-launch-amazon-heres-how-to-know-if-its-right-time-for-your-bigmove.html; Tom Hud-dleston Jr., "What Microsoft Billionaire Bill Gates Was Doing at 20 Years Old," CNBC, March 29, 2018 [updated April 9, 2018], https://www.cnbc.com/2018/03/29/what-microsoft-billionaire-bill-gates-was-doing-at-20-years-old.html; and Evan Tarver, "Mark Zucker-berg Success Story: Net Worth, Education and Influence," Investopedia, July 30, 2018, https://www.investopedia.com/articles/personal-finance/081315/mark-zuckerberg-success-story-net-worth-education-top-quotes.asp.

2. 本章指出的创业者数量的数据来自领英、创驰贝思（Crunchbase）（探索创新公司和管理人员数据的平台）数据库、彭博资讯和新闻文章等公共来源。这些创始人里有的在国外读本科和研究生，有的在国际型企业获得战略咨询、银行投资、管理和技术专业知识，有的在知名的科技创业公司工作，有的在特定年龄创办企业、有的参加过创业孵化器，有的是国际创业组织成员，有的是在硅谷等有影响力的创业中心待过一段时间后回国的。在无法获得创始人确切出生日期的情况下，我根据本科和研究生毕业日期进行了有根据的猜测。就拉丁美洲的创始人而言，49人中有47人的年龄和毕业日期数据是真实有效的。

3. Alice Haine, "Generation Start-up: Funding Was 'Petrifying' in the Early Days, Says fetchr Founder," National, September 4, 2017, https://www.thenational.ae/business/economy/generation-start-up-funding-was-petrifying-in-the-early-days-says-fetchr-founder-1.625104.

4. "Accelerating Status in Emerging Markets: Insights from 43 Programs," Global Accelerator Learning Initiative, May 2017, http://bit.ly/2TpERCW.

5. 通过公开数据进行分析。

6. 我这里指的是哥拉伯公司、竞舞公司、来赞达公司、Gojek 公司、托克佩迪亚（Tokopedia）公司、特拉微罗卡（Traveloka）公司和布卡拉帕克公司的创始人。这一统计数据是在找联合创始人总数量过程中得到的，因为这些人的教育和过往经历信息是对外公开的。为了达到统计数据的目的，我们团队将国际经验定义为在国外学习或工作五年以上。根据我们拉丁美洲的数据，其47名联合创始人中有34名有在国外学习或工作经历。

7. 这一统计数据是在五个前沿市场中寻找符合条件的创业公司的数量过程中得到的，因为其加入加速器的信息对外公开有效。此次计算中，全球加速器包括1 776家企业、其中包括葡萄牙青创孵化器（Fabrica de Startups）、女孩效应加速器、谷歌启动板加速器、GSMA 生态系统加速器、新经济加速器、火箭互联网、跑道孵化器、春季加速器和美国国际开发署。在样本中，64家创业公司中有14家参与过国际创业加速项目。

8. Alex Lazarow, "The Innovation Supply Chain: How Ideas Traverse Continents and Transform Economies," TechCrunch, November 27, 2018, https://techcrunch.com/2018/11/27/the-innovation-supply-chain-how-ideas-traverse-continents-and-transform-economies/.

9. Alexandre Lazarow and Nicolas du Cray, "Where East Meets West: Consumer Fintech at a Crossroads," LinkedIn Publishing, December 18, 2018, https://www.linkedin.com/pulse/where-east-meets-west-consumer-fintech-crossroads-lazarow-cfa/.

10. "Get more Uber When You Use Uber," accessed November 6, 2019, https://www.uber.com/c/uber-credit-card/.

11. Dara Khosrowshahi, "An Operating System for Everyday Life," Uber Newsroom, September 27, 2019, https://www.uber.com/newsroom/everyday-life-os/?from=timeline&isappinstalled=0.

12. 作者对戈捷的采访，2018年8月28日。

13. Rhett Morris and Lili Török, "Fostering Productive Entrepreneurship Commu-nities," Endeavor Insight, October 2018, https://endeavor.org/content/uploads/2015/06/Fostering-

14. T. E. Narasimhan and Swati Garg, "Booming Biz of Online Marriages," Busi-ness Standard, January 20, 2013, https://www.business-standard.com/article/companies/booming-biz-of-online-marriages-111122200022_1.html.
15. "India's BharatMatrimony Ushers in New Era of Arranged Marriages," BBC News, May 4, 2011, https://www.bbc.com/news/business-13144028.
16. 作者对穆鲁贾维尔·贾纳吉拉曼的访谈，2018年12月12日。
17. Narasimhan and Garg, "Booming Biz of Online Marriages."
18. Anisha Baghudana, "From Bharatmatrimony to Bharatmatrimon(e)y!" The HBS Case Method, March 09, 2015, https://hbs.me/2FLJ7EG; "Overview: Matrimony.com," Crunchbase, 2019, https://www.crunchbase.com/organization/matrimony-com#section-ipo-stock-price; and author interview with Murugavel Janakiraman, December 13, 2018.
19. 作者对穆达希尔·谢哈的访谈，2018年12月17日。
20. Ainsley Harris, "Bros Dominate VC, Where 91% of Decision-Makers Are Male," Fast Company, March 7, 2018, https://www.fastcompany.com/40540948/91-of-decision-makers-at-u-s-venture-capital-firms-are-men.
21. Gené Teare, "In 2017, Only 17% of Startups Have a Female Founder," Tech-Crunch, April 19, 2017, https://techcrunch.com/2017/04/19/in-2017-only-17-of-startups-have-a-female-founder/.
22. Mary Ann Azevedo, "Untapped Opportunity: Minority Founders Still Being Overlooked," February 27, 2019, https://news.crunchbase.com/news/untapped-opportunity-minority-founders-still-being-overlooked/.
23. Collin West and Gopinath Sundaramurthy, "Startups With At Least 1 Female Founder Hire 2.5x More Women," October 17, 2019, https://www.kauffmanfellows.org/journal_posts/female_founders_hire_more_women.
24. Christopher M. Schroeder, "A Different Story from the Middle East: Entre-preneurs Building an Arab Tech Economy," MIT Technology Review, August 3, 2017, https://www.technologyreview.com/s/608468/a-different-story-from-the-middle-east-entrepreneurs-building-an-arab-tech-economy/.
25. 同上。
26. Iain Thomas, "The Next Hemingway Is Flipping Burgers," Huffington Post, August 13, 2015, https://www.huffingtonpost.com/iain-s-thomas/the-next-hemingway-is-fli_b_7982800.html.
27. Lin-Manuel Miranda, "Yorktown (The World Upside Down)," from the musical Hamilton, Original Broadway Cast Recording, July 8, 2016.
28. Dinah Wisenberg Brin, "Immigrants Form 25% of New U.S. Businesses, Driv-ing Entrepreneurship in 'Gateway' States," July 31, 2018, https://www.forbes.com/sites/dinahwisenberg/2018/07/31/immigrant-entrepreneurs-form-25-of-new-u-s-business-

researchers/#4cf713ac713b.
29. Morris and Török, "Fostering Productive Entrepreneurship Communities."
30. Vivek Wadhwa, "Silicon Valley Can't Be Copied," MIT Technology Review, July 3, 2013, https://www.technologyreview.com/s/516506/silicon-valley-cant-be-copied/; and Wisenberg Brin, "Immigrants Form 25% of New U.S. Businesses."
31. Stuart Anderson, "Immigrants and Billion-Dollar Companies," National Founda-tion for American Policy, October 2018, http://bit.ly/2tjqchF.
32. 作者对杰里米·约翰逊的采访，时间是2018年9月5日。
33. Hannah Kuchler, "Silicon Valley Ageism: 'They Were, Like, Wow, You Use Twit-ter?'" Financial Times, July 30, 2017, https://on.ft.com/2None2w; and Karen Wickre, "Surviving as an Old in the Tech World," Wired, August 2, 2017, https://www.wired.com/story/surviving-as-an-old-in-the-tech-world/.
34. In this dataset, the age of venture capital–backed founders skewed younger, but at thirty-nine years, it is still meaningfully older than the stereotype. Pierre Azoulay, Benjamin Jones, J. Daniel Kim, and Javier Miranda, "Age and High-Growth Entrepre-neurship," NBER Working Paper No. 24489, April 2018, https://www.nber.org/papers/w24489.
35. Morris and Török, "Fostering Productive Entrepreneurship Communities."
36. Pierre Azoulay, Benjamin Jones, J. Daniel Kim, and Javier Miranda, "Research: The Average Age of a Successful Startup Founder Is 45," hbr.org, July 11, 2018, https://hbr.org/2018/07/research-the-average-age-of-a-successful-startup-founder-is-45; and Azoulay et al., "Age and High-Growth Entrepreneurship.

第五章

1. "Gross Domestic Product, 3rd Quarter 2018 (Advance Estimate)," Bureau of Economic Analysis, press release, October 26, 2018, https://www.bea.gov/news/2018/gross-domestic-product-3rd-quarter-2018-advance-estimate.
2. 基于公开数据的分析。
3. Catherine Shu, "Garena Rebrands to Sea and Raises $550 Million More to Focus on Indonesian E-commerce," TechCrunch, May 7, 2017, https://techcrunch.com/2017/05/07/sea-change/.
4. 基于公开数据进行的分析。
5. Sample of top startups in SSA identified based on interviews with ten Africa-focused investors. Sample includes Interswitch, OGE/Zola, Jumia Group, Fundamo, Takealot.com, Andela, AgriProtein, Twiga Foods, M-KOPA, Konga.com, Bridge Interna-tional Academies, Zoona, and African Leadership University.
6. Georgeta Gheorghe, "The Story of UiPath—How Did It Become Romania's First Unicorn?" Business Review, September 4, 2018, http://business-review.eu/news/the-story-of-uipath-

how-it-became-romanias-first-unicorn-164248.

7. 随着全球客户数量的增多，尤帕斯（UiPath）最终将销售总部转移到纽约，以便更接近客户群体，尽管它将产品和技术研发集中在布加勒斯特。来自作者与丹尼尔·迪内斯的访谈，2019 年 3 月 14 日。

8. "Romanian Tech Startup UiPath Raises USD 30 Mln to Develop Intelligent Software Robots," Romania Insider, April 27, 2017, https://www.romania-insider.com/romanian-tech-startup-uipath-raises-usd-30-mln-develop-intelligent-software-robots/; and "UiPath: Our Investors," UiPath, https://www.uipath.com/company/investors.

9. "UiPath Raises $225 Million Series C Led by CapitalG and Sequoia," UiPath, Sep-tember 18, 2018, http://bit.ly/2ToGf8Q.

10. 作者对丹尼尔·迪内斯的访谈，2019 年 3 月 14 日

11. Michael Rennie, "Born Global," McKinsey Quarterly, No. 4, Autumn 1993, https://www.questia.com/library/journal/1G1-15424561/born-global.

12. 这被称为乌普萨拉模型，详情参阅 Gary Knight and S. Cavusgil, "The Born Global Firm: A Challenge to Traditional Internationalization Theory," Advances in International Marketing 8 (1996): 11–26.

13. 同上。被称为"心灵上的距离"。

14. Erind Hoti, "An Overview of Success Factors of Born-Global SMEs in an Emerging Market Context," Macrotheme Review, Winter 2015, http://bit.ly/2NGpjHh.

15. 作者对丹尼尔·迪内斯的访谈，UiPathForward 2018, interviewed by Dave Vellante and Stu Miniman, theCube, YouTube, October 4, 2018, https://www.youtube.com/watch?v=R_JDK68TQ0g.

16. 作者对杨克·特莱科希亚的访谈，2018 年 12 月 9 日。

17. 同上。

18. Nicolas Colin, "The Digital World Is Not a Flat Circle: The Family Papers #001,"Salon, October 23, 2015, https://salon.thefamily.co/the-digital-world-is-not-a-flat-circle-e5a6a27bbe8.

19. Victoria Ho, "Uber Comes to Asia, Starts Trials in Singapore," TechCrunch, January 30, 2013, https://techcrunch.com/2013/01/30/uber-starts-trials-in-singapore/; and Avery Hartmans and Paige Leskin, "The History of How Uber Became the Most Feared Startup in the World to Its Massive IPO," Business Insider, May 18, 2019, https://www.businessinsider.com/ubers-history.

20. Alex Hern, "Uber Reverses Out of China with $7bn Sale to Didi Chuxing," Guard-ian, August 2016, https://www.theguardian.com/technology/2016/aug/01/uber-china-didi-chuxing.

21. "Cloud Growth Rate Increased Again in Q1; Amazon Maintains Market Share Dominance," Synergy Research Group, April 27, 2018, https://www.srgresearch.com/articles/cloud-

growth-rate-increased-again-q1-amazon-maintains-market-share-dominance.

22. Alex Lazarow, "Fintech Used to Be a Local Game: Today It Can Be Global," Forbes, May 29, 2019, https://www.forbes.com/sites/alexlazarow/2019/05/29/fintech-used-to-be-a-local-game-today-it-can-be-global/#30ccc4d04756.
23. 作者对杭德罗·坎图的访谈，2018年8月1日。
24. 作者对法迪·甘杜尔的访谈，2019年1月3日。
25. 作者对内德·托组的访谈，2018年8月8日。
26. The 2017 GDP per capita was US$936 in Tanzania, and US$750 in Rwanda, whereas it was US$1,662 in Cote d'Ivoire and US$1,641 in Ghana, per the World Bank, https://data.worldbank.org/country. In 2016, the percentage of population with access to electricity grew to around 30% in Tanzania and Rwanda, while the figure was 64% in Cote d'Ivoire and 79% in Ghana.
27. "Kiva by the Numbers," 2019, https://www.kiva.org/about.
28. 作者对马特·弗兰纳的访谈，2018年9月4日。
29. Louis Pasteur, Forbes Quotes, https://www.forbes.com/quotes/6145/.

第六章

1. Isis Gaddis, Jacques Morisset, and Waly Wane, "Only 14% of Tanzanians Have Electricity: What Can Be Done?" World Bank Blogs, October 31, 2012, http://blogs.worldbank.org/africacan/only-14-of-tanzanians-have-electricity-what-can-be-done.
2. Financial Post, "'A Giant Leap Backward': Yahoo Boss Marissa Mayer Under Fire for Banning Employees from Working from Home," February 26, 2013, https://business.financialpost.com/productive-conversations/a-giant-leap-backward-marissa-mayer-under-fire-for-banning-employees-from-working-from-home.
3. 许多作者已经挖掘了分布式团队模型的主题，比如 Anupam Rastogi, "Are Distributed Teams the New Cloud for Startups?" Medium, December 11, 2018, https://medium.com/@anupamr/distributed-teams-are-the-new-cloud-for-startups-14240a9822d7; and Gerry Claps, "The Difference Between Remote and Distributed Teams in Startups," https://www.blossom.co/blog/remote-versus-distributed-teams.
4. Rastogi, "Are Distributed Teams the New Cloud for Startups?"
5. 同上。
6. 作者对露兹瓦纳·巴希尔的采访，2019年5月8日。
7. 作者对道尔顿·赖特的采访，2019年1月22日。
8. 作者对韦德·福斯特的采访，2019年4月30日。
9. Patrick Gorman, "Zapier CEO Wade Foster on Managing a 100% Remote Work-force," Chief Executive, October 31, 2018, https://chiefexecutive.net/zapier-ceo-wade-foster-on-managing-a-100-remote-workforce/.

10. Brie Reynolds, "Remote Companies Have More Women Leaders, and These Are Hiring," Remote.co, November 6, 2017, https://remote.co/remote-companies-have-more-women-leaders-these-are-hiring/.
11. 同上。
12. Zachary Crockett, "Life in the Silicon Prairie: Tech's Great Migration to the Midwest," Hustle, June 9, 2018, https://thehustle.co/life-in-the-silicon-prairie-techs-great-migration-to-the-midwest/.
13. 同上。
14. "Good Design Is Good for Business," https://www.invisionapp.com/about.
15. Rachel Starnes, "Building InVision Studio with a Fully Remote Team," InVision Design, December 11, 2017, https://www.invisionapp.com/inside-design/studio-remote-design-team/.
16. "About InVisionApp," Crunchbase, 2019, https://www.crunchbase.com/organization/invisionapp#section-overview.
17. 作者对贾斯珀·马尔科梅森的采访，时间是2019年。
18. 同上。
19. Author interview with Kevin Fishner, September 6, 2019. See also Ron Miller, "HashiCorp Scores $100m Investment on a $1.9 Billion Valuation," TechCrunch, Novem-ber 1, 2018, https://techcrunch.com/2018/11/01/hashicorp-scores-100m-investment-on-1-9-billion-valuation/.
20. 作者对韦德·福斯特的采访，2019年。
21. 作者对詹森·弗里德的采访，2019年4月10日。
22. 作者对马特·弗兰纳里的采访，2018年9月4日。
23. 作者对詹森·弗里德的采访，2019年。
24. 作者对马克·弗瑞恩的采访，2019年11月1日。
25. Globant 10-K, via SEC. Market capitalization via Google Finance, http://bit.ly/3aMAacs.
26. 作者对马丁·米戈亚的采访，2019年5月6日。
27. 同上。
28. 同上。
29. Starnes, "Building InVision Studio with a Fully Remote Team."
30. 作者对凯文·费希尔的采访，2019年。
31. 作者对马克·米戈亚的采访，2019年11月1日。
32. Gorman, "Zapier CEO Wade Foster on Managing a 100% Remote Workforce."
33. "The 8 Reasons That Video Conferencing Is Better Than In-Person Conferenc-ing," IPRO, October 2, 2017, https://www.ipromedia.us/8-reasons-video-conferencing-better-person-conferencing/.
34. 其中包括用于视频会议的祖玛（Zoom）、用于异步聊天的斯莱克（Slack）、用于任务管理的特雷洛（Trello）、用于软件开发的格特华博（GitHub）、用于密码管理的拉斯特密码（LastPass）以及用于签名的度酷签名（DocuSign）等。

35. Alison Griswold, "A Nearly Complete List of the 238 Places That Bid for Ama-zon's Next Headquarters," Quartz, November 4, 2017, https://qz.com/1119945/a-nearly-complete-list-of-the-238-places-that-bid-for-amazons-next-headquarters/; and "Amazon Selects New York City and Northern Virginia for New Headquarters," Day One, Amazon Press Release, November 13, 2018, https://blog.aboutamazon.com/company-news/amazon-selects-new-york-city-and-northern-virginia-for-new-headquarters.

36. Mark Niesse, "City of Amazon Proposed to Attract Company's HQ2 to Georgia,"Atlanta Journal Constitution, October 3, 2017, http://bit.ly/2u0XSk8.

37. Shirin Ghaffary, "Even Tech Workers Can't Afford to Buy Homes in San Francisco," Vox, March 19, 2019, https://www.vox.com/2019/3/19/18256378/tech-worker-afford-buy-homes-san-francisco-facebook-google-uber-lyft-housing-crisis-programmers.

38. Marc Emmer, "Technology Companies Are Leaving Silicon Valley in Droves: Here's Where They're Going," Inc., September 25, 2018, https://www.inc.com/marc-emmer/technology-companies-are-leaving-silicon-valley-in-droves-heres-where-theyre-going.html.

39. "Remote Work by the Numbers," Simple Texting, March 30, 2018, https://simpletexting.com/remote-work-statistics/.

40. Hailley Griffis, "State of Remote Work 2018 Report: What It's Like to Be a Remote Worker in 2018," Buffer, 2019, https://open.buffer.com/state-remote-work-2018/#companies.

41. Mary Meeker, "Internet Trends Report 2019," June 11, 2019, https://www.bondcap.com/pdf/Internet_Trends_2019.pdf.

42. Rastogi, "Are Distributed Teams the New Cloud for Startups?"

43. Boris Wertz, "Changing the Narrative on Distributed Teams in Silicon Valley," Medium, August 7, 2018, https://medium.com/@bwertz/changing-the-narrative-on-distributed-teams-in-silicon-valley-bc55c5e619b1.

44. INSEAD, "Innovating Without Fear," INSEAD Alumni Magazine, July 10, 2017, https://alumnimagazine.insead.edu/innovating-without-fear/; and Sramana Mitra, "From Startup to 500 Million Dollars: VistaPrint CEO Robert Keane (Part 2)," One Million by One Million Blog, June 25, 2009, https://www.sramanamitra.com/2009/06/25/wwfrom-startup-to-500-million-vistaprint-ceo-robert-keane-part-2/.

45. 作者对罗伯特·基恩的采访，2019年3月8日。

46. 同上。

47. http://bit.ly/2Rfxifg; TV Mahalingam, "How Nilesh Parwani Leveraged Inter-net and Lured Vistaprint into India," Economic Times, January 20, 2013, https://economictimes.indiatimes.com/news/company/corporate-trends/how-nilesh-parwani-leveraged-internet-and-lured-vistaprint-into-india/articleshow/18092814.cms; and Jason Keith and Jeff Esposito, "Vistaprint Expands Global Presence into Australia," CNN Money, August 5, 2010, https://

money.cnn.com/news/newsfeeds/articles/marketwire/0648420.htm.
48. Sara Castellanos, "Cimpress, Formerly Vistaprint, to Leave Lexington HQ This Year," Boston Business Journal, July 22, 2015, https://www.bizjournals.com/boston/blog/techflash/2015/07/cimpress-formerly-vistaprint-to-leave-lexington-hq.html.
49. 作者对罗伯特·基恩的采访，2019年3月8日。

第七章

1. The Social Network, Box Office Mojo (synopsis and statistics), https://www.boxoffice mojo.com/movies/?id=socialnetwork.htm.
2. Apple, https://www.apple.com/job-creation/; "Number of Tesla Employees from July 2010 to December 2018," Statista, 2019, https://www.statista.com/statistics/314768/number-of-tesla-employees/; SpaceX, http://www.spacex.com/about; and "Number of Full-Time Facebook Employees from 2004 to 2018," Statista, https://www.statista.com/statistics/273563/number-of-facebook-employees/.
3. Stanford University, "Facts 2018," http://facts.stanford.edu/academics/graduate-profile; "Facts and Figures," Berkeley Engineering, 2019, https://engineering.berkeley.edu/about/facts-and-figures; "Occupational Employment and Wages, May 2018: 15-1111 Computer and Information Research Scientists," Bureau of Labor Statistics, 2019, https://www.bls.gov/oes/current/oes151111.htm#(1); and "Occupational Employment and Wages, May 2018: 15-1132 Software Developers, Applications," Bureau of Labor Statistics, 2019, https://www.bls.gov/oes/current/oes151132.htm#st.
4. "Stanford Entrepreneurship Management Courses," Stanford Graduate School of Business, https://www.gsb.stanford.edu/stanford-community/entrepreneurship/management-courses.
5. Suhas Motwani, "The 15 Best Associate and Rotational Product Manager Pro-grams," Medium, August 27, 2018, https://medium.com/pminsider/product-management-digest-apm-3c2631683139.
6. Silicon Valley Product Management Association, https://svpma.org/about/.
7. Michael Booz, "These 3 Industries Have the Highest Talent Turnover Rates," LinkedIn Talent Blog, March 2018, https://business.linkedin.com/talent-solutions/blog/trends-and-research/2018/the-3-industries-with-the-highest-turnover-rates.
8. Katie Hafner, "Google Options Make Masseuse a Multimillionaire," New York Times, November 12, 2007, https://www.nytimes.com/2007/11/12/technology/12google.html.
9. 《联盟》一书列出了雇主和雇员结成的不同类型的联盟（即以任期制建立雇佣关系）。"任期"（相当于士兵的服役期）是指短期的"单一部署"，侧重于完成特定的使命。有些任期被称为"转轮型任期"，是为入门级员工设计的，通常是两到四年时间。"基础型任期"是较长的任期，是为那些将个人生活与公司成功紧密联系在一起的员工设计的。"转变型任期"是个性化的，是经与雇主一对一协商后确定的任职期，雇员和雇主都通过这段时期实现了"转变"。详细可参见 Reid Hoffman, Chris Yeh, and Ben Casnocha, The Alliance: Managing Talent in the Networked Age (Boston: Harvard Business Review Press, 2014).

10. 作者对约书亚·西麦尔的访谈，2018年10月26日。
11. 同上。
12. 调查对象主要是我的个人通讯读者、斯坦福商学院、哈佛商学院、哈斯商学院和沃顿商学院创业团体的学生，以及我私下联系的新兴市场的运营商和投资者。
13. "The Human Capital Crisis: How Social Enterprises Can Find the Talent to Scale," Rippleworks report, 2016, http://bit.ly/2uME8RL; author interview with Doug Galen, January 24, 2019; and Will Gaybrick, "Tech's Ultimate Success: Software De-velopers Are Now More Valuable to Companies Than Money," CNBC, September 6, 2018, https://www.cnbc.com/2018/09/06/companies-worry-more-about-access-to-software-developers-than-capital.html.
14. "Future Undergraduate Students: Department Overview," University of Mani-toba, 2019, http://umanitoba.ca/faculties/engineering/departments/ece/pros_students/undergrad/index.html.
15. "The Human Capital Crisis: How Social Enterprises Can Find the Talent to Scale."
16. Ian Duncan, "Research Reveals University Degree Holders Can Take Five Years to Get a Job," UReport, July 7, 2017, https://www.standardmedia.co.ke/ureport/story/2001246480/reserach-reveals-university-degree-holders-can-take-five-years-to-get-a-job.
17. 作者对阿曼达·兰纳特的访谈，2019年4月15日。
18. Tristin Hopper, "Mars and the North Pole Are Warmer Than Winnipeg: A Guide to How Damned Cold It Is," National Post, December 27, 2017, https://nationalpost.com/news/canada/mars-and-the-north-pole-are-warmer-than-winnipeg-a-guide-to-how-damned-cold-it-is.
19. 作者对约书亚·西麦尔的采访，2018年10月26日。
20. Author interview with Josh Simair, 2018; and Sean Silkoff, "Winnipeg Startup SkipTheDishes Gobbled Up by Britain's Just Eat," Globe and Mail, December 15, 2016, https://www.theglobeandmail.com/technology/winnipeg-startup-skipthedishes-purchased-by-britains-just-eat/article33341734/.
21. Michael Lewis, Moneyball: The Art of Winning an Unfair Game (New York: W. W. Norton, 2003).22. Author interview with Josh Simair, 2008.

作者对约书亚·西麦尔的采访，2018年。
23. "Seed Round—Shortlist—2017-09-19," Crunchbase, https://www.crunchbase.com/funding_round/shortlist-5-seed-3837ea6c#section-lead-investors; and author interview with Paul Breloff, June 6, 2019.
24. Jean-Michel Lemieux, "Dev Degree—A Big Bet on Software Education," Shopify, September 24, 2018, https://engineering.shopify.com/blogs/engineering/dev-degree-a-big-

bet-on-software-education.

25. "Dev Degree: Overview," Dev Degree, https://www.devdegree.ca/dev-degree-model.
26. 作者对简·米歇尔·勒米克斯的访谈，2019年5月10日。
27. Lemieux, "Dev Degree—A Big Bet on Software Education."
28. 作者对简·米歇尔·勒米克斯的访谈，2019年。
29. "Shopify's Dev Degree Expands to York University," Shopify, September 24, 2018, https://news.shopify.com/shopifys-dev-degree-expands-to-york-university.
30. V. Kasturi Rangan and Katharine Lee, "Bridge International Academies: A School in a Box," Harvard Business School Case 511-064, October 2010 (revised April 2013), https://www.hbs.edu/faculty/Pages/item.aspx?num=39462.
31. 作者对布列塔尼·福赛斯的访谈，2019年4月24日。
32. Jing Cao, "IBM Paid $1.3 Billion to Acquire Cleversafe in Hybrid-Cloud Push," Bloomberg, February 23, 2016, https://www.bloomberg.com/news/articles/2016-02-24/ibm-paid-1-3-billion-to-acquire-cleversafe-in-hybrid-cloud-push.
33. 作者对克里斯·格莱德文的访谈，2019年4月12日。
34. William Craig, "The Importance of Having a Mission-Driven Company," Forbes, May 15, 2018, https://www.forbes.com/sites/williamcraig/2018/05/15/the-importance-of-having-a-mission-driven-company/#1ed687983a9c.
35. Zameena Mejia, "Nearly 9 out of 10 Millennials Would Consider Taking a Pay Cut to Get This," CNBC, June 28, 2018, https://www.cnbc.com/2018/06/27/nearly-9-out-of-10-millennials-would-consider-a-pay-cut-to-get-this.html.
36. 作者对大卫·莱文的访谈，2018年。
37. 同上。
38. 作者对约书亚·西麦尔的访谈，2018年。
39. 这里有多种动态因素在起作用。员工不太可能要求股票期权，但同时管理层也不太可能提供股票期权。Dominic Jacquesson, "Introducing Our Guide to Stock Options for European Entre-preneurs," Index Ventures, December 4, 2018, https://www.indexventures.com/blog/introducing-our-guide-to-stock-options-for-european-entrepreneurs.
40. 作者对林德赛·汉德勒的访谈，2018年11月11日。
41. 同上。

第八章

1. "Mixed Martial Arts," Encyclopedia Britannica, 2019, https://www.britannica.com/sports/mixed-martial-arts.
2. Jenny Flinn, "The Rise and Rise of Ultimate Fighting (and Why Boxing Is Now So Passé)," Conversation, March 9, 2016, https://theconversation.com/the-rise-and-rise-of-ultimate-fighting-and-why-boxing-is-now-so-passe-55910.

注释

3. Charlotte Edwardes, "Ali Parsa: The Former Refugee Bringing Algorithms to Healthcare," Evening Standard, July 12, 2018, https://www.standard.co.uk/futurelondon/health/ali-parsa-the-former-refugee-bringing-algorithms-to-healthcare-a3885941.html.
4. 同上。
5. NHS Support Federation, "Circle Health," nd, https://www.nhsforsale.info/private-providers/circle-new/.
6. Edwardes, "Ali Parsa: The Former Refugee Bringing Algorithms to Healthcare."
7. "Babylon Health Services," Babylon, https://www.babylonhealth.com/product.
8. Aliya Ram, "Babylon Signs Tencent Deal to Deploy Health Technology on WeChat," Financial Times, April 05, 2018, https://www.ft.com/content/40fae194-381d-11e8-8eee-e06bde01c544.
9. "Babylon Health: Rwanda Case Study," Babylon Health, 2019, https://marketing-assets.babylonhealth.com/business/Rwanda-Case-Study.pdf.
10. Ingrid Lunden, "Babylon Health Confirms $550m Raise at $2+ Billion Valuation to Expand Its AI-Based Health Services," TechCrunch, August 2, 2019, https://techcrunch.com/2019/08/02/babylon-health-confirms-550m-raise-to-expand-its-ai-based-health-services-to-the-us-and-asia.
11. A. H. Maslow, "A Theory of Human Motivation," Psychological Review 50, no. 4 (1943), 370–396.
12. 同上。
13. "Accelerating Status in Emerging Markets: Insights from 43 Programs," Global Accelerator Learning Initiative, May 2017, http://bit.ly/38hmWT9.
14. "Capital Evolving: Alternative Investment Strategies to Drive Inclusive Innovation," Village Capital, 2018. The report states, "This number was derived from the CB Insights dataset and is current as of 10.12.18." See also "The Global Unicorn Club," CB Insights, 2019, https://www.cbinsights.com/research-unicorn-companies. The methodology includes adding up the number of companies in industries (companies in industries listed as biotechnology, edtech, energy, fintech, food, healthcare) by the total number of companies. The total dollar amount of these companies was added up as well and amounted to only 13 percent of total companies.
15. 样本设定为增长最快的初创公司，估值超过1亿美元，范围是非洲、拉丁美洲和东南亚。初创公司名单来自对每个地区的风险投资家的采访。
16. Soumya Gupta, "Rivigo Is Changing the Way Women Look at Trucking Business, Says Gazal Kalra," BW Businessworld, May 9, 2017, http://www.businessworld.in/article/Rivigo-Is-Changing-The-Way-Women-Look-At-Trucking-Business-Says-Gazal-Kalra/09-05-2017-117861/.article/news-cm/india-aiming-to-reduce-logistics-cost-to-less-than-10-of-gdp-by-2022-118082400367_1.html.

17. Rajat Gupta, Sriram Jambunathan, and Thomas Netzer, "Building India: Transforming the Nation's Logistic Infrastructure," McKinsey & Company, September 2010, https://mck.co/3acf1rF; and "India Aiming to Reduce Logistics Cost to Less than 10% of GDP by 2022," Business Standard, August 24, 2018, https://www.business- standard .com/article/news-cm/india -aiming -to -reduce -logistics-cost-to-less-than-10-of -gdp-by-2022-118082400367_1.html.
18. Neha Mittal et al., "The Endemic Issue of Truck Driver Shortage—A Compara-tive Study between India and the United States," Research in Transportation Economics, 2018, https://www.researchgate.net/publication/325985103_The_endemic_issue_of_truck_driver_shortage_A_comparative_study_between_India_and_the_United_States.
19. "High-Impact Entrepreneurs Create the Most Jobs: Endeavor and GEM Release New Report," Endeavor, September 16, 2011, https://endeavor.org/blog/research/endeavor-gem-report-2011/.
20. 同上。
21. "A Unified Logistics Platform Facilitating One-Stop Solution for All Needs," Rivigo, https://rivigo.com/products#freight-marketplace.
22. Author interview with Deepak Garg, August 9, 2018, by phone.
23. Mihir Dalal, "Logistics Start-Up Rivigo Services in Talks to Raise up to $400 Million," LiveMint, September 07, 2018, https://www.livemint.com/Companies/1RbFAMBoyebXFj7dhcoNGM/Logistics-startup-Rivigo-Services-in-talks-to-raise-up-to.html.
24. Marshall Ganz, Tamara Kay, and Jason Spicer, "Social Enterprise Is Not Social Change," Stanford Social Innovation Review, Spring 2018, https://ssir.org/articles/entry/social_enterprise_is_not_social_change.
25. Leo Mirani, "What Google Really Means by 'Don't Be Evil,'" Quartz, October 21, 2014, https://qz.com/284548/what-google-really-means-by-dont-be-evil/.
26. "Why Pledge 1% Is One of the Most Innovative Companies of 2017," Fast Company, February 13, 2017, https://www.fastcompany.com/3067480/why-pledge-1-is-one-of-the-most-innovative-companies-of-2017.
27. Mike Montgomery, "What Entrepreneurs Can Learn from the Philanthropic Strug-gles of Toms Shoes," Forbes, April 28, 2015, https://www.forbes.com/sites/mikemontgomery/2015/04/28/how-entrepreneurs-can-avoid-the-philanthropy-pitfalls/#371280b71c38.
28. Ross Baird, The Innovation Blind Spot: Why We Back the Wrong Ideas—And What to Do about It (Dallas: BenBella Books, 2017), chapter 4.
29. 作者对迪帕克·加尔格的访谈，2018年8月8日。
30. Sumanth Raj Urs, "200 Engineers, 261 Million People: GO-JEK's Impact in Indonesia," Medium, January 23, 2018, https://blog.gojekengineering.com/200-engineers-261-million-people-go-jeks-impact-in-indonesia-b8f87934e6c1.

31. Erica Glasener, "The Magic of Banyan Trees," Tribune Business News, January 23, 2012, https://search.proquest.com/abicomplete/docview/917252674/AF487DE8677A488BPQ/15?accountid=14437.
32. 作者对迪帕克·加尔格的访谈，2018 年。
33. "Mobile Money Metrics," GSMA, 2019, https://www.gsma.com/mobilemoneymetrics/#global?y=2017?v=overview?g=global.
34. John Delaney, "A New Consumer Protection Agenda for Working Families," Huffington Post, September 9, 2017, https://www.huffingtonpost.com/john-k-delaney/a-new-consumer-protection_b_11910482.html.
35. "State of Homelessness," National Alliance to End Homelessness, 2019, https://endhomelessness.org/homelessness-in-america/homelessness-statistics/state-of-homelessness-report/.
36. Zack Friedman, "Student Loan Debt Statistics in 2018: A $1.5 Trillion Crisis,"Forbes, June 13, 2018, https://www.forbes.com/sites/zackfriedman/2018/06/13/student-loan-debt-statistics-2018/#4cdd86cb7310.
37. Larry Fink, "A Sense of Purpose," BlackRock, 2019, https://www.blackrock.com/corporate/investor-relations/larry-fink-ceo-letter.
38. "Business Roundtable Redefines the Purpose of a Corporation to Promote 'An Economy That Serves All Americans,'" Press Release, August 19, 2019, https://www.businessroundtable.org/business-roundtable-redefines-the-purpose-of-a-corporation-to-promote-an-economy-that-serves-all-americans.
39. William Dowling, "The Business Case for Caring—A Helio Analysis of Certified B Corps," The UpRound by CircleUp, June 1, 2018, https://circleup.com/blog/2018/06/01/the-business-case-for-caring-a-helio-analysis-of-certified-b-corps/.
40. Mozaffar Khan, George Serafeim, and Aaron Yoon, "Corporate Sustainabil-ity: First Evidence on Materiality", November 9, 2016, The Accounting Review 91, no. 6,pp. 1697–1724, https://papers.ssrn.com/sol3/papers.cfm?abstract_id=2575912; and George Serafeim, "Public Sentiment and the Price of Corporate Sustainability," October 12, 2018, https://papers.ssrn.com/sol3/papers.cfm?abstract_id=3265502.
41. Jesus Godoy Bejarano and Diego Téllez, "Mission Power and Firm Financial Performance," Center for Research in Economics and Finance (CIEF), Working Paper No. 17-04, February 23, 2017, http://dx.doi.org/10.2139/ssrn.2929832.

第九章

1. Carmel Lobello, "The Stories Behind 3 Great Business Mantras," The Week, June 24, 2013, https://theweek.com/articles/462863/stories-behind-3-great-business-mantras.
2. Morgan Brown, "Uber—What's Fueling Uber's Growth Engine?" GrowthHackers, nd, https://growthhackers.com/growth-studies/uber.

3. Ian Frazier, "The Vertical Farm," New Yorker, January 1, 2017, https://www.newyorker.com/magazine/2017/01/09/the-vertical-farm.
4. 同上。
5. https://www.crunchbase.com/organization/aerofarms#section-overview; and author interview with David Rosenberg, August 20, 2018.
6. 作者对克里斯·弗拉扬（Chris Folayan）的访谈，2018 年 8 月 2 日。
7. 作者对托马斯·斯鲁吉（Thomaz Srougi）的访谈，2018 年 8 月 3 日。
8. Lydia Ramsey, "US Investors Are Pouring Millions into a Healthcare Company That Doesn't Take Insurance and Lists Its Prices like a 'McDonald's Menu,'" Business Insider, August 14, 2018, https://www.businessinsider.com/how-dr-consulta-is-changing-the-brazilian-healthcare-system-2018-8?IR=T.
9. Danny Crichton, "Using Tech and $100M, Dr Consulta Transforms Healthcare for the Poorest," TechCrunch, June 19, 2018, https://techcrunch.com/2018/06/19/dr-consulta-transforms-healthcare-for-the-poorest/.
10. 同上。
11. 作者对艾拉·古德温的访谈，2018 年 12 月 19 日。
12. 作者对大卫·罗森博格的访谈，2018 年 8 月 20 日。
13. 同上。
14. 同上。
15. 同上。
16. Charles Duhigg, The Power of Habit: Why We Do What We Do in Life and Business (New York: Random House, 2012).
17. "A Guide to Anticipating the Future Impact of Today's Technology," Ethical OS, 2018, https://ethicalos.org/.
18. 作者对艾哈迈德·扎基的访谈，2019 年 6 月 18 日。
19. Alex Hern, "Uber and Lyft Pull Out of Austin After Locals Vote Against Self-Regulation," Guardian, May 9, 2016, https://www.theguardian.com/technology/2016/may/09/uber-lyft-austin-vote-against-self-regulation; Jillian Jorgensen and Will Bredderman, "Bill de Blasio's Quest to Cap Uber Ends with a Whimper," Observer, January 15, 2016, http://observer.com/2016/01/bill-de-blasios-quest-to-cap-uber-ends-with-a-whimper/; and Josie Cox, "Uber's Appeal Against TfL's Licence Ban Will Not Be Heard until Spring 2018," Independent, December 11, 2017, http://www.independent.co.uk/news/business/news/uber-london-ban-appeal-tfl-licence-taxi-app-spring-2018-heard-court-ride-hailing-a8103666.html. London decided not to renew Uber's operation license in the fall of 2017. Uber has appealed the decision and continues to operate in the city.
20. Itika Sharma Punit, "Panic Buttons Won't Fix Ola and Uber's Sexual-Assault Problem," Quartz India, June 7, 2018, https://qz.com/india/1298182/why-ola-and-ubers-measures-for-

womens-safety-is-just-not-working/.

21. Austin Carr, "Why Jack Dorsey Killed the Square Credit Card," Fast Company, August 12, 2014, https://www.fastcompany.com/3032811/why-jack-dorsey-killed-the-square-credit-card.
22. 作者对优素福·哈马德的访谈，2018 年 7 月 30 日。
23. 作者对大卫·罗森博格的访谈，2018 年。
24. Bitange Ndemo and Tim Weiss, eds., Digital Kenya: An Entrepreneurial Revolution in the Making (London: Palgrave Macmillan, 2017).
25. Jorge Gaxiola Moraila, Alexis Leon Trueba, and Gabriel Franco Fernández, "The New Mexican FinTech Law—Balancing Innovation, Security and Stability," Financier Worldwide, August 2018, https://www.financierworldwide.com/the-new-mexican-fintech-law-balancing-innovation-security-and-stability.
26. Samantha Murphy, "Facebook Changes Its 'Move Fast and Break Things' Motto," Mashable, April 30, 2014, https://mashable.com/2014/04/30/facebooks-new-mantra-move-fast-with-stability/#3f4wKHt.zPqV.
27. 同上。
28. Analysis of Facebook market capitalization, via Google Finance, for the last six months of 2018, https://www.google.com/search?q=facebook&tbm=fin.

第十章

1. 哈佛商学院教授乔西·勒尼（Josh Lerner）准确地描述了创造这种联系的动力："当企业家有想法而没有资本，投资者有资本而没有好的想法时，风险投资就应运而生了。"
2. 作者对卡洛斯·安特奎拉的访谈，2018 年 9 月 25 日。
3. 同上。
4. 典型的风险投资基金是 "2&20" 结构。即对投资者认捐的资本收取 2% 的年度管理费，并对产生的利润收取 20% 的费用。
5. "Fin-Tech," Economist, December 2015, https://www.economist.com/news/finance-and-economics/21684805-there-were-tech-startups-there-was-whaling-fin-tech.
6. 同上。
7. 同上。
8. "Venture Capital Funnel Shows Odds of Becoming a Unicorn Are About 1%," CB Insights, September 6, 2018, https://www.cbinsights.com/research/venture-capital-funnel-2/; and Paul Gompers et al., "How Do Venture Capitalists Make Decisions?" National Bureau of Economic Research, NBER working paper number 22587, September 2016, doi:10.3386/w22587.
9. Pui-Wing Tam and Shayndi Raice, "A $9 Billion Jackpot for Facebook Investor," Wall Street Journal, January 28, 2012, https://on.wsj.com/2QRBtio.
10. William Alden and David Gelles, "In WhatsApp Deal, Sequoia Capital May Make 50 Times

Its Money," *New York Times*, February 20, 2014, https://dealbook.nytimes.com/2014/02/20/in-whatsapp-deal-sequoia-capital-may-make-50-times-its-money/.

11. Cambridge Associates, "US Venture Capital Index and Selected Benchmark Statistics," March 31, 2018, https://www.cambridgeassociates.com/wp-content/uploads/2018/07/WEB-2018-Q1-USVC-Benchmark-Book.pdf.

12. "2019 AVCA Members," African Private Equity and Venture Capital Association, 2019, https://www.avca-africa.org/members/avca-members/. Count of "General Partner" venture capital and private equity funds listed.

13. 同上，这是列入拉丁美洲私人资本投资（Private Capital Investment in Latin America）的"正式成员"的风险投资和私募股权基金的数量。

14. "Venture Monitor 1Q18," PitchBook, 2018, https://files.pitchbook.com/website/files/pdf/1Q_2018_PitchBook_NVCA_Venture_Monitor.pdf.

15. For instance, Google purchased fifteen companies in 2017 alone. "The Google Acquisition Tracker," CB Insights, nd, https://www.cbinsights.com/research-google-acquisitions.

16. "Ex-U.S. Private Equity & Venture Capital Index and Selected Benchmark Statistics," Cambridge Associates, December 31, 2015, http://bit.ly/3a6u5XY. 15-year average across all geographies. Reflects 565 funds globally.

17. Prequin, "Venture Capital in Emerging Markets," ValueWalk, May 10, 2018, https://www.valuewalk.com/2018/05/venture-capital-in-emerging-markets/.

18. Paul Gompers et al., "How Do Venture Capitalists Make Decisions?"; and Tomer Dean, "The Meeting That Showed Me the Truth about VCs," *TechCrunch*, June 1, 2017, https://techcrunch.com/2017/06/01/the-meeting-that-showed-me-the-truth-about-vcs/.

19. Anne S. Habiby and Deirdre M. Coyle Jr., "The High-Intensity Entrepreneur," *Harvard Business Review*, September 2010, https://hbr.org/2010/09/the-high-intensity-entrepreneur.

20. "The Crunchbase Exited Unicorn Leaderboard," accessed January 26, 2020, https://techcrunch.com/unicorn-leaderboard/exited/.

21. 亚洲合作伙伴行业夏普比率内部分析，2018年8月。该指数涵盖了2002—2017年这段时间，并将东南亚科技股视为科技行业的代表。

22. 当然，我们的建议不是让投资者集合起来支持创业者。"派对轮"是对有五个或更多基金的种子轮所使用的贬义词，这并非我要讨论的重点。我想说的是，在"派对轮"中，各基金将投资作为一种"传帮带"式的机会，类似于购买期权，这种方式在下一轮投资中存在很小的风险。虽然从理论上讲，"派对轮"意味着有很多人可以提供帮助或分享战略建议，但不幸的是，这往往表明没有人有充足的资金来提供帮助。最终，小规模的种子投资对风险投资基金而言并无意义，因此被取消了优先权。

23. Francesco Corea, "Artificial Intelligence and Venture Capital," *Medium*, July 18, 2018, https://medium.com/@Francesco_AI/artificial-intelligence-and-venture-capital-af5ada4003b1; and Xuan Tian, "The Role of Venture Capital Syndication in Value Creation

注 释

for Entrepreneurial Firms," Review of Finance, forthcoming (available at SSRN: https://ssrn.com/abstract=954188).

24. Eliot Brown, "In Silicon Valley, the Big Venture Funds Keep Getting Bigger," Wall Street Journal, July 25, 2017, https://www.wsj.com/articles/in-silicon-valley-the-big-venture-funds-keep-getting-bigger-1501002000.
25. "Something Ventured," documentary film, directed by Dan Geller and Dayna Goldfine (April 24, 2011).
26. Jason Rowley, "Where and Why Venture Capitalists Invest Close to Home," Tech-Crunch, November 16, 2017, https://techcrunch.com/2017/11/16/where-and-why-venture-capitalists-invest-close-to-home/.
27. Serena Saitto, "The Biggest Tech Investor Silicon Valley Ignores," The Information, February 21, 2018, https://www.theinformation.com/articles/the-biggest-tech-investor-silicon-valley-ignores.
28. Staff Writer 3, "The Greatest Venture Capital Investment Ever? Naspers Cashes in $10bn Tencent Stake for Whopping 55,000% Return," African Business Central, March 30, 2018, https://www.africanbusinesscentral.com/2018/03/30/the-greatest-venture-capital-investment-ever-naspers-cashes-in-10bn-tencent-stake-for-whopping-55000-return/.
29. Saitto, "The Biggest Tech Investor Silicon Valley Ignores."
30. "Vostok Emerging Finance," 2017, http://www.vostokemergingfinance.com/.
31. "Series D—GuiaBolso—2017-10-18," Crunchbase, https://www.crunchbase.com/funding_round/guiabolso-series-d-c5330480#section-locked-charts.
32. Alex Graham, "Exploring Evergreen Funds with a VC Investor Who Raised One," TopTal Finance, nd, https://www.toptal.com/finance/venture-capital-consultants/evergreen-funds.
33. 全球私募股权公司凯雷(Carlyle)为其最新的全球基金推出了一只长期基金。这是该领域中记录最详细的例子之一；参见 "The Carlyle Group Raises $3.6 Billion for First Long-Dated Private Equity Fund," Carlyle Group, press release, October 19, 2016, https://www.carlyle.com/media-room/news-release-archive/carlyle-group-raises-36-billion-first-long-dated-private-equity.
34. "Baidu, Alibaba and Tencent: BAT Companies Dominate Chinese VC," PitchBook blog, April 29, 2019, https://pitchbook.com/blog/baidu-alibaba-and-tencent-bat-companies-dominate-chinese-vc.
35. Jon Russell, "Alibaba's Ant Financial Is Raising $3B in Debt to Finance a Global M&A Spree," TechCrunch, February 8, 2017, https://techcrunch.com/2017/02/08/alibabas-ant-financial-is-raising-3b-in-debt-to-finance-a-global-ma-spree/.
36. Josh Horwitz, "The 'SoftBank of China' Has Quietly Invested Tens of Billions Globally Since 2015," Quartz, May 17, 2018, https://qz.com/1279190/tencent-the-softbank-of-china-has-invested-tens-of-billions-globally-since-2015/.

37. Crunchbase company profiles, "Grab" and "Go-Jek," https://www.crunchbase.com/organization/go-jek, https://www.crunchbase.com/organization/grabtaxi.
38. Fred Imbert, "SoftBank Launches $5 Billion Latin America Tech Fund," CNBC, March 7, 2019, https://www.cnbc.com/2019/03/07/softbank-launches-5-billion-latin-america-tech-fund.html.
39. "The 2018 Global CVC Report," CB Insights, 2019, https://www.cbinsights.com/research/report/corporate-venture-capital-trends-2018/.
40. Jean-François Caillard, "Why Is the Corporate Venture Growing So Fast? What Are the Keys?" October 27, 2017, https://medium.com/@jfcaillard/why-is-the-corporate-venture-growing-so-fast-what-are-the-keys-b7cab8156b5e; and Teddy Himler, "Corpo-rate VC Is on the Rise: Here's What to Know," Forbes, February 14, 2017, https://www.forbes.com/sites/valleyvoices/2017/02/14/corporate-vc-on-the-rise/#178efe5abbf2.
41. "The 2018 Global CVC Report," CB Insights.
42. Melissa Mittelman, "TPG Seals Record $2 Billion for Fund Co-Led by Bono," Bloomberg, October 3, 2017, https://www.bloomberg.com/news/articles/2017-10-03/tpg-seals-record-2-billion-for-rise-impact-fund-co-led-by-bono.
43. "What Is Impact Investing and How Did It Begin?" The Case Foundation, September 2014, http://www.gih.org/Examples/EXDetail.cfm?ItemNumber=6907, accessed August 12, 2018; and Abby Schultz, "Impact Investors Hold US$228 Billion in Assets," Barrons, June 6, 2018, https://www.barrons.com/articles/impact-investors-hold-us-228-billion-in-assets-1528294454.
44. 作者对基思·哈灵顿的访谈，2018年6月27日。
45. 同上。
46. These funds include firms like Lighter Capital (an early pioneer of the model) in Seattle, Cypress Growth Capital in Dallas, and Decathlon Capital Partners in Park City, Utah.
47. Bartosz Trocha, "How 83 Venture Capital Firms Use Data, AI & Proprietary Software to Drive Alpha Returns," Medium, July 1, 2018, https://hackernoon.com/winning-by-eating-their-own-dogs-food-83-venture-capital-firms-using-data-ai-proprietary-da92b81b85ef; and Eze Vidra, "How Venture Capital Funds Leverage AI and Big Data," VC Cafe, November 28, 2018, https://www.vccafe.com/2018/11/28/how-venture-capital-funds-leverage-ai-and-big-data/.
48. Kate Clark, "Clearbanc Plans to Disrupt Venture Capital with 'The 20-Min Term Sheet,'" TechCrunch, April 4, 2019, https://techcrunch.com/2019/04/03/clearbanc-plans-to-disrupt-venture-capital-with-the-20-min-term-sheet/.
49. Connie Loizos, "Social Capital Has Started Investing in Startups, Sight Unseen," TechCrunch, October 25, 2017, https://techcrunch.com/2017/10/25/social-capital-has-started-investing-in-startups-sight-unseen/.

50. Eze Vidra, "Turns Out Venture Capital Is a People Business, or Is It?" VC Cafe, June 12, 2018, https://www.vccafe.com/2018/06/12/turns-out-venture-capital-is-a-people-business-or-is-it/.

51. Katy Steinmetz, "How Chamath Palihapitiya Wants to Disrupt Silicon Valley," Time, July 19, 2018, http://time.com/5342756/chamath-palihapitiya/; and Ashley Carroll, "From Experiment to Product: Capital-as-a-Service One Year Later," Medium, June 18, 2018, https://medium.com/social-capital/from-experiment-to-product-capital-as-a-service-one-year-later-6d8b4b9c038b.

52. 如在第三章讨论的，从前沿地带退出的平均时间是十年以上，而美国的平均婚姻长度才 8.2 年。See Matthew Schimkowitz, "How Long Does an Average Marriage Last around the World?" Hopes&Fears, 2019, http://www.hopesandfears.com/hopes/city/city_index/214133-city-index-marriage-lengths.

53. James Chen, "Accredited Investor," Investopedia, February 23, 2019, https://www.investopedia.com/terms/a/accreditedinvestor.asp.

54. Ramana Nanda, Robert F. White, and Alexey Tuzikov, "Initial Coin Offerings," Harvard Business School Technical Note 818-067, November 2017 (Revised December 2017), https://www.hbs.edu/faculty/Pages/item.aspx?num=53510.

55. David Floyd, "Billion: 2018 ICO Funding Has Passed 2017's Total," Coin Desk, April 19, 2018, https://www.coindesk.com/6-3-billion-2018-ico-funding-already-outpaced-2017/$6.3.

56. Shobhit Seth, "80% of ICOs Are Scams: Report," Investopedia, April 2, 2018, https://www.investopedia.com/news/80-icos-are-scams-report/.

57. Many ICOs are raised by the companies outlining their business plans in a white paper (an explanation outlining what the coin will be for and how the money will be used). In venture capital, to raise similar amounts of capital would traditionally require meaningfully more business traction.

58. Lupercal Capital, "ICOs: A Changing Regulatory Environment," February 7, 2018, https://hackernoon.com/icos-a-changing-regulatory-environment-77119ffff26b.

59. M. Szmigiera, "Crowdfunding—Statistics & Facts," Statista, November 29, 2018, https://www.statista.com/topics/1283/crowdfunding/.

60. "Crowdfunding," Statista, nd, https://www.statista.com/outlook/335/100/crowdfunding/worldwide#market-globalRevenue.

61. 作者对埃里克·赫斯曼的访谈，采访方式：瓦次艾普，采访日期：2018 年 5 月 17 日。

第十一章

1. 作者对赫尔南·卡扎的访谈，2018 年 6 月 7 日。

2. "E-commerce in Latin America—Statistics & Facts," Statista, July 13, 2018, https://www.statista.com/topics/2453/e-commerce-in-latin-america/.

3. "Mercado Libre (MELI): IPO Details," Crunchbase, 2019, https://www.crunchbase.com/ipo/mercadolibre-ipo--51d436e2#section-details; and "MercadoLibre, Inc. (MELI)," Yahoo Finance, 2019, https://finance.yahoo.com/quote/MELI?p=MELI.
4. 作者对赫尔南·卡扎的访谈，2018年。
5. Kaszek Ventures, 2019, https://www.kaszek.com/portfolio.
6. "The Multiplier Effect," Endeavor, https://readymag.com/endeavor/multiplie reffect/.
7. 同上。
8. "Global Network of Failure Researchers," Failure Institute, September 7, 2017, https://thefailureinstitute.com/researchers-network/.
9. 作者对佩佩·维拉托罗的访谈，2018年6月20日。
10. "Stories About Failure," Fuckup, 2019, https://fuckupnights.com/; and author interview with Pepe Villatoro, June 20, 2018.
11. Sophus A. Reinert, Dawn H. Lau, and Amy MacBeath, "Going Rogue: Choson Ex-change in North Korea," Harvard Business School Case 717-015, October 2016 (Revised October 2017), https://www.hbs.edu/faculty/Pages/item.aspx?num=51812.
12. 同上。
13. 作者对杰弗里·西的访谈，2018年8月19日。
14. "Learn, Network, Startup," Startup Weekend, 2019, https://startupweekend.org/.
15. 作者对亚西尔·巴希尔的访谈，2018年10月25日。
16. Mehreen Omer, "Breaking: Careem Acquires Savaree," Pakwired, March 30, 2016, https://pakwired.com/careem-acquires-savaree/.
17. 作者对弗雷德·斯瓦尼克尔的访谈，2018年7月12日。
18. Fred Swaniker, "The Leaders Who Ruined Africa, and the Generation Who Can Fix It," TED talk, transcript, October 2014, https://www.ted.com/talks/fred_swaniker_the_leaders_who_ruined_africa_and_the_generation_who_can_fix_it/transcript.
19. David Fine et al., "Africa at Work: Job Creation and Inclusive Growth," McKinsey & Company, August 2012, https://www.mckinsey.com/featured-insights/middle-east-and-africa/africa-at-work.
20. Fred Swaniker, "4 Lessons Learned About What It Takes to Be an Entrepreneur," video, YouTube, July 29, 2016, https://www.youtube.com/watch?v=wa5Dt2busNA.
21. Nate Berg, "How the African Leadership Academy Is Fighting the Continent's Education Exodus," Fast Company, December 20, 2010, https://www.fastcompany.com/1702244/how-african-leadership-academy-fighting-continents-education-exodus.
22. "Founders' Story," African Leadership Academy, 2019, http://www.africanleadershipacademy.org/about/founders-story/.
23. "Success after ALA," African Leadership Academy, 2019, http://www.africanleadershipacademy.org/about/our-impact/university-placements/; "Reekworth Highlights

2017," Reekworth Junior (Mabelreign Campus), December 12, 2017, https://www.reekworthjuniorschool.com/single-post/2017/12/12/Reekworth-Highlights-2017; and "Mapping Change in Africa: Meet 5 Enterprising ALA Alumni," African Leadership Academy, March 28, 2018, http://www.africanleadershipacademy.org/ala-alumni-enterprise/.

24. "AAE," African Leadership Network (ALN), October 6, 2017, http://africanleadershipnetwork.com/.
25. "Our Meta Skills," ALU, December 16, 2016, https://www.alueducation.com/about/our-meta-skills/.
26. "Are You Ready for the Opportunity Presented by Africa's Growing Insurance Industry?" ALU School of Insurance, nd, https://www.alueducation.com/soi/.
27. "Computer Science," ALU, 2017, https://www.alueducation.com/programmes/undergraduate/degree-programmes/computer-science/.
28. Yinka Adegoke, "African Leadership University Has Raised $30 Million to Help Reinvent Graduate Education," Quartz Africa, January 4, 2019, https://qz.com/africa/1515015/african-leadership-university-raises-30-million-series-b/.
29. "Hello, We Are iHub," iHub Nairobi, 2019, https://ihub.co.ke/.
30. Toby Shapshak, "Kenya's iHub Enters a New Chapter," Forbes, March 11, 2016, https://www.forbes.com/sites/tobyshapshak/2016/03/11/kenyas-ihub-enters-a-new-chapter/#535dca644f6a.
31. Irene Hau, "[4TH GEN #5] Case Study: iHub," The Sound of the City Blog, WordPress, May 12, 2015, https://thesoundofthecity.wordpress.com/2015/05/12/4th-gen-5-case-study-ihub/. iHub was recently acquired by the Nigerian innovation center and seed-fund CcHub; see https://techcrunch.com/2019/09/26/nigerias-cchub-acquires-kenyas-ihub-to-create-mega-africa-incubator/.
32. 作者对马特·克利福德的访谈, 2018 年 10 月 23 日。
33. Entrepreneur First, https://www.joinef.com/.
34. Rhett Morris and Lili Török, "Fostering Productive Entrepreneurship Commu-nities: Key Lessons on Generating Jobs, Economic Growth, and Innovation," Endeavor Insight, October 2018, https://endeavor.org/content/uploads/2015/06/Fostering-Productive-Entrepreneurship-Communities.pdf.
35. Endeavor, "The Multiplier Effect," Endeavor Insight, https://readymag.com/endeavor/multipliereffect/.
36. Endeavor, "The Power of Entrepreneur Networks: How New York City Became the Role Model for Other Urban Tech Hubs," Endeavor Insight Report, November 2014, http://www.nyctechmap.com/nycTechReport.pdf.
37. "Endeavor 2018/2019 Impact Report," November 2019; and "Endeavor Board: Linda Rottenberg," Endeavor, 2019, https://endeavor.org/global-board/linda-rottenberg/.

38. Global Off-Grid Lighting Association, "About Us," https://www.gogla.org/about-us.
39. "Aramex: Delivery Unlimited," Aramex, 2019, http://bit.ly/3a34nUa; and "Inves-tor Presentation, Q2, 2019 Results," June 30, 2019, https://www.aramex.com/docs/default-source/resourses/invershore_presentation_q2_2019.pdf.
40. Sami Mahroum, Black Swan Start-ups: Understanding the Rise of Successful Technology Business in Unlikely Places (London: Palgrave Macmillan, 2016).
41. "Overview: Maktoob," Crunchbase, 2019, https://www.crunchbase.com/organization/maktoob#section-overview; and "Entrepreneur to Entrepreneur: Meet the Ron Conway of the Middle East (TCTV)," TechCrunch, September 16, 2010, https://techcrunch.com/2010/09/16/middle-east-ron-conway-fadi-ghandour-shervin-pishevar/.
42. Elizabeth MacBride, "The Middle East's First Unicorn: Souq.com's CEO on Leadership, Timing and Coping with Rejection," Forbes, March 25, 2016, https://www.forbes.com/sites/elizabethmacbride/2016/03/25/e-commerce-gold-in-the-middle-east-behind-souqs-success-story/#58610b4c1ee0.
43. Jon Russell, "Amazon Completes Its Acquisition of Middle Eastern E-commerce Firm Souq," TechCrunch, July 3, 2017, https://techcrunch.com/2017/07/03/amazon-souq-com-completed/; and Ronaldo Mouchawar, "Souq's CEO on Building an E-Commerce Powerhouse in the Middle East," Harvard Business Review, September–October 2017, https://hbr.org/2017/09/souq-coms-ceo-on-building-an-e-commerce-powerhouse-in-the-middle-east.
44. Heather Somerville, Alexander Cornwell, and Saeed Azhar, "Uber Buys Rival Careem in $3.1 Billion Deal to Dominate Ride-Hailing in Middle East," Reuters, March 25, 2019, https://www.reuters.com/article/us-careem-m-a-uber/uber-buys-rival-careem-in-3-1-billion-deal-to-dominate-ride-hailing-in-middle-east-idUSKCN1R70IM.
45. Christopher T. Rogers and Peter Weed, "What Careem's $3.1 Billion Acquisi-tion Means for the Middle East," Forbes, April 17, 2019, https://www.forbes.com/sites/valleyvoices/2019/04/17/what-careems-3-1-billion-acquisition-means-for-the-middle-east/#2fba3c887fa2.
46. Noor Shawwa, "The Success and Multiplier Effects That Careem's Acquisition by Uber Will Have on the Middle East's Startup Ecosystem," Entrepreneur, April 2, 2019, https://www.entrepreneur.com/article/331568.
47. Morris and Török, "Fostering Productive Entrepreneurship Communities."
48. 同上。
49. "100 Flipkart Employees to Turn Millionaires Post Walmart Deal, but Here's the Catch," News Minute, May 11, 2018, https://www.thenewsminute.com/article/100-flipkart-employees-turn-millionaires-post-walmart-deal-here-s-catch-81087.
50. Anne S. Habiby and Deirdre M. Coyle Jr., "The High-Intensity Entrepreneur," Harvard Business Review, September 2010, https://hbr.org/2010/09/the-high-intensity-entrepreneur.

注 释

51. 同上。
52. Tom Huddleston Jr., "This 36-Year-Old Self-Made Billionaire Started His First Business at 16 with a $500 Loan from His Dad—Here's His Best Advice," CNBC, July 2018, https://www.cnbc.com/2018/07/30/how-div-turakhia-became-indias-youngest-self-made-billionaire.html.
53. 作者对安德烈·斯特里特的访谈，2018年8月20日。
54. "叛徒八人组"的开创性故事说明了"长兄长姐"在启动生态系统方面的巨大影响力。在20世纪50年代，硅谷只是众多制造晶体管（计算机处理器）的中心之一，当然它当时还不具有领导地位。但情况很快就发生了有利于西方国家的变化。威廉·肖克利与他人在贝尔实验室共同发明了晶体管，并于1956年在加州山景城创立了自己的公司，即肖克利半导体实验室。它是第一家用硅制造晶体管的公司。肖克利吸引了一些来自东海岸的顶尖计算机科学家，东海岸当时仍然是计算机科学发展的中心。1957年，肖克利的8名员工离开公司，创办了他们自己的公司——仙童半导体公司。如今被称为"八叛徒"的他们与谢尔曼·费尔柴尔德合作，帮助其公司扩大规模，成为晶体管的领先制造商。在20世纪60年代早期，仙童公司为阿波罗计划制造了计算机组件。在接下来的十年里，"叛徒八人组"和他们的员工纷纷离开了仙童集团，成立了自己的公司。戈登·摩尔（摩尔定律的提出者）和罗伯特·诺伊斯（Robert Noyce）在1968年创立了英特尔公司。尤金·克莱纳（Eugene Kleiner）与人共同创立了著名的风险投资公司凯鹏华盈（Kleiner Perkins）。其他员工继续创立了芯片公司AMD和英伟达（Nvidia），唐·瓦伦丁（Don Valentine）创立了红杉资本（Sequoia），这可以说是历史上最成功的风险投资公司。
55. Rhett Morris, "The First Trillion-Dollar Startup," TechCrunch, July 26, 2014, https://techcrunch.com/2014/07/26/the-first-trillion-dollar-startup/.
56. Charlie Parrish, "Meet the PayPal Mafia, the Richest Group of Men in Silicon Valley," Business Insider, September 20, 2014, https://www.businessinsider.com/meet-the-paypal-mafia-the-richest-group-of-men-in-silicon-valley-2014-9.
57. 基于公共数据，分析总结了"贝宝黑帮"创立的企业的市值
58. "The Multiplier Effect," 2019, https://readymag.com/endeavor/multipliereffect/.
59. 加速曲线图来自全球知名投资研究机构CB洞察（CB Insights）发布的公开数据。每年，独角兽的总数由前几年的独角兽数量加上当年新增的独角兽数量来表示。
60. 通过探索企业退市时的一系列估值规模（不仅仅独角兽）、集中时段、地理位置相邻性等因素，可进一步完善分析结果。这个想法来自我与亚洲合作伙伴公司联合创始人尼克·纳什的一次讨论，以及参考了该公司在中国和印度所观察到的趋势。
61. 图11-2显示了中国独角兽公司加速发展，如今总数超过了100个。在加速之前，拉丁美洲多年来的独角兽数量都很低。
62. 作者对阿曼达·兰纳特的访谈，2019年4月15日。

第十二章

1. "Entrepreneurial Ecosystem Diagnostic Toolkit," Aspen Network of Development Entrepreneurs, December 2013, https://assets.aspeninstitute.org/content/uploads/files/content/docs/pubs/FINAL%20Ecosystem%20Toolkit%20Draft_print%20version.pdf.
2. 该观点最初由阿尔弗雷德·马歇尔（Alfred Marshall）在其《经济学原理》（*Principles of Economics*，伟大思想系列）一书中提出，该书于1890年首次出版。同时，其他思想家如迈克尔·波特（Michael Porter）通过他的经济学集群理论推动了这一观点的发展。参见迈克尔·波特的《企业群落和新竞争经济学》（*Clusters and the New Economics of Competition*），《哈佛商业评论》，1998年11-12月，https://hbr.org/1998/11/clusters-and-the-new-economics-of-competition.
3. 作者对克里斯·海维利的访谈，2019年2月15日。
4. AnnaLee Saxenian, Regional Advantage: Culture and Competition in Silicon Valley and Route 128 (Cambridge, MA: Harvard University Press, 1996), http://www.hup.harvard.edu/catalog.php?isbn=9780674753402&content=reviews.
5. Vivek Wadhwa, "Silicon Valley Can't Be Copied," MIT Technology Review, July 3, 2013, https://www.technologyreview.com/s/516506/silicon-valley-cant-be-copied/.
6. Saxenian, Regional Advantage.
7. Richard Florida, The Rise of the Creative Class: And How It's Transforming Work, Leisure, Community, and Everyday Life (New York: Basic Books, 2002); and Brad Feld, Startup Communities: Building an Entrepreneurial Ecosystem in Your City (Hoboken, NJ: Wiley, 2012), https://www.wiley.com/en-us/Startup+Communities%3A+Building+an+Entrepreneurial+Ecosystem+in+Your+City-p-9781118483312. Feld's excellent book succinctly summarizes the different ecosystem-building approaches and helped shape my own thinking on the subject.
8. Victor Hwang and Greg Horowitt, The Rainforest: The Secret to Building the Next Silicon Valley (Los Altos Hills, CA: Regenwald, 2012), http://therainforestbook.com/.
9. Feld, Startup Communities.
10. "Doing Business 2019: Training for Reform," International Bank for Reconstruction & Reform / World Bank Group, 2019, http://bit.ly/38aK8Cp.
11. Ana Maria Zárate Moreno, "Regulation, Innovation, and Entrepreneurship," Regulatory Studies Center, The George Washington University, December 8, 2015, https://regulatorystudies.columbian.gwu.edu/sites/g/files/zaxdzs1866/f/downloads/RegInsight_AMZM-regulation-and-Innv%26entrep-literature-review120815.pdf.
12. 当然，两者之间只是一种相关性，并非因果关系。有一系列的因素推动着这一结果，国内生产总值的增长也影响着国际研究的速度，因为它增加了用于投资的可支配美元。
13. Asia Partners Research, January 2018, https://www.asiapartners.com/; Rachel T. Barclay, Mandie Weinandt, and Allen C. Barclay, "The Economic Impact of Study Abroad on

Chinese Students and China's Gross Domestic Product," Journal of Applied Business and Economics 19, no. 4 (2017), http://www.na-businesspress.com/JABE/BarclayRT_Web19_4_.pdf; Yukiko Shimmi, "The Problematic Decline of Japanese International Students," International Higher Education 64 (Summer): 9–10, https://ejournals.bc.edu/index.php/ihe/article/download/8558/7691/; Annette Bradford, "Changing Trends in Jap-anese Students Studying Abroad" International Higher Education 83, Special Issue (2015), https://ejournals.bc.edu/index.php/ihe/article/download/9086/8193/; and Mantong Guo, "The Economic Impact of International Students on Their Countries of Origin," April 5, 2017, Georgetown University Master's Thesis, https://repository.library.georgetown.edu/handle/10822/1043914.

14. 同上；"GDP Growth (Annual %): Japan," The World Bank, 2019, https://bit.ly/38MNtrD.

15. 同上；James McCrostie, "More Japanese Students May Be Studying Abroad, but Not for Long," Japan Times, August 9, 2017, https://www.japantimes.co.jp/community/2017/08/09/issues/japanese-may-studying-abroad-not-long/#.XGnuo5NKgnV.

16. 虽然这些公司的结果好坏参半（许多公司在项目结束后离开了该国，很少有公司扩大规模），但组织者基本上认为，该倡议在质量和跨界创新方面是成功的。

17. 作者对艾米·尼尔逊的访谈，2018年11月。

18. "About Us," C100, https://www.thec100.org/.

19. Stuart Anderson, "Immigrants and Billion-Dollar Companies," Near Policy Brief, National Foundation for American Policy, October 2018, http://bit.ly/2thz2g0; and Dinah Wisenberg Brin, "Immigrants Form 25% of New U.S. Businesses, Driving Entrepreneurship in 'Gateway' States," Forbes, July 31, 2018, https://www.forbes.com/sites/dinahwisenberg/2018/07/31/immigrant-entrepreneurs-form-25-of-new-u-s-business-researchers/#4cf713ac713b.

20. 搜索于在天使汇（AngelList）的就业公告板，截至2019年2月25日，参见美国所有开放职位和愿意资助移民的比较名单：www.angel.co/jobs。

21. Justin Sink, "Trump Administration Blocks 'Startup Visas' That Tech Leaders Backed," Bloomberg, July 10, 2017, https://www.bloomberg.com/news/articles/2017-07-10/trump-administration-blocks-startup-visas-tech-leaders-back.

22. Olivia Carville, "Trump Booted Foreign Startup Founders. Other Countries Embraced Them," Bloomberg, October 1, 2018, https://www.bloomberg.com/news/articles/2018-10-01/trump-booted-foreign-startup-founders-other-countries-embraced-them; and "Attracting Foreign Entrepreneurs," Business Roundtable, 2019, https://www.businessroundtable.org/policy-perspectives/immigration/state-of-immigration/attracting-foreign-entrepreneurs.

23. Jordan Crook, "Unshackled Is a New $3.5m Early Stage Fund That Looks a Lot Like an Accelerator," TechCrunch, November 13, 2014, https://techcrunch.com/2014/11/13/unshackled-is-a-new-3-5m-early-stage-fund-that-looks-a-lot-like-an-accelerator/.

24. "Overview: Unshackled Ventures," Crunchbase, 2019, https://www.crunchbase.com/

organization/unshackled-ventures#section-overview; and Kate Clark, "Unshack-led Ventures Has $20m to Invest Exclusively in Immigrant Founders," May 2, 2019, https://techcrunch.com/2019/05/02/unshackled-ventures-has-20m-to-invest-exclusively-in-immigrant-founders/.

25. "37 Chinese Companies That Became Unicorns in 2018," CB Insights, March 6, 2019, https://www.cbinsights.com/research/china-unicorns-2018/; "55 US Companies That Became Unicorns in 2018," CB Insights, March 13, 2019, https://www.cbinsights.com/research/us-unicorns-2018/; and Jason Rowley, "Chinese Startups Lead US Rivals in 2018 Venture Race," Crunchbase, October 17, 2018, https://news.crunchbase.com/news/chinese-startups-lead-us-rivals-in-2018-venture-race/.

26. H-1B 签证允许美国公司临时雇用外国公民从事特定职业。参见于《移民与国籍法》（Immigration and Nationality Act）。

27. Suvir Varma and Alex Boulton, "Southeast Asia Churns Out Billion-Dollar Start-Ups," Bain & Company, December 20, 2018, https://www.bain.com/insights/southeast-asia-churns-out-billion-dollar-start-ups-snap-chart/.

28. "Global Ecosystem Ranking Report," Startup Genome, 2017 report, https://startupgenome.com/reports.

29. Pooja Singh, "Why Singapore Is a Startup Paradise," Entrepreneur Asia Pacific, December 13, 2018, https://www.entrepreneur.com/article/324589.

30. Christopher M. Schroeder, "A Different Story from the Middle East: Entre-preneurs Building an Arab Tech Economy," MIT Technology Review, August 3, 2017, https://www.technologyreview.com/s/608468/a-different-story-from-the-middle-east-entrepreneurs-building-an-arab-tech-economy/.

31. 佛罗里达（Florida），《创意阶层的崛起》。

32. "Become an e-Resident," Republic of Estonia, https://e-resident.gov.ee/become-an-e-resident/.

33. 作者对佩妮·普利兹克的访谈，2019 年 4 月 19 日。

34. "Our Portfolio," Rippleworks, 2019, http://www.rippleworks.org/portfolio/.

35. 作者对道格·伽林的访谈，2019 年 1 月 24 日。

36. David Yin, "What Makes Israel's Innovation Ecosystem So Successful," Forbes, January 9, 2017, https://www.forbes.com/sites/davidyin/2017/01/09/what-makes-israels-innovation-ecosystem-so-successful/#1e1bb2b270e4.

37. John Paglia and David Robinson, "Measuring the Role of the SBIC Program in Small Business Job Creation," Library of Congress, January 2017, https://www.sba.gov/sites/default/files/articles/SBA_SBIC_Jobs_Report.pdf.

38. James Manzi et al., "U.S. Corporate Cash Reaches $1.9 Trillion but Rising Debt and Tax Reform Pose Risk," S&P Global, May 25, 2017, https://www.spglobal.com/en/research-

insights/articles/us-corporate-cash-reaches-19-trillion-but-rising-debt-and-tax-reform-pose-risk.

39. Eric Paley, "Toxic VC and the Marginal-Dollar Problem," TechCrunch, Octo-ber 26, 2017, https://techcrunch.com/2017/10/26/toxic-vc-and-the-marginal-dollar-problem/.
40. "What Is a Regulatory Sandbox?" November 20, 2017, https://www.bbva.com/en/what-is-regulatory-sandbox/.
41. "Welcome to the Aadhaar Dashboard," Unique Identification Authority of India, https://uidai.gov.in/aadhaar_dashboard/index.php; and author interview with Nandan Nilekani, May 16, 2019, via phone.
42. "India Stack—The Bedrock of a Digital India," IndiaStack, December 7, 2017, https://indiastack.org/india-stack-the-bedrock-of-a-digital-india/.
43. 作者对南丹·尼勒卡尼的访谈，2019年。
44. "The Landscape for Impact Investing in East Africa: Kenya," Open Capital and Global Impact Investing Network, August 2015, https://bit.ly/2U2uQLV.
45. Ibid.
46. Rhett Morris and Lili Török, "Fostering Productive Entrepreneurship Communities: Key Lessons On Generating Jobs, Economic Growth, and Innovation," Endeavor Insight, October 2018, https://endeavor.org/content/uploads/2015/06/Fostering-Productive-Entrepreneurship-Communities.pdf.
47. James A. Brander, Edward Egan, and Thomas F. Hellmann, "Government Sponsored Versus Private Venture Capital: Canadian Evidence," National Bureau of Economic Research, May 2010, pp. 275–320, https://www.nber.org/chapters/c8226.pdf.
48. Yasuyuki Motoyama, Jared Konczal, Jordan Bell-Masterson, and Arnobio Morelix, "Think Locally, Act Locally: Building a Robust Entrepreneurial Ecosystem," Kauffman Foundation, April 2014, https://papers.ssrn.com/sol3/papers.cfm?abstract_id=2425675.
49. Dane Strangler and Jordan Bell-Masterson, "Measuring an Entrepreneurial Ecosystem," Kauffman Foundation, 2015, https://www.kauffman.org/-/media/kauffman_org/research-reports-and-covers/2015/03/measuring_an_entrepreneurial_ecosystem.pdf.
50. Endeavor, "The Multiplier Effect," Endeavor, 2019, https://readymag.com/endeavor/multipliereffect/.
51. Bitange Ndemo and Tim Weiss, eds., Digital Kenya: An Entrepreneurial Revolution in the Making (London: Palgrave Macmillan, 2017), http://digitalkenyabook.com/.

结 论

1. Alistair Barr, "Facebook's China Argument Revealed in Zuckerberg's Hearing Notes," Bloomberg, April 10, 2018, https://www.bloomberg.com/news/articles/2018-04-11/facebook-antitrust-rebuttal-revealed-in-zuckerberg-hearing-notes.

2. "Number of Monthly Active Facebook Users Worldwide as of 4th Quarter 2018 (in Millions)," Statista, 2019, https://www.statista.com/statistics/264810/number-of-monthly-active-facebook-users-worldwide/.
3. "Number of Monthly Active WeChat Users from 4th Quarter 2011 to 4th Quarter 2018 (in Millions)," Statista, 2019, https://www.statista.com/statistics/255778/number-of-active-wechat-messenger-accounts/.
4. Jeff Desjardins, "These Are the World's Largest Tech Giants," World Economic Forum, July 16, 2018, https://www.weforum.org/agenda/2018/07/visualizing-the-world-s-20-largest-tech-giants.
5. Richard Florida and Ian Hathaway, "Rise of the Global Startup City," Center for American Entrepreneurship, nd, http://startupsusa.org/global-startup-cities/.
6. "RIP Good Times," Sequoia Capital, 2008, https://www.sequoiacap.com/article/rip-good-times.
7. Jayson DeMers, "You Can Beat the Next Recession: Here Are 5 Companies That Did Just That," Entrepreneur, November 9, 2017, https://www.entrepreneur.com/article/304099.
8. "Downturn, Start Up," Economist, January 7, 2012, https://www.economist.com/node/21542390.
9. Anna Hensel, "U.S. Share of Global Venture Capital Fell More Than 20% in 5 Years," VentureBeat, October 5, 2018, https://venturebeat.com/2018/10/05/u-s-share-of-global-venture-capital-fell-more-than-20-in-5-years/.
10. Sim Sim Wissgott, "World Population in 2018: Facts and Numbers," CTGN, July 11, 2018, http://bit.ly/388ObyO.
11. Rebecca Fannin, "A New Era Unfolds from Silicon Dragon to Tech Titans of China," Forbes, September 8, 2019, http://bit.ly/36U0a3j.

学说平台（www.51xueshuo.com）是清华大学孵化的专业知识传播平台，为经济金融管理领域的专家、学者、学生及从业人员提供专业的会议、直播、视频与知识分享服务，旨在提高学术交流与传播效率，推动中国的学术发展与普惠。